Karl Rahner · Im Gespräch Band 2: 1978–1982

Karl Rahner

Im Gespräch

Band 2: 1978–1982

Herausgegeben von Paul Imhof
und Hubert Biallowons

Kösel-Verlag München

Mit 19 Fotos

CIP-Kurztitelaufnahme der Deutschen Bibliothek

Im Gespräch / Karl Rahner. Hrsg. von Paul Imhof
u. Hubert Biallowons. – München: Kösel
NE: Imhof, Paul [Hrsg.]; Rahner, Karl [Mitverf.]
Bd. 2. 1978–1982. – 1983
ISBN 3-466-20235-3

ISBN 3-466-20235-3

Gesamtherstellung: Kösel, Kempten
Umschlag: Günther Oberhauser, München

Inhalt

Vorwort

Mit großem Engagement behandelt Karl Rahner immer wieder wichtige pastorale und dogmatische Fragen unserer Zeit; doch auch die ganz alltäglichen Probleme seiner Mitmenschen sind Gegenstand seiner Sorge. Der Erzbischof von Freiburg, Dr. Oskar Saier, in dessen Diözese K. Rahner geboren und aufgewachsen ist, schrieb ihm zu seinem fünfzigjährigen Priesterjubiläum am 26. Juli 1982: »Durch Ihre Forschung und Lehre hat die Theologie als Wissenschaft einen neuen Aufschwung erlebt, der für die Begegnung von Kirche und Welt segensreich war und auch in Zukunft sein wird. Viele suchende Menschen, nicht nur in Deutschland, sondern in der ganzen Welt, sind durch Ihre theologischen Beiträge für die Kirche und ihre Sendung in unserer Zeit aufgeschlossen und begeistert worden.«

Am 5. März 1983 beginnt das 80. Lebensjahr von Karl Rahner. Kennt man seinen Unternehmungsgeist, weiß man um seine Bücherpläne[1], schaut man in seinen Terminkalender, dann ist offensichtlich, daß von ihm noch manches kritische und klärende Wort zu hören sein wird.

Nicht zuletzt das positive Echo auf den 1. Band von »Karl Rahner im Gespräch« (1964–1977) ermutigte die Herausgeber, diesen 2. Band (1978–1982) in geplanter Form zu veröffentlichen. Vom Autor selbst werden hier weitere wichtige Grundbegriffe und Grundgedanken seines Gesamtwerkes weithin *alltagssprachlich* klargemacht. Schon rein quantitativ gesehen geschieht die Vermittlung seines theologischen Denkens in den letzten Jahren mehr und mehr auch in der Weise des Gesprächs. Frage und Antwort sind zu einer unverzichtbaren

[1] So erscheint z. B. 1983 »Wissenschaft und christlicher Glaube« (=Schriften zur Theologie, Bd. XV), bearb. von *P. Imhof,* Zürich/Einsiedeln/Köln.

Form für die Gedankenwelt Karl Rahners geworden. Auch im vorliegenden 2. Band handelt es sich nicht nur um Texte, die für die Biographie Karl Rahners wichtig sind, sondern – und vor allem – um solche, die zugleich wegen ihres Inhalts bleibend aktuell sind. In diesen hier gesammelten Interviews wird eine Fülle von Themen behandelt, die durch ein *Register,* das auch den 1. Band stichwortartig miterfaßt, aufgeschlüsselt sind.
Der Leser findet im Spektrum der Themen aktuelle Überlegungen zur Frage nach dem Frieden, nach dem Sinn des Lebens, nach dem Glauben an Gott. Wie steht es mit den Schwierigkeiten des modernen Menschen mit dem Jenseits? Was bedeutet der Tod? Auch der Christ geht ja mit leeren Händen fort. Das Handeln der Amtskirche, die Gefährdung der Befreiungstheologie und die Zukunft der Kirche werden im Gespräch bedacht. Wegen der »gelehrten Unwissenheit«, die in Auseinandersetzung mit eigener Lebensgeschichte, mit ignatianischer Spiritualität und menschlich-priesterlicher Existenz ihre bleibende Bedeutung besitzt, wird oft ein großes theologisches Wissen hintangestellt, um etwas von der Unmittelbarkeit und letztlich allein entscheidenden Existenz Gottes transparent zu machen – selbst um den Preis, daß dadurch Formen eigenen Glaubens angefochten werden.
Der Hintergrund, auf dem viele Antworten in den Gesprächen erst ihren Sinn bekommen, besteht in der Tatsache, daß K. Rahner auf viele klassische theologische Fragestellungen für sich – und nicht nur für sich – eine Antwort gefunden hat. Mit immer neuen Formulierungen versucht er von dort her nicht nur Einzelfragen, sondern die Grundfrage zu beantworten: An wen glauben die Christen? Was bedeutet die Grundüberzeugung vieler Gläubiger, daß es im Christentum letztlich nicht um einen Bestand von geoffenbarten Sätzen geht, die man für wahr zu halten hat – und die natürlich der Vernunft nicht widersprechen dürfen –, sondern um das Grundgeheimnis der Menschwerdung Gottes in Jesus Christus?
In seinem Schicksal gründet die Hoffnung der Christen auf Auferstehung. Seine Geschichte weiterzuerzählen, das Evan-

gelium zu verkünden, jedem Rede und Antwort zu stehen (1 Petr 3,15), ist eine wesentliche Aufgabe der Theologen. Karl Rahner hat sich auch in diesem Band dieser Aufgabe gestellt. Es ist Motto seines eigenen Mühens, was er in einer fingierten Rede des Ordensgründers Ignatius von Loyola diesen zu einem Jesuiten von heute sagen läßt: »Da das Papsttum in seiner konkreten Gestalt auch weiterhin einem geschichtlichen Wandel unterworfen bleibt, sollte eure Theologie und euer Kirchenrecht vor allem dem Papsttum dienen, wie es in der Zukunft sein muß, damit es Hilfe und nicht Hindernis für die Einheit der Christenheit bedeutet. Im übrigen ... sucht eine Theologie zu entwickeln, die Ohr und Herz der Menschen von heute finden kann; aber Ausgangspunkt und Ende eurer Theologie, die auch heute noch den Mut zu echter Systematik haben kann, bleibt *Jesus Christus,* der Gekreuzigte und Auferstandene als die siegreiche Selbstzusage des unbegreiflichen Gottes an die Welt, und nicht irgendeine geistige Mode, die heute kommt und morgen geht.«[2]

Außer den Interviewpartnern von Karl Rahner, die durch ihre Fragen und ihr Mitdenken halfen, Rahners Antworten alltagssprachlich zu formulieren, gilt der Dank der Herausgeber diesmal auch Herrn Norbert Sommer (Saarländischer Rundfunk) und Herrn Dr. Oskar Schatz (Österreichischer Rundfunk); denjenigen, die schon zur Entstehung des 1. Bandes beigetragen hatten, dürfen wir wiederum für ihre Zusammenarbeit danken. Wie schon im 1. Band sind auch in diesem 2. Band die Gespräche und Interviews in ihrer überarbeiteten Fassung von Karl Rahner autorisiert.

München, 30. Oktober 1982

Paul Imhof SJ/Hubert Biallowons

[2] *K. Rahner* (zus. mit *P. Imhof* und *H. N. Loose*), Ignatius von Loyola, Freiburg i. Br. ^{2}1978, 32.

I Nachfolge Jesu heute

1 Die Kirche muß Mut zu Experimenten haben

Gespräch mit den Redakteuren der Saarbrücker Zeitung, *Ignaz Keßler* und *Joachim Widera* (1978)

Kirche als »Vortrupp« der Menschheit?

Wir erinnern uns an einen Vortrag, den Sie während des Zweiten Vatikanischen Konzils gehalten haben, und zwar nach der Verabschiedung des Dekrets über die Kirche. Sie behandelten besonders die Definition der Kirche als Sakramentum des Heils der Welt und haben dabei so etwas wie ein Zukunftsbild der Kirche entworfen. Sie haben gesagt, die Kirche werde in der Diaspora sein, immer mehr in der Diaspora sein, aber sie sei zugleich »Vortrupp« der Menschheit. Würden Sie heute dieses Bild noch so sehen, oder haben sich mittlerweile vielleicht doch Entwicklungen ergeben, die Sie veranlassen würden, das Bild zu modifizieren?

Die Prognose der relativ kleinen Kirche, der »kleinen Herde«, die zwar überall in der Welt, aber überall in der Diaspora ist, stimmt heute, leider Gottes, beinahe noch mehr als vor zehn oder zwölf Jahren. Wie weit diese Aussage differenziert werden müßte, das ist natürlich eine andere Frage. Wie ist das Bild der Zukunft der Kirche in Südamerika, wie ist das Bild der Kirche in Afrika, wie wird es das Christentum geben in der kommunistischen Welt oder gar in China? – das sind natürlich Einzelfragen, die einzeln beantwortet werden müßten und wo

man vielleicht sehr schwer etwas Genaues sagen kann. Es gibt sicherlich auch Gegenden in der Welt, wo man optimistischer sein kann.
Aber die Aussage bleibt: Diese so konkret bedrängte, prozentual kleine Kirche ist trotzdem der »Vortrupp«, das Sakrament des Heiles der *Welt,* nicht nur für sich. Das ist dann eine theologische Aussage, die eigentlich durch irgendwelche kurzfristige geschichtliche Erfahrungen gar nicht desavouiert werden kann. Ein Beispiel – auch wenn das jetzt ein verrücktes Bild ist –: Wenn Sie einen Menschen taufen, brauchen Sie ihn nicht mit Haut und Haaren unter das Wasser zu tauchen, sondern eine relativ kleine Geste genügt, die aber doch bezogen auf den ganzen Menschen ist und ihm als ganzem das Heil zusagt.
Natürlich unter Vorbehalten würde ich dann sagen: Die Kirche ist jenes kleine, bescheidene, sich vielleicht nur mühsam haltende Zeichen, das Gott setzt, um seinen Heilswillen für die *ganze* Welt zu bezeugen. Und er wirkt dann mit seiner geheimnisvollen, meist oft gar nicht greifbaren Gnade das Heil in der ganzen Welt. Und *dafür* ist die Kirche ein kleines, quasi-sakramentales Zeichen.

Viele Impulse sind längst noch nicht realisiert

Herr Professor Rahner, ein Spötter soll einmal gesagt haben: »Gottes Mühlen mahlen langsam, aber die der vatikanischen Kurie schrecklich fein.« Anders übersetzt, man könne sich natürlich sehr viel Zeit lassen und sich auf spätere Zeitläufte oder gar Äonen verlassen. Das kann aber wohl nicht die richtige Sicht von Kirchlichkeit, in der man selbst lebt, sein. Was kann die Kirche tun, um etwas mehr aus ihrem Getto, aus ihrem Asyl, aus ihrer Diaspora hier und heute herauszukommen und nicht etwa erst in weiter Ferne?
Ich meine, daß die Kirche missionarisch sein muß, daß sie sich, wenn man so sagen kann, nicht auf die Verheißungen Gottes

verlassen darf, um nichts zu tun, um einfach in einem langweiligen Konservatismus zu verharren. Man könnte hier auch dieses paradox formulierte Wort des heiligen *Ignatius von Loyola* anwenden, daß man so auf Gott vertrauen solle, als ob alles von einem selbst abhinge – und umgekehrt, wenn man dann etwas tut, es so tun soll, als ob alles von Gott abhinge.
Selbstverständlich darf die Kirche – ob das jetzt Laien oder Priester oder Bischöfe sind, das ist gleichgültig – nicht sagen, auch die kleine Herde sei ein gutes sakramentales Zeichen für das Heil der Welt, und Gott werde schon weiterkommen. Nein, die Kirche muß alles tun, um wirklich selber weiterzukommen. Und ich meine, da sind sehr viele Impulse und Potentialitäten im Zweiten Vatikanum gegeben gewesen, die noch längst nicht realisiert und ausgeschöpft sind.
Für mein Gefühl (ich rede jetzt nicht von Südamerika, ich rede nicht von Afrika und rede nicht von den Philippinen und nicht von Japan) hat unser mitteleuropäisches Christentum doch mehr oder minder wieder die Tendenz, sich einzuigeln, möglichst konservativ bewahrend zu sein, Vorsicht mehr zu schätzen als kühne Experimente. Da, meine ich, verstößt man eigentlich dann gegen den Geist des Zweiten Vatikanums, auch wenn man nicht nachweisen kann, daß bestimmte Sätze juristischer Art dadurch verletzt worden sind. Es gibt – für mein Gefühl – schon rückläufige, restaurative Tendenzen.
Ich bin nicht der Meinung, daß Änderungen einfach deswegen, weil sie Änderungen sind, *eo ipso* schon recht hätten. Gott bewahre, das wäre natürlich Unsinn. Ich habe durchaus Verständnis dafür, daß gewisse Experimente, Einzelexperimente, die sich vielleicht als falsch oder als nicht durchschlagend erwiesen haben (wenn das in zehn Jahren möglich ist), abgestellt werden. Wenn zum Beispiel jemand kommt und sagt, manches einer älteren Ordnung in einem Priesterseminar sei besser gewesen, vernünftiger, erzieherisch nützlicher als manches, was in den letzten zehn Jahren in einem Priesterseminar praktiziert wurde, dann würde ich sagen: Gut, darüber redet man vernünftigerweise und sieht, was da richtig ist, und macht

meinetwegen mit gewissen Experimenten Schluß. Aber das sind dann alles Einzelfragen, die wir jetzt gar nicht durchdiskutieren können.

Das Zweite Vatikanum wird sich durchsetzen

Aber wenn ich mich frage, welches auch heute die Grundtendenz, die Grundmentalität sein müßte, dann bin ich immer noch der Meinung, daß heute die Kirche Mut zu Experimenten, Mut zu einer neuen Art der Verkündigung, Mut zu neuen Praxen in der Seelsorge haben müßte und sie nicht deswegen, weil nicht alles gutgegangen ist, oder deswegen, weil nicht alles sich schon durchgesetzt hat, jetzt wieder einfach restaurativ eine Kehre von 90 oder 180 Grad machen dürfte.

Wir haben oft den Eindruck, daß die Kirche nicht mehr mutig ist, sondern zaghaft geworden ist und daß das Fenster, das durch das Zweite Vatikanum zur Welt aufgestoßen worden ist, wieder zufällt oder mindestens so weit beigezogen wird, daß es nicht mehr zieht in der Kirche. Oder?

Ja, das meine ich auch. Aber natürlich muß man im einzelnen vorsichtig sein. Man kann nicht alles in einen Topf werfen, und selbstverständlich wird sich das Zweite Vatikanum auf längere Sicht eben doch mehr oder minder durchsetzen. Gegen ein wahres Konzil ist gerade in der katholischen Kirche kein Kraut gewachsen.

Es gibt natürlich überdies viele Dinge, die einfach stillschweigend, ohne daß man darauf reflektiert, veraltet sind, obsolet geworden sind und dann stillschweigend abgeschafft werden, so daß die Kirche sich nach weiteren zwanzig Jahren garantiert noch viel mehr unterscheiden wird von der Kirche der »pianischen Epoche« zwischen *Pius IX.* und *Pius XII.* Dagegen ist gar nichts zu wollen. Man kann natürlich nur fragen, ob im einzelnen nicht falsche Bremsen, falsche Widerstände, falsche Tendenzen, zum Alten zurückzukehren, eingelegt, dazwischengeschoben werden, wo das nicht vernünftig ist.

Lefèbvre-Bewegung, keine bedeutende Angelegenheit

Wie beurteilen Sie denn in diesem Zusammenhang die Bewegung um Erzbischof Lefèbvre, der in Saarbrücken kürzlich eine Kirche geweiht und ein Schulzentrum eingerichtet hat?
Soviel ich höre, will Lefèbvre keine Bischöfe weihen. Wenn er keine Bischöfe weiht, wünschen wir ihm ruhig noch ein gesegnetes Alter. Aber nach weiteren zehn Jahren wird doch der Bischof Lefèbvre tot sein. Wer weiht dann nach katholischen Prinzipien die Priester seiner reaktionären Bewegung? Ich glaube, daß diese Dinge einfach aussterben werden.
Könnte er kirchenrechtlich, könnte er überhaupt einen Bischof weihen?
Ja, er könnte, genauso wie die Altkatholiken gültig geweihte Bischöfe haben. Er könnte, dogmatisch gesehen, einen Bischof gültig weihen. Daß dieser dann aber keine legitime Leitungsgewalt in der Kirche hat, das steht auf einem anderen Blatt. Aber er wäre ein katholisch geweihter Bischof, der die sakramentale Gewalt hätte, weitere Priester zu weihen.
Lefèbvre aber hat, soviel ich weiß, erklärt, er werde keine Bischöfe weihen, sondern auf Gottes Vorsehung vertrauen, daß trotzdem – ich weiß nicht woher – Priester seiner Richtung kommen. Aber ich kann mir das gar nicht anders vorstellen, als daß dies eine Kümmerform von Katholischem sein wird, die keine Aussicht auf Dauer hat.
Es ist allerdings so – wir merken es ja in der Publizistik –, daß eben Vorgänge wie um Erzbischof Lefèbvre oder der Exorzismusfall von Klingenberg auf starkes Interesse stoßen. Es gibt dann so etwas wie das Bild der häßlichen Kirche oder des häßlichen, unmöglichen Katholiken. Aber das ist doch nicht die wirkliche Kirche, die da noch Exorzismus betreibt oder in einem, sagen wir, paraschismatischen Zustand lebt?
Nein. Aber es gibt doch keine geistige und gleichzeitig gesellschaftlich institutionalisierte Bewegung, die nicht ihre Dissidenten hat, die nicht ihre Richtungskämpfe hat, die nicht von größeren oder kleineren Abspaltungen bedroht ist. Es

wäre also mehr die Frage, welche Macht oder Dynamik dies hat.

Den Gesamtzustand der Kirche halten Sie also im allgemeinen noch für gesund?

Kirchenrechtlich und kircheninstitutionell halte ich die Lefèbvre-Bewegung für keine sehr bedeutsame Angelegenheit. Natürlich ist es jetzt eine ganz andere Frage, ob ich die Kirche in einem erfreulichen Gesamtzustand glaube oder nicht. Da wird man verschiedene Maßstäbe anwenden müssen.

– Meinen Sie den Zustand der Kirche hinsichtlich einer außerordentlichen Frömmigkeit und Spiritualität, also bis in Mystik hinein?

– Meinen Sie eine Kirche eines intensiven Ordenslebens oder einer radikalen Nachfolge Jesu?

– Meinen Sie die Kirche hinsichtlich der Deutlichkeit und Eindeutigkeit der Orthodoxie, ihres Glaubens?

– Meinen Sie die Kirche hinsichtlich ihres radikalen Bekenntnisses zu den wahren, wirklich christlichen Normen einer Gesellschaft?

– Meinen Sie die Kirche hinsichtlich ihres Eintretens für die Deklassierten und Armen im Gegensatz zu einer mehr bürgerlich behäbigen, traditionalistischen Kirche?

So gibt es eine ungeheure Menge von Gesichtspunkten, nach denen der eigentliche Zustand der Kirche, gemessen an ihrem eigentlichen Auftrag, beurteilt werden müßte. Das ist dann sehr schwer, zumal da dies in den einzelnen Ländern unter Umständen ganz verschieden ist.

Wir haben vielleicht nirgends in der Welt eine – so möchte ich sagen – etabliertere, organisatorisch gefestigtere Kirche als meinetwegen bei uns in Deutschland. Ist das eine erfreuliche Tatsache, ist das eine Tatsache, gegen die man nichts haben muß, wobei man sich aber über die Frage der inneren Lebendigkeit dieser Kirche schon noch Zweifel erlauben darf? Das alles ist so schwer zu beurteilen, das wage ich eigentlich nicht.

Ein missionarisch überzeugendes Profil

Bleiben wir doch bei dem einen Punkt, der Spiritualität. Wir haben also die deutsche Kirche, die deutschen Katholiken im Auge. Es gibt ja neue Bewegungen, zum Beispiel vorwiegend junger Menschen, die eine neue Spiritualität anstreben. Wie würden Sie das beurteilen?

Die Frage wäre hier: Meinen Sie Spiritualitäten, die bewußt und selbstverständlich auch kirchlich sind, oder meinen Sie jene Spiritualitäten, jene charismatischen, mystischen und anderen Tendenzen, die sich eigentlich unabhängig von der Kirche entwickeln? Bei innerkirchlichen Spiritualitäten würde ich sagen, solche Tendenzen gibt es Gott sei Dank, aber sie könnten erheblich stärker sein.

Wir wissen von unserem Trierer Bischof, daß er große Hoffnungen gerade in diese Gruppen setzt; das kommt immer wieder bei ihm zum Ausdruck in seinen Predigten. Er ermutigt diese Leute unter allen Umständen, und er propagiert sie geradezu. Wie sehen Sie das?

Diese Basisgruppen mit einer wirklich echten Spiritualität sind gut, wenn's die gibt – und soweit es sie gibt, ist das also wirklich sehr gut. Die Frage ist natürlich, wieweit sie schon ein missionarisch überzeugendes Profil entwickelt haben. Da wäre sicher noch sehr viel zu tun.

Letztlich bleibt die simple Frage: Können Sie solche Dinge an dem spektakulären Eindruck messen, den solche Gruppen in der breiten Öffentlichkeit machen? Wenn Sie ein deutsches Boulevard-Blatt ein Jahr lang verfolgen und dann feststellen würden, daß vielleicht einmal in zehn Zeilen von solchen Basisgruppen die Rede gewesen war, sonst aber nicht, müßten Sie dann sagen, daß die Kirche nichts zusammen bringt, sie keine offensive Kraft hat? Es ist auch die Frage, wieviel Zeit Sie solchen Bewegungen billigen, bis sie entweder von Ihnen für unwirksam oder tot erklärt werden oder Sie ihnen einen manifesten, geschichtlichen Erfolg zubilligen.

Vielleicht jetzt einmal zurück zur Kirche als Institution – und damit kommen wir automatisch zu dem Bild des Papsttums in unserer Zeit. Herr Professor Rahner, Sie haben über viele Jahre die Disziplin gelehrt, die man die Königin der theologischen Wissenschaft nennt, die Dogmatik. Wir wissen ja, daß etwa ein Mann wie Hans Küng erhebliche Schwierigkeiten mit dem Dogma der Unfehlbarkeit hat. Die Frage an Sie: Sind es einzelne Leute in der Kirche oder außerhalb der Kirche, die mit diesem Dogma und mit dem Papsttum Schwierigkeiten haben, oder wandelt sich überhaupt das Bild des Papsttums?

Ich würde sagen, auf der einen Seite bekenne ich mich in einem richtig zu verstehenden Sinne vorbehaltlos zur Lehre des Ersten Vatikanischen Konzils hinsichtlich der Vollmacht des Papstes in Lehre und Regierung der Kirche. Auf der anderen Seite würde ich solche Meinungsdifferenzen, wie sie *Hans Küng* angemeldet hat, auch wieder nicht übertrieben hochspielen.

Es ist doch offensichtlich, daß heutzutage die Frage nach Gott und seiner Existenz, unsere Nähe zu Gott, Gott der Vergebende, Gott der Vater unseres Herrn Jesus Christus usw. viel wichtiger und fundamentaler ist als die Frage des Papsttums. Es scheint mir an und für sich selbstverständlich zu sein, daß eine missionarische Verkündigung werbender, überzeugender Art hinsichtlich dieser fundamentalen Glaubenswahrheiten eine wichtigere, entscheidendere Aufgabe ist, die vielleicht auch Hans Küng in seiner Weise wahrzunehmen versucht.

Die konkrete Weise, wie ein römischer Papst seine ihm zukommende Aufgabe in der Kirche ausübt, ist eine pastoraltheologische, eine kanonistische Frage, die vom eigentlichen Dogma des Ersten Vatikanums sehr deutlich zu unterscheiden ist. Es gibt einen römischen Zentralismus, den ich für überflüssig halte.

Hier herrscht römischer zentraler Bürokratismus

Wenn, sagen wir mal, Freiburg neun Monate brauchte, bis Rom endlich wußte, welcher der drei Bischofskandidaten ernannt werden sollte, dann würde ich – dies ist ein x-beliebiges Beispiel, dem ich keine große Bedeutung zuschreibe – sagen: Hier herrscht ein römischer zentraler Bürokratismus, der mit dem Wesen der Kirche an und für sich nichts zu tun hat und wo die Römer dem Geist des Zweiten Vatikanums zuwiderhandeln. Daß sie da auch ihre Gründe haben, und sie das nicht aus Bosheit machen, glaube ich ihnen gern – ich will ihnen keine unmoralischen Motivationen einer römischen Herrschsucht usw. zuschreiben. Alles schön und recht und zugegeben. Aber solche Sachen sollte es eben doch nicht geben.
Oder zum Beispiel – das sage ich auch an die Adresse der deutschen Bischöfe –, ob wir die Erstkommunion zuerst und dann die Erstbeichte der Kinder praktizieren oder umgekehrt, das sollte man doch wahrhaft einer großen Regionalkirche selbst überlassen. Solche Dinge brauchen doch nicht von Rom vorgeschrieben zu werden, so daß dann die Bischöfe gegen die Synode plötzlich wieder eine Kehrtwendung machen und groß erklären müssen, wie sie plötzlich alle einsehen, daß hier Rom recht hat.
Solche und ähnliche Dinge haben natürlich mit dem Dogma des Ersten Vatikanums im Grunde genommen nichts zu tun. Und in solchen Dingen erwarte und wünsche ich mir schon noch sehr greifbare und in die Augen springende Veränderungen des Verhältnisses in der Regierungsweise Roms.

2 Papstwahl: Hoffnung ohne Illusionen

Gespräch mit dem Weltwoche-Redakteur *Alfred A. Häsler* (1978)

Das Erbe der drei Päpste

Die Unterschiede zwischen den drei letzten Päpsten sind, was ihr Temperament und ihre Wirkung anbetrifft, eklatant: Pius XII., streng, asketisch, autoritär, machtbewußt, die Katholische Kirche eine sozusagen monolithische Institution; Johannes XXIII., volksverbunden, freundlich, lebensfreudig, in der Kirche Aufbruchstimmung, Hoffnung, geistige Lebendigkeit; Paul VI., eher zögernd, dadurch Unsicherheit, Verwirrung unter den Gläubigen stiftend – prägt der Mensch das Amt?

Sicher war Pius XII. der Typ eines Papstes, der für das, was ich die Pianische Epoche nenne – von Pius IX. bis Pius XII. –, charakteristisch ist: Er repräsentierte nicht nur das Dogma des Ersten Vatikanums, sondern auch die Mentalität dieser Epoche. Er war der große, indiskutable Führer, der bei aller persönlichen Bescheidenheit doch die Macht der in Lehre und Praxis einheitlichen Kirche verkörperte, zur Geltung brachte und in dieser Position, zumindest innerhalb der Kirche, eigentlich unangefochten war.

Nun meine ich, daß diese Pianische, neuscholastische Epoche notwendigerweise zu Ende gehen mußte.

Johannes XXIII. hat die Pianische Epoche beendigt. Für viele überraschend und unerwartet.

Johannes XXIII. war, von unten gesehen und wohl auch wirklich, ein beinahe naiver Mensch, im Grunde konservativer und altmodischer, als es von außen her schien. Aber er besaß eine gewisse Unbefangenheit und den guten Willen, mit der Welt, so wie sie de facto ist, einigermaßen zurechtzukommen.

Paul VI. fehlte die Unbefangenheit Johannes' XXIII.

Paul VI., der getreue Diener Pius' XII., der Kardinal Johannes' XXIII., mußte mit der nun vorgegebenen Situation, ich möchte sagen, leben und sterben. Er hat im großen und ganzen, wenn vielleicht auch nicht immer was den Geist, aber doch den Buchstaben angeht, das Zweite Vatikanische Konzil akzeptiert, zu Ende geführt und respektiert.

Aber wichtige Probleme in allen Bereichen des individuellen, sozialen, gesellschaftlichen Lebens stehen an. Viele gläubige Menschen erwarten klärende Antworten von der Kirche. Kann sie schweigen oder sich mit niemanden befriedigenden Antworten begnügen?

Man kann natürlich wünschen, daß ein kommender Papst hinsichtlich der sozialen Fragen, der Problematik der Dritten Welt, der inneren Demokratisierung der Kirche, der Ökumene usw. schneller, deutlicher, mutiger, zuversichtlicher vorangeht, als es in den letzten Jahren unter Paul VI. geschehen ist. Aber man sollte auch nüchtern und realistisch sehen, was konkret möglich ist und nicht nur in einem irrealen Utopismus gewünscht werden kann.

In der Katholischen Kirche verstärken sich die auseinanderstrebenden Kräfte, die Polarisierung nimmt zu, einander scheinbar ausschließende Positionen verhärten sich. Namen wie Hans Küng und Erzbischof Lefèbvre markieren solche konträren Positionen. Bricht die Einheit der Katholischen Kirche auseinander?

Pluralismus ist in der Kirche selbst; Polarisationen sind da. Das soll uns nicht erschrecken. Die Schwierigkeiten liegen im Detail. Wie kann man zum Beispiel die Bedeutsamkeit der Eigenart von einzelnen großen Regionalkirchen – Südamerika, Nordamerika, Asien, Afrika – so zur Geltung bringen, so als legitim anerkennen, daß doch die Einheit der Kirche unter dem römischen Papst nicht zerstört wird? Da wird Rom sicher noch viele berechtigte, notwendige, sinnvolle, grundsätzlich anerkannte Konzessionen machen und auf der andern Seite dafür sorgen müssen, daß sich diese berechtigten Pluralismen und Polarisationen nicht so auseinanderentwickeln, daß die eine Kirche in ihrer eigenen Einheit und in der Identität ihres Glaubens zerstört wird.

Auch ein Papst bleibt ein Mensch

Das setzt doch voraus, daß der neue Papst ein Mann von ungewöhnlicher Integrationskraft sein muß.

Selbstverständlich ist es die Aufgabe des Petrus-Amtes und also des konkreten Papstes, eine solche Kraft der Integration, der Einheit in den verschiedensten Dimensionen der Kirche zu entwickeln.

Auf der andern Seite – das sollte man deutlich hervorheben – kann man von einem einzelnen Menschen in der konkreten Situation von heute nicht mehr verlangen als von einem andern konkreten Menschen.

Nicht mehr? In diesem hohen Amt?

Auch ein Papst bleibt ein Mensch. Ein katholischer Christ wird sagen: Was man vom Papst heute vernünftigerweise gar nicht erwarten kann, das wird Gott auf andere Weise regeln.

Es ist doch nach katholischem Verständnis nicht so, daß der Papst nun einfach der Punkt wäre, von dem alle Bewegungen, alle Kräfte in der Kirche ausgehen müßten. Er hat eine Koordinationsfunktion, ein Wächteramt über den Glauben der Kirche. Aber wie man mit den Problemen in der Dritten Welt fertig wird, wie eine heutige Exegese wissenschaftlich-kritisch und trotzdem eindeutig gläubig sein kann, wie man heute den Glauben an Gott und an Jesus Christus verkündigen muß usw. – das muß der Papst uns katholischen Christen nicht alles gleichsam abschließend vorsagen.

Der Papst ist nicht nur handelndes Subjekt in der Kirche, sondern auch bis zu einem gewissen Grad erleidendes Objekt der Kräfte, die der Geist Gottes an den Orten, die ihm gefallen, in die Kirche eingibt. Niemand kann von ihm verlangen, daß er gleichsam das innerste Lebensprinzip der Kirche ist, daß alles und jedes von seiner erhabenen Position ausgeht und in die Kirche einfließt.

Das heißt, daß der Papst in Zukunft noch weniger als bisher ex cathedra, mit dem Anspruch auf Unfehlbarkeit, sprechen kann?

Ich anerkenne die Lehre des Ersten Vatikanums, die das

Zweite Vatikanum ja nicht außer Kraft gesetzt hat, über die Lehrautorität des Papstes. Ich bin da nicht der Meinung Hans Küngs. Wenn der Papst wirklich *ex cathedra* im Sinne des Ersten Vatikanums spricht, ist er also unfehlbar.
Eine andere Frage aber ist die, ob in näherer Zukunft konkret und praktisch solche unfehlbaren Cathedra-Entscheidungen eines Papstes zu erwarten sind und ob sie wünschenswert wären. Ich denke, daß solche in näherer Zukunft von einem Papst nicht zu erwarten sind.
Was erwarten Sie vom neuen Papst?
Ich würde mir einen Papst wünschen, der die letzte Substanz der christlichen Botschaft von Gott als der unaufhebbaren Besiegelung der Selbstzusage Gottes an die Welt und in ihrer Geschichte werbender, rasanter, glühender, leuchtender verkündigen würde.
Ich würde mir wünschen, daß der kommende Papst nicht nur über die Orthodoxie dieser Lehre ängstlich, abwehrend wacht, sondern für seinen Teil – mehr kann man nicht verlangen – auch versucht, in der Lebendigmachung ihrer Verkündigung bis zu einem gewissen Grad vorbildlich voranzugehen.
Die bisherige Glaubenskongregation, das frühere Heilige Offizium, ist doch in gewisser Weise eine bürokratische Behörde, die es nicht wirklich fertigbringt, die Glaubenssubstanz, die sie verteidigen muß, überzeugend zu verkünden. Sie repetiert nur, schärft nur ein, wehrt nur ab, ist aus der Verholztheit der Neuscholastik der Pianischen Epoche noch nicht herausgekommen.

Hoffnung auf die List des Heiligen Geistes und der Geschichte

Das Konklave hat den Sinn, daß die wahlberechtigten Kardinäle unbeeinflußt von der Außenwelt sich bei der Wahl des neuen Papstes vom Heiligen Geist leiten lassen sollen. Aber die Kardinäle repräsentieren auch politische, kirchenpolitische Ten-

denzen und Interessen. Wird da der Heilige Geist nicht je nach Tendenz und Herkommen der einzelnen und der Gruppen interpretiert?

Selbstverständlich wirken sich bei Papstwahlen trotz aller Providenz des Heiligen Geistes alle Menschlichkeiten aus, die eben auch unter Kardinälen üblich sind.

Da ein Kandidat die Zweidrittelmehrheit der Stimmen braucht, um Papst zu werden, und profilierte Kardinäle es meist schwer haben, diese Mehrheit zu finden, wird man einen farblosen Mann wählen, der nirgends aneckt?

Die Gefahr besteht, daß ein blasser Kompromißkandidat gewählt wird, weil ein markanterer Mann es nicht auf die Zweidrittelmehrheit bringt. Aber sie braucht nicht Wirklichkeit zu werden. Im übrigen gibt es – ich möchte sagen – so etwas wie die List des Heiligen Geistes und der Geschichte, die oft menschliche Taktik und Absicht durchkreuzt. So war es zum Beispiel bei Johannes XXIII. Den hat man von vorneherein als einen ziemlich farblosen und harmlosen Übergangspapst gewählt – und dann ist es ganz anders herausgekommen.

Der Orden der Gesellschaft Jesu, dem Sie angehören, war zu verschiedenen Zeiten heftig umstritten, in der Schweiz bis vor einigen Jahren verboten. Jetzt gehört er zu den betont progressiven Kräften innerhalb der katholischen Kirche. Wie kam das?

Der Orden soll durchaus entschlossen und eindeutig seiner Geschichte treu bleiben, nach der er eine besondere Beziehung zum Papst hat. Trotzdem müssen wir Jesuiten nicht notwendigerweise der Kampforden eines möglichst zementierten Konservativismus sein, weder in der Theologie noch im Verhältnis zur Welt. Wir haben auf unserer 32. Generalkongregation versucht, mindestens prinzipiell dem Orden eine weitertreibende Aufgabe zu geben.

In progressiver Richtung?

Wir wollen das Evangelium von Jesus Christus im Dienste der römisch-katholischen Kirche verkündigen. Aber es ist natürlich deutlicher geworden, daß diese Aufgabe auch eine gesellschaftspolitische Dimension hat, daß also Kampf für Gerechtigkeit in der Welt sein muß. Die Seelsorge von früher, auch die seelsorgerliche Arbeit der Gesellschaft Jesu, bewegte sich zu sehr gleichsam in privaten Dimensionen. Predigt, Sakramentenspendung usw. standen im Vordergrund. Heute sehen auch wir Jesuiten deutlicher, daß die Verkündigung des Evangeliums besonders auch in den Ländern der Dritten Welt unweigerlich eine gewisse Parteinahme für die Unterdrückten, die Deklassierten, die Armen einschließt, wie das früher nicht der Fall war. Das wollen wir nicht nur de facto tun, sondern wir haben uns auch ordensamtlich zu dieser Aufgabe bekannt.

Dies hat der Gesellschaft Jesu vernehmlichen Tadel Pauls VI. eingebracht. Erwarten Sie vom neuen Papst mehr Verständnis für die heutige Rolle der Jesuiten in der Kirche und in der Welt?

Ich wünschte mir schon, daß der kommende Papst uns vertrauensvoll etwas mehr Spielraum hinsichtlich der Gestaltung des eigenen Rechts und der Verwirklichung unserer Aufgaben gewähren würde.

3 Unmittelbare Gotteserfahrung in den Exerzitien

Gespräch mit *Wolfgang Feneberg*, München (1978)

Theologische Belehrung und Meditation als Vorstufen der Exerzitien

Pater Rahner, die Leser dieses Interviews sind engagierte Laien und Priester, keine Fachleute für Exerzitien. Sie möchten die Exerzitien neu verstehen und zugleich angeregt werden, selbst Exerzitien mitzumachen, Rechtes und Falsches im Kursangebot zu unterscheiden, Hilfe zu erhalten in der Suche nach Gott.

Welche Ratschläge können Sie ihnen als Fachmann für Ignatianische Exerzitien anbieten? Wie sehen Sie die verschiedenartigen Kurse, die heute unter dem Titel »Exerzitien« angeboten werden?

Ich möchte zunächst von eigentlichen Exerzitien zwei Übungen, Kurse oder Vorgänge unterscheiden, die keine Exerzitien von Ignatius sind, die vielleicht trotzdem sinnvoll und sogar notwendig, aber jedenfalls nicht als Exerzitien zu bezeichnen sind.

Der erste Typ und Vorgang wäre ein Kurs theologischer Belehrung. Ich gestehe Ihnen gerne, daß vielleicht alle meine Bücher, die ich über Ignatianische Exerzitien geschrieben habe[1], im großen und ganzen keine Ignatianischen Exerzitien im eigentlichen Sinne sind, sondern theologische Abhandlungen. Diese können tief, sie können fromm oder modern sein; sie vermitteln ein verbalisiertes theologisches Gedankengut. So etwas kann sinnvoll und notwendig sein, kann durchaus Hilfe für das persönliche Leben bedeuten, aber ein Kurs theologischer Vorträge, auch mit der Absicht der Erbauung und dem Ziel einer konkreten Lebenspraxis oder Lebensänderung ist nicht das, was Ignatius mit seinen Exerzitien eigentlich meinte.

Der zweite Typ, der heute im Schwang ist und unter Umständen durchaus eine Hilfe sein kann, sind Übungen meditativer Art, besonders im Stil östlicher Meditation und vielleicht Mystik – wenn das, was hier geboten oder angezielt wird, so genannt werden kann. Hier handelt es sich um ein Ruhigwerden, um eine gewisse Stillegung gezielter Gedanken, um Ruhe, vielleicht auch um ein gewisses Geöffnetsein gegenüber tieferen existentiellen Schichten des Menschen. Aber auch diese verschiedenartigen Kurse, die ich eben nicht genau charakterisiert habe, sind noch keine Exerzitien im Sinne des Ignatius oder können höchstens als Vorstufe dazu gewertet werden, die unter Umständen sogar notwendig ist oder sinnvollerweise

[1] Vgl. Betrachtungen zum ignatianischen Exerzitienbuch, München 1965; Ignatius von Loyola (zus. mit *P. Imhof* und *H. N. Loose*), Freiburg/Br. 1978.

durchschritten wird, um überhaupt die psychologisch-technischen und existentiellen Möglichkeiten zu erhalten, Exerzitien zu machen.

Ignatianische Exerzitien haben heute eine größere Bedeutung denn je

Gegenüber einem Sich-vor-sich-selbst-kommen-lassen, soweit dies möglich ist, und gegenüber einer verbalen theologischen Indoktrination, so wichtig diese sein kann, handelt es sich in den Exerzitien um etwas anderes, um etwas Fundamentaleres. Es handelt sich – wie Ignatius es als möglich voraussetzt, so ungeheuerlich diese Supposition ist – darum, den Schöpfer und das Geschöpf, wie Ignatius sagt, unmittelbar miteinander handeln zu lassen. Daß es so etwas gibt und geben kann – eine Erfahrung Gottes, die, so sehr sie objektiviert verbalisierte Momente oder Vorläufe oder Hilfsmittel einschließen mag, nicht identisch ist mit einem verbalisierten begrifflichen Wissen um Gott –, das setzt Ignatius voraus. Zu nichts anderem als zu dieser Erfahrung will Ignatius in den Exerzitien anleiten.
Warum und wie so etwas mit einer unmittelbaren Begegnung mit Jesus verbunden ist, warum sich diese beiden Dinge gegenseitig bedingen – Gotteserfahrung und unmittelbare Jesusbegegnung, die auch etwas anderes ist als bloßes historisches Interesse-Nehmen an Jesus –, das kann ich hier nicht näher explizieren.
Wie und wo kann man einen Exerzitienmeister erwarten, der nach Ihren Worten weder ein moderner, transzendentaler oder yogahafter Psychologe noch ein theologischer Indoktrinator ist?
Man kann sich ja einigermaßen im voraus vergewissern, ob ein angebotener Kurs nur eine von diesen beiden ersten Möglichkeiten zu bieten versucht oder aber wirkliche Anleitung ist für die ignatianische Gottesbegegnung mit Jesus. Wo es also von der Art des Angebotes her klar ist, daß nur die beiden erstgenannten Typen geboten werden, kann man sich immer noch überlegen, ob dies trotzdem gut und nützlich wäre. Man

kann diesen Kurs machen, doch nicht erwarten, damit Exerzitien des Ignatius zu erhalten oder zu machen.
Es ist natürlich grundsätzlich und praktisch möglich, daß dort, wo mit einem gewissen existentiellen Engagement theologische Vorträge gehalten werden, theologische Indoktrination betrieben wird, bei einem einzelnen Menschen, der diese Vorträge hört, etwas Tieferes, Radikaleres, eben die unmittelbare Begegnung mit Gott selbst angestoßen wird und deshalb bei einem solchen Kurs mit theologischen Vorträgen existentieller Art tatsächlich so etwas passiert wie bei Ignatianischen Exerzitien.
Pater Rahner, wieso und in welcher Weise hat diese unmittelbare Begegnung zwischen Schöpfer und Geschöpf im Sinne des Ignatius in unserer Zeit eine besondere Bedeutung, und welches besondere Element der Begegnung zwischen Schöpfer und Geschöpf – soweit diese überhaupt möglich ist – wird dadurch in den Vordergrund geschoben und dem Menschen, der Exerzitien macht, zugänglich?
Ich bin davon überzeugt, daß eine solche Unmittelbarkeit zwischen Gott und dem Menschen (wir brauchen nicht immer Geschöpf und Schöpfer zu sagen) heute von größerer Bedeutung ist als jemals zuvor. Alle gesellschaftlichen Stützen des Religiösen sind in dieser säkularisierten und pluralistischen Gesellschaft immer mehr am Wegfallen, am Absterben. Wenn es trotzdem wirkliche, christliche Frömmigkeit geben soll, dann kann sie sich nicht lebendig und stark erhalten durch Hilfen von außen, auch nicht durch Hilfen kirchlicher Art, nicht einmal durch Hilfen – unmittelbar und für sich allein genommen – sakramentaler Art, sondern nur durch eine letzte unmittelbare Begegnung des Menschen mit Gott.

Der Christ der Zukunft wird ein Mystiker sein, oder er wird nicht sein

Man hat schon gesagt: Der Christ der Zukunft wird ein Mystiker sein, oder er wird nicht sein. Ich glaube, daß dieser vielleicht etwas prononcierte Satz im großen und ganzen richtig ist. Das heißt aber doch im Grunde genommen nichts anderes, als daß eine unmittelbare, persönliche Gotteserfahrung gefunden werden muß, die natürlich immer noch in irgendeiner Weise von der Eigenart unserer Zeit geprägt ist. Aber es geht um eine Gotteserfahrung, die letztlich den Menschen von seinem gesellschaftlichen Milieu bis zu einem gewissen Grad unabhängig macht und ihn höchstens in Kirchlichkeit einweist, aber nicht eigentlich von traditioneller Kirchlichkeit herkommt. Das ist vielleicht etwas überspitzt formuliert.

Pater Rahner, noch eine Frage: In welcher Weise glauben Sie, daß die Exerzitien nun helfen, zu dieser Unmittelbarkeit der für heute so notwendigen Erfahrung Gottes zu kommen? Dies ist eine existentielle Frage, meine ich, all jener, die heute solche Exerzitien besuchen und besuchen möchten.

Ich versuche diese Frage vielleicht ganz einfach zu beantworten, indem ich sage, es soll einer nach den ganz normalen, nüchternen Anweisungen des Ignatius versuchen, einsam zu sein, zu beten, zu schweigen, natürlich auch sich die in den Exerzitien angebotenen Inhaltlichkeiten der ersten, zweiten, dritten und vierten Woche anzueignen.

Wenn einer das macht, dann muß er schauen, ob er merkt, daß er gewissermaßen durchgebrochen ist über eine bloß verbale Begrifflichkeit von Gott zu Gott selbst.

Wenn das nicht passiert oder sich auch nach geraumer Zeit, wie Ignatius das voraussetzt, keine Bewegung der Geister ergibt, dann hat er entweder die Sache nicht so gemacht, wie Ignatius es will, oder er hat die notwendige Hilfe des Exerzitienbegleiters nicht erhalten, oder es war für ihn der von der Gnade Gottes zugesagte »Kairos« einer solchen Begegnung noch nicht gegeben. Über alle diese Dinge gibt Ignatius ja Anweisungen. Ich könnte natürlich eine theoretische Vorlesung über das theologisch-metaphysische Wesen einer solchen Gottesbegegnung halten, aber das hat jetzt in diesem Zusammenhang keinen Sinn. Die Frage wäre dann immer noch, wenn das einer hört, ob er dann nicht wieder eine mystische Theorie mit wirklicher Mystik verwechselt, ob er nicht subtiles Gerede über Gott mit einer unmittelbaren Erfahrung Gottes verwechselt.

Im Anschluß daran wäre die Frage interessant, was Sie glauben, welche Anweisungen Ignatius heute gäbe, wenn er Zusätze zu seinen Exerzitien machen könnte.

Hier ist das große Problem, ob und wie man heute noch Ignatianische Exerzitien so machen kann, wie sie Ignatius beschreibt, oder ob heute Elemente der Gruppendynamik und ähnlicher Dinge in die Exerzitien eingetragen werden müssen. So wenig ich davon verstehe, bin ich nicht der Meinung, daß alle, wenn auch in einem religiös sublimierten Sinne, gruppendynamischen Vorgänge nicht etwas in sich Sinnvolles sein könnten. Genauso wie ich gesagt habe, daß es großartige Kurse in theologischer Reflexion und meditative Einübungen im Sinne von Zen geben kann, so bin ich nicht prinzipiell der Meinung, solche gemeinsame religiöse Erfahrungspraxen seien von vornherein verkehrt oder hätten keine wirkliche echte religiöse Bedeutung. Trotzdem bin ich der Ansicht, daß man solche Dinge nicht Ignatianische Exerzitien nennen sollte, weil das eben etwas anderes ist. Man kann und soll nicht alles, was vielleicht heute nützlich und geboten ist, mit irgendeinem großartigen Namen aus der Tradition etikettieren. Ignatianische Exerzitien im alten Stil der individuellen Einsamkeit, in die sich der Mensch freilich auch als soziales Wesen mit seinen Aufgaben und Forderungen einbringt, haben heute eine größere Bedeutung denn je. Wenn jemand sich in Einsamkeit und gleichsam in Verlassenheit, also im Schweigen nicht erträgt, dann ist er vielleicht für Exerzitien noch nicht geeignet. Man soll aber dann das, was dieser Mensch kann und wofür er Verständnis hat und was man ihm auch anbieten kann, nicht Ignatianische Exerzitien nennen. Ignatius hat nicht gemeint, Exerzitien seien das einzig Mögliche, das einzig Sinnvolle, was es auf der Welt oder in der Kirche gibt und geben soll, aber er hat gemeint, daß er einem Menschen in der Form der Exerzitien helfen könne, Gott zu finden und nicht nur über ihn zu reden.

Wie weit man jetzt trotzdem Exerzitien auch dort, wo man sie im ursprünglichen Sinn machen will, in vielfacher Hinsicht anders machen kann und muß als früher, das ist eine ganz andere Frage.

Heute wäre eine theonome oder theologische Bekehrung das erste

Was meinen Sie mit dem »anders machen«? Heißt das zum Beispiel, Elemente des Zeugnisses, des Gespräches, der Reflexion oder Bildmeditation einzubauen?

Das weiß ich nicht. Eine Bildmeditation könnte durchaus in Exerzitien eingebaut werden. Ignatius macht ja Anwendungen der Sinne; warum soll dies nicht gefördert oder erleichtert werden durch ein vorgegebenes Bild? Fragen des Fastens und ähnlicher Elemente, die Ignatius mehr oder minder selbstverständlich aus seiner spirituellen Tradition voraussetzt, müßten neu durchdacht werden. Es ist also die Frage, ob die Abfolge der Exerzitien, wie sie bei Ignatius durch die vier Wochen gegeben ist, die einzig denkbare ist. Manches könnte vielleicht in einer »nullten Woche« an meditativer Einübung, an Sammlung, an Stille, an Ausschau nach Gotteserfahrung vorausgenommen werden, bevor die erste Woche beginnt.

Pater Rahner, glauben Sie, daß die Ignatianischen Exerzitien in einer Zeit weitgehender Glaubenslosigkeit, das heißt einer Prägung der Öffentlichkeit durch einen zumindest nominellen Atheismus, eine besondere Chance der Motivation darstellen, sich mit dieser Frage der Suche nach Gott zu beschäftigen?

Ignatius beantwortet mit seinen Exerzitien natürlich nicht die Frage, wie man einen Skeptiker oder Atheisten von heute dazu bringen könnte, Exerzitien zu machen. Ignatius beantwortet auch nicht die Frage, wie ich diesen Menschen dazu gewinnen könnte, einmal ein paar Wochen lang absolut auf sich zurückgeworfen, »Exerzitien zu machen«. Was ich mit einem solchen Menschen anfangen müßte, bis er eine Gotteserfahrung macht

und sie als solche annimmt, darüber steht natürlich unmittelbar in den Exerzitien nichts. Obwohl bei Ignatius die neuzeitliche, radikal individuelle, unvertauschbare Gotteserfahrung Ziel der Exerzitien ist, konnte er im Gegensatz zu heute das ganze Ambiente von selbstverständlichem Glauben voraussetzen. Hier wäre eine Aufgabe für den Exerzitienbegleiter, darüber nachzudenken, wie er einen heutigen Atheisten zu einer Gotteserfahrung führen und bekehren könnte.
Bei Ignatius war einfach die moralische Bekehrung das erste, was zu tun war – das zeigt ja die erste Woche. Heute wäre im voraus dazu, was aber nicht ein äußeres Hintereinander heißen muß, eine theonome oder theologische Bekehrung das erste.

Ausgehen vom resignierten, depressiven, skeptischen Menschen

Diese theonome oder theologische Bekehrung – könnte sie zusammenhängen oder zusammen gesehen werden mit der heute doch sehr starken Problematik der Resignation, der Depression, die als die spezifische Krankheit unseres Jahrhunderts angesehen wird?
Ich glaube schon, daß diese beiden Dinge etwas miteinander zu tun haben. Ein Exerzitienmeister, der zu einer Begegnung Gottes anleiten will, muß natürlich von dem Menschen, wie er heute ist, ausgehen, von dem resignierten, depressiven, skeptischen Menschen, der müde ist, dem alles Pathos wie leere Sprüche vorkommt.
Insofern wäre vielleicht eine Radikalisierung bis ins Allerletzte der heutigen Gestimmtheit des Menschen der Weg, um einen solchen Durchbruch zu erfahren oder zu erzielen.
Wenn die Mystik von der Nacht der Sinne und des Geistes redet, ist das nicht einfach zu identifizieren mit irgendwelchen physiologisch oder soziologisch induzierten Depressionen, unter denen der heutige Mensch leidet. Aber diese Dinge haben etwas miteinander zu tun. Ein letztes Fertigwerden mit

diesen heutigen Schwierigkeiten des Menschen ist im Grunde genommen nur in der letzten, liebenden und hoffenden Kapitulation des Menschen in das unbegreifliche Geheimnis hinein, das wir Gott nennen, möglich. Insofern können solche heutigen Mentalitäten durchaus ein Ausgangspunkt sein für Exerzitien, wie sie heute sein müßten. Sie können nicht einfach so sein, wie Ignatius sie mit dürren, einfachen Worten beschreibt. Das ist unmöglich, denn es liegen 400 Jahre dazwischen. Die Welt und wir sind anders als Ignatius und seine Welt. Trotzdem ist das Letzte, was Ignatius eigentlich will, immer noch aktuell – auch in der Weise und Gestalt solcher individueller Exerzitien, in denen der Mensch in die Einsamkeit geht.

Pater Rahner, Sie haben gesagt, Einsamkeit und Stille seien Ziel für Ignatius. Das gemeinsame Chorgebet der Mönchsorden, auch andere Formen der Einkehr, der Stille, Wallfahrten – die ganze Liturgie will doch eigentlich auch nichts anderes als die Begegnung zwischen Gott und dem Menschen ermöglichen und erreichen. Was ist jetzt die spezifische Hilfeleistung, die der Mensch von heute durch diese Form der Übungen bekommt, wie Ignatius sie anbietet?

Das ist schwer zu beantworten. Ignatius war ein kirchlicher Mensch; die gemeinsame Liturgie war ihm eine Selbstverständlichkeit, die er nicht nur mit Geduld hinnahm, sondern die ihn auch freute. Alle diese Formen einer kommunitären Frömmigkeit sollten immer getragen sein von einem möglichst unmittelbaren Verhältnis zu Gott. Eine solche kommunitäre Frömmigkeit kann auch immer wieder den Anstoß für diese unmittelbare Begegnung mit Gott geben. Aber normalerweise wird jene Unmittelbarkeit zu Gott, die Ignatius in seinen Exerzitien direkt anzielt, in anderen religiösen Übungen und Liturgien ein unterschwelliges Begleitsymptom sein; mehr kann es dort auch nicht sein.

Wenn ich jetzt zu Ihnen sagen würde: Komm, beten wir miteinander das Vaterunser, so wäre das eine sehr sinnvolle Sache. Man könnte voraussetzen, daß jeder von uns beiden das ernst meint und es mit voller Hingabe, Ernsthaftigkeit, Liebe und Hoffnung tut. Man könnte ruhig annehmen, daß in einem solchen Vorgang sich jener Glaube, jene Hoffnung und jene Liebe realisieren, die eine absolute Unmittelbarkeit zu Gott implizieren. Aber man wird doch nicht im Ernst behaupten können, daß, wenn wir dieses gemeinsame Vaterunser auch noch so fromm und ernsthaft beten, damit schon jene Unmittelbarkeit zu Gott erreicht und realisiert ist, von der Ignatius in den Exerzitien spricht, die er erreichen will und die er in den Regeln der Unterscheidung der Geister zu unterscheiden versucht von anderen religiösen oder pseudoreligiösen Vorgängen im Menschen.

Es gibt hinsichtlich der Unmittelbarkeit zu Gott und – parallel dazu – auch hinsichtlich der existentiellen Radikalität des Freiheitsvollzuges zweifellos Stufen. Im Normalfall wird z. B. eine gemeinsame Liturgie – so sehr sie ihren eigenen Sinn und ihre Bedeutung und Unaufgebbarkeit hat – jene letzte Radikalität der Gottesbegegnung unmittelbar in sich selbst nicht erreichen können, auf die Ignatius hinzielt.

Ich gebe gerne Ausnahmen zu, aber wenn man ehrlich und vernünftig ist, wird man sehen müssen, daß ein Benediktiner, der im Chor darauf achten muß, den Choral richtig zu singen, und der an eine bestimmte Wortfolge gebunden ist, jene letzte radikale, nackte, alle Vermittlungen noch einmal übersteigende Unmittelbarkeit zu Gott nicht haben kann, auf die Ignatius hinzielt. Damit will ich nicht sagen, daß eine solche gemeinsame Liturgie nichts Sinnvolles oder Richtiges wäre oder nicht unerläßlich sei. Sie kann Vorbereitung und Ausklang für eine mystische Erfahrung Gottes sein, die als solche aber gewöhnlich in der Liturgie nicht vollzogen werden kann, auf die aber umgekehrt Ignatius in seinen Exerzitien hinzielt.

Wenn das jemand als Abwertung der Liturgie empfindet, kann ich ihm nicht helfen. Im allgemeinen werden vor allem die letzten personalen Entscheidungen und die letzte mystische Nähe zu Gott eben nicht in dem normalen Vollzug der Liturgie als solcher geschehen.

Hat nicht unter solchen Voraussetzungen der vom Individualismus geprägte moderne Mensch durch die Ignatianischen Exerzitien eine besondere Chance, einen Zugang zu Liturgie und Kirchlichkeit zu finden?
Ja natürlich, wenn er diese letzte Nähe zu Gott lebendig vollzogen hat, die gewissermaßen nachschwingt, und wenn er auch – um es mit den Worten des Ignatius in der »Betrachtung zur Erlangung der Liebe« zu sagen – die Erfahrung des Abstieges Gottes in seine Welt und die Erfahrung einer gleichsam mystischen Synthese nicht nur zwischen Jesus, sondern auch zwischen dem, was dann Ignatius den konkreten Willen Gottes nennt, und Gott selbst gemacht hat. Wenn er das erfahren hat, dann ist ein solcher Mensch natürlich kirchenfähig und liturgiefähig.

4 Nachfolge Jesu heute

Gespräch mit *Slavko Kessler,* München (1978)

Eine mystische und eine gesellschaftliche Komponente

Es scheint, daß der Glaube an Gott in der Wohlstandsgesellschaft immer weniger gelebt wird. Die Nachfolge Jesu im Alltag ist zu einem Problem geworden – ein Anlaß, um sich über dieses Thema Gedanken zu machen. Wie heute unter geänderten gesellschaftlichen Bedingungen das Christentum gelebt werden kann, hat in besonderem Maße die sogenannte »Politische Theologie« durchdacht. Können Sie uns diesen Begriff etwas näher erläutern?
Eine sogenannte »Politische Theologie« hat auf katholischer Seite mein Schüler, Kollege in Münster und Freund Johann Baptist Metz zu entwickeln versucht. Dies bedeutet aber nicht,

daß der Theologe ganz bestimmte gesellschaftspolitische Lehren und Tendenzen vertritt oder gar selber Tagespolitik macht, sondern das bedeutet einmal nur – einfach und grob gesagt –, daß in der Theologie, Dogmatik und Fundamentaltheologie immer der gesellschaftspolitische Hintergrund des Lebens der Menschen berücksichtigt werden muß, und weiterhin, daß man Antriebe für die Theologie auch aus den gesellschaftlichen Bedürfnissen erhält und sich dann umgekehrt fragen muß, welche gesellschaftlichen Konsequenzen sich aus der christlichen Botschaft und aus der katholischen Dogmatik ergeben.

Professor Metz sagt nun, daß die Nachfolge Jesu eine mystische und eine gesellschaftliche Komponente habe. Was heißt das für das Leben eines Christen konkret?

Daß die Nachfolge Jesu eine mystische und eine gesellschaftliche Komponente habe, klingt zunächst einmal merkwürdig und überraschend, ist aber im Grunde genommen selbstverständlich. Letztlich bedeutet das ja nichts anderes, als daß die Nachfolge Jesu das große eine und doppelte Gebot der Nächstenliebe und der Gottesliebe in der Kraft seines Geistes erfüllen muß. Was also ist der Grund, so könnte man fragen, weswegen Metz dieses selbstverständliche Gebot, daß jemand, um Christ zu sein, Gott aus ganzem Herzen und den Nächsten wie sich selbst lieben müsse, in diesen Satz von einer mystischen und gesellschaftlichen Komponente umformuliert?

Betrachten wir zunächst das Wort »mystische Komponente«: In einer Zeit, in der in der Gesellschaft die Überzeugung von der Existenz Gottes absolut selbstverständlich war, konnte der einzelne Mensch von der Existenz Gottes schon einfach dadurch überzeugt sein, daß jedermann von Gott redete, daß die Gesellschaft in ihren Erklärungen und Indoktrinationen die Überzeugung Gottes selbstverständlich lehrte und urgierte. Das Überzeugtsein von Gott konnte gleichsam von außen gesellschaftlich indoktriniert werden und hatte dadurch im Bewußtsein des einzelnen eine schon beinahe unüberwindliche Macht. Gott existiert – das war ein Satz, der so selbstverständlich war, wie »zwei mal zwei ist vier« oder wie der Satz

»niemand darf den Nächsten ohne gerechten Grund töten«. Nun ist aber diese Gesellschaft, in der die Überzeugung von der Existenz Gottes eine Selbstverständlichkeit auch in der Öffentlichkeit war, nicht mehr gegeben. Die Überzeugung von der Existenz Gottes muß oder kann heute nicht einfach mehr durch eine Indoktrination von außen allein, durch die ideologische Macht der Gesellschaft, entstehen.

Dann ist wohl hier der Punkt, an dem die mystische Komponente in der Nachfolge Jesu für den einzelnen Christen ihre Bedeutung bekommt?

Es müssen tiefere Quellen der Überzeugung von der Existenz Gottes in den einzelnen Menschen freigelegt werden, es muß eine Überzeugung personalster, innerster Art im einzelnen Menschen von der Existenz Gottes ausgegraben werden, die den einzelnen Menschen mindestens bis zu einem gewissen Grad davon unabhängig macht, ob eine theistische oder eine atheistische Ideologie in der Gesellschaft, die ihn umgibt, herrscht. Ich kann natürlich jetzt hier nicht eine lange Rede halten über eine solche innere, existenzielle, persönliche Erfahrung Gottes. Darüber müßte man einmal in einem anderen Zusammenhang sprechen. Aber gibt es so etwas wie eine unmittelbare Erfahrung Gottes? Wenn Ignatius von Loyola der Überzeugung ist, daß mindestens in den Exerzitien der Schöpfer mit seinem Geschöpf unmittelbar handelt; wenn – anders ausgedrückt – wir nicht nur objektivierte und verbalisierte Begriffe von Gott in unserem Kopf und in unserem Bewußtsein haben, so daß Gott als er selber trotzdem in einer unendlichen Ferne bleibt und unsere Begriffe nur in diese Richtung hinweisen; sondern wenn eine unmittelbare, vorbegriffliche Erfahrung Gottes durch die Erfahrung der unendlichen Weite unseres Bewußtseins gegeben ist, dann gibt es eben so etwas wie eine mystische Komponente des Christentums.

Welche Aufgaben ergeben sich daraus für die Eigenart der christlichen Verkündigung?

Die mystische Komponente müßte viel besser entwickelt

werden. Der einzelne Priester und Seelsorger müßte darauf achten; er dürfte nicht nur eine Botschaft verkünden, die rein von außen kommt, er müßte Berufung einlegen an die innerste personale Erfahrung des einzelnen Menschen in seiner Einsamkeit und in seiner absoluten Verantwortung. Nur dort, wo die äußere Botschaft des Christentums sich nicht für sich allein mächtig versteht, sondern der innersten Erfahrung des Menschen, also der mystischen Komponente des Christentums, entgegenkommt, sie gleichsam aktualisiert, sie lebendiger macht, sie unter dem Schutt des Alltagsbewußtseins ausgräbt, nur dort kann heute ein lebendiges Christentum noch bestehen, auch in einer atheistischen Gesellschaft. Man hat schon gesagt, daß der Christ der Zukunft – eben weil er die Abstützung von einer allgemein-gesellschaftlichen Ideologie nicht mehr hat – ein Mystiker sein müsse oder er werde nicht mehr sein. Das ist vielleicht etwas massiv ausgedrückt, aber im Grunde genommen ist es richtig.

Pater Rahner, Sie haben uns bisher die Bedeutung der mystischen Komponente erläutert. Worin liegt nun die Verbindung zu dem, was »gesellschaftliche Komponente« besagt?

Betrachten wir also die andere Komponente, die J. B. Metz die »gesellschaftliche Komponente« nennt. Wir haben gerade bisher so getan, als ob es eine mystische Erfahrung Gottes gäbe, die sich rein in der innersten, individuellsten Innerlichkeit des Menschen abspielt, dort, wo der Mensch eben nicht nur Teil und Moment einer Gesellschaft ist, dort, wo er ein je Einmaliger, für sich Verantwortlicher allein ist. Das braucht nun hintendrein nicht zurückgenommen zu werden; es gibt eine einsame Mystik des Menschen, in der, wie Ignatius sagt, das Geschöpf und der Schöpfer unmittelbar verkehren. Welcher Mensch ist zu so etwas fähig? Wenn man diese Frage genauer beantworten will, wird man sagen müssen: Zu dieser innersten mystischen Erfahrung Gottes ist letztlich doch nur der Mensch fähig, der den Nächsten liebt. Schon im Neuen Testament bilden Gottes- und Nächstenliebe eine Einheit. Die Erfahrung der absoluten Würde des anderen Menschen und die absolute Respektierung des anderen Menschen in seiner je einmaligen Würde sind im Grunde genommen Voraussetzungen und Folgerungen für unser Verhältnis zu Gott; nicht nur Folgerungen – das ist ja im christlichen Bewußtsein selbstverständlich, weil es ja davon überzeugt ist, daß, wer Gott liebt, eben auch den Nächsten lieben muß und die Nächstenliebe eine Pflicht, eine Folgerung unseres Verhältnisses zu Gott ist –, sondern wir müssen auch sagen: Diese Nächstenliebe ist gleichzeitig eine Voraussetzung unseres Verhältnisses zu Gott.

Der Durchbruch zum Nächsten bedeutet einen Durchbruch zu Gott

Wenn also die Nächstenliebe auch eine Voraussetzung unseres Verhältnisses zu Gott ist, dann ist doch jeder, der in seinem Leben die Nächstenliebe praktiziert, schon auf dem Weg zu Gott hin?

Das Zweite Vatikanische Konzil sagt, daß ein Mensch, auch wenn er meint, Atheist zu sein, verbunden sein kann mit dem österlichen Geheimnis Christi und daß er gerettet werden kann, glaubt und sein Heil findet, wenn er dem Spruch seines Gewissens in unerbittlicher Treue und Selbstlosigkeit folgt. Dies bedeutet nichts anderes, als daß auch ein sogenannter Atheist dort, wo er selbstlos seinem Gewissen folgt – was praktisch heißt: den Nächsten liebt – im Grunde genommen, wenn er wirklich so von sich selber wegkommt, Gott, wenn auch anonym, gefunden hat. Mit anderen Worten: Diese schon in der Nächstenliebe gegebene Selbstlosigkeit, der Durchbruch aus dem Gefängnis des Egoismus, bedeutet nicht bloß einen Durchbruch zum Nächsten, sondern auch schon, wenn auch noch unausgesprochen und unreflektiert, einen Durchbruch zu Gott. Man bricht gewissermaßen aus der Enge seiner eigenen Existenz heraus, man kommt in eine Weite, die kein Ende mehr hat, und bewegt sich, ob man das nun reflektiert oder nicht, schon auf Gott hin. Das sind jetzt nur ganz primitive

Andeutungen für den Doppelsatz: Nächstenliebe ist Voraussetzung und Folge der Gottesliebe. Mit anderen Worten: Man kann nur wirklich von sich selber wegkommen, wenn eine Bewegung eingeleitet ist, die keinen Halt mehr hat und nicht bloß beim Nächsten, sondern schließlich und endlich bei Gott ankommt.

Wo liegt nun die der christlichen Nächstenliebe eigentümliche gesellschaftspolitische Dimension?

Nun, wenn so die Nächstenliebe Voraussetzung und Folge der Gottesliebe ist – Voraussetzung, wenn Sie wollen, einer anonymen Gottesliebe und Konsequenz einer ausdrücklichen Anerkennung und Liebe Gottes –, dann darf man bei diesem Satz nicht denken, es handle sich nur um eine private, rein subjektive Beziehung des einen Menschen zu dem anderen. Liebe in einem christlichen Sinn hat natürlich eine absolut personale Dimension, eine Dimension der Intimität, also auch des Herzens und des Gefühles; aber Nächstenliebe im christlichen Sinne hat durchaus eine eigentümliche gesellschaftliche und gesellschaftspolitische Dimension. Der Mensch muß nicht nur, wenn er den Nächsten wahrhaft lieben will, ihm gewissermaßen die Intimität seines Herzens, wenigstens bis zu einem gewissen Grad, entgegenbringen. Er ist verpflichtet, aus dieser Nächstenliebe heraus alles zu tun, was er tun kann, damit die gesellschaftspolitischen Strukturen seiner Gesellschaft so sind, daß sie der Freiheit und der Entfaltung des Nächsten dienen, daß sie ihn nicht versklaven, nicht ausnützen, ihm gegenüber nicht zu Ungerechtigkeiten führen. Wenn wir also sagen, die Nächstenliebe sei Voraussetzung und Folge der Gottesliebe, dann ist diese Nächstenliebe auch mit ihrem gesellschaftspolitischen Auftrag gemeint.

Können wir nun noch kurz das zusammenfassen, was Nachfolge Jesu heute bedeutet und von uns Christen verlangt?

Wenn Christentum Gottes- und Nächstenliebe ist, wenn heute Gottesliebe nur realisiert werden kann in einer Mystik der Erfahrung der Nähe Gottes und wenn Nächstenliebe nur realisiert werden kann unter Wahrnehmung eines gesellschaftspolitischen Auftrages, den jeder Mensch hat, dann ist eben, meine ich, klar, was Metz sagt: daß das Christentum, und zwar gerade heute, eine mystische und eine gesellschaftliche Komponente hat. Ich sage das gerade heute, weil ohne die mystische Komponente eine bloß äußere Indoktrination der Existenz Gottes und des Christentums und seiner Inhaltlichkeiten allein nicht genügt. Und ich sage, daß gerade heute eine gesellschaftspolitische oder gesellschaftliche Komponente von besonderer Bedeutung ist, weil der Mensch von heute wahre Nächstenliebe, die von Gott kommt und Gott bezeugt, nicht glaubwürdig finden wird, wenn sie sich auf einen bloßen Intimbereich zwischen Menschen beschränken würde und die eigentlich gesellschaftliche, gesellschaftspolitische und gesellschaftskritische Aufgabe nicht wahrnehmen würde.

5 Man soll nicht zu früh aufhören zu denken

Gespräch mit *Leo O'Donovan,* New York (1978)

Wendepunkte und Inspirationen

Pater Rahner, Sie haben jetzt fast 75 Jahre menschlicher Erfahrung hinter sich. Könnten Sie uns sagen, welches die großen Wendepunkte in Ihrem Leben waren?
Ich weiß nicht, ob ich große Wendepunkte in meinem Leben gehabt habe, oder ob der Bach oder der Fluß dieses Lebens mehr oder minder immer in der gleichen Richtung geflossen ist, so daß so langsam die Zeit gekommen ist, da dieser Fluß der Zeit in das Meer der Ewigkeit eingeht. Ich bin in einer katholischen Familie mit sieben Kindern aufgewachsen. Sie war von der Mutter, aber auch vom Vater her mehr oder

weniger selbstverständlich katholisch, ohne nun irgendwie frömmlerisch zu sein. Nach dem Abitur trat ich mit 18 Jahren in die Gesellschaft Jesu ein, machte dort meine Studien, hatte dort meine Arbeit und Aufgaben. So gab es also sowohl in meiner Jugend wie in meiner späteren Zeit eigentlich keine Gelegenheiten, große, radikale Wendungen oder Umbrüche zu erleben. Ich würde vielleicht sogar im Gegenteil sagen: Das Merkwürdige, das Seltsame und Selbstverständliche meines geistigen Lebens bestand eigentlich darin, daß alle neuen Situationen irgendwie doch dasselbe und alte und echte Zukünftige insofern enthüllten und nahebrachten, als sie alle immer wieder auf Gott und sein Leben hinwiesen.
Natürlich habe auch ich so etwas wie einen äußeren Lebenslauf: Meine Jugendzeit und das Alter, das Studium und meine Zeit als Professor; ich habe geschrieben, geredet, bin mit allen möglichen Leuten zusammengekommen. Denken Sie an die Weimarer Republik, an die Naziperiode, die dreißig Jahre nach dem Weltkrieg usw.
Alle diese verschiedenen Zeiten, die man natürlich doch irgendwie intensiv und wach miterlebt, haben eigentlich keine Umbrüche bei mir hervorgebracht, so verschieden diese Zeiten auch waren, sondern haben im Grunde genommen doch immer wieder dasselbe, die Verwiesenheit auf das unbegreifliche Geheimnis deutlich gemacht, das wir Gott nennen.
Nun gebe ich natürlich zu, daß andere Menschen, auch authentische Christen, das Leben anders erleben können; mit anderen Worten: daß sie die innergeschichtlichen Umbrüche, Forderungen, Neuerlebnisse, Zukunftshoffnungen, Enttäuschungen usw., die in einem menschlichen Leben gegeben sein können, je nach der Vorsehung Gottes, intensiver, radikaler erleben und erlebt haben, als ich es getan habe. Insofern ist mein Leben, bei all seiner selbstverständlicherweise auch gegebenen Teilnahme am kulturellen Leben der letzten 60 oder 70 Jahre, in einem gewissen Sinne monoton verlaufen. Ich meine das nicht in dem Sinne, daß ich das bedauere; ich meine dies auch nicht im Sinne der Behauptung, es müßte eigentlich

im Leben aller Menschen so sein. Aber es war nun einmal bei mir so. Die äußeren Verhältnisse waren trotz all dieser Zeitgeschichte doch bis zu einem gewissen Grade gleichmäßig. Seit 1922 bin ich Jesuit, also seit 56 Jahren. Das Leben eines Jesuiten war – zumindest bei mir –, was den äußeren Stil und die äußeren Voraussetzungen angeht, doch relativ homogen. Die Arbeit eines Theologen hat vielleicht natürlich auch seine Entwicklung, seine neuen Erkenntnisse usw.; aber das Eigentümliche meines Lebens war vielleicht eher eine gewisse Monotonie, Gleichmäßigkeit, Homogenität, die sich aus der Zuwendung eines Menschen auf das letzte Thema der Theologie, des Ordenslebens und auch des Menschenlebens überhaupt ergibt, – auf die eine, schweigende, absolute, aber immer daseiende Wirklichkeit Gottes.

In diesem Leben sind Sie Menschen innerhalb und außerhalb der Kirche begegnet. Wer hat Sie zum Beispiel besonders beeinflußt oder beeindruckt? Sie haben gerade natürlich die Familie erwähnt.

Das ist wieder eine schwierige Frage. Wenn Sie mich nur nach Menschen fragen, denen ich außerhalb der Kirche begegnet bin, dann müßte ich zunächst einmal den Vorbehalt treffen, daß ich bei so einer Frage meine Erinnerung nicht so schnell aktivieren kann. Es gibt natürlich auch außerhalb des Ordens und der Kirche einige Menschen interessanter Art, denen ich begegnet bin und die schon einen gewissen Eindruck auf mich gemacht haben. Darunter wäre vor allem auch Martin Heidegger zu nennen. Es gibt natürlich auch andere Leute, die ich, wenn auch nur flüchtig, kennengelernt habe, die gewisse, relativ bekannte Größen sind. Ich habe Heinrich Böll, Golo Mann, Erich Fromm, Ernst Bloch persönlich kennengelernt, Karl Barth wenigstens einmal im Leben auch persönlich getroffen, ebenfalls Paul Gogarten. Wenn ich jetzt meine Erinnerung näher, genauer und länger befragen könnte, wären sicher auch noch andere Leute zu nennen. Aber wenn man genauer zusieht, dann will ich nicht undankbar den Einfluß und die Bedeutung aller dieser Menschen unterschätzen, natürlich

auch nicht den Einfluß von Dichtern und Philosophen, die man nur durch Bücher kennt.
Aber selbst wenn ich mich zum Beispiel fragen würde, ob Heidegger einen großen Einfluß auf mich ausgeübt hat, dann müßte ich sagen, daß ich das nicht so genau weiß. Ich bin natürlich dankbar, daß ich zwei Jahre in seinem Seminar sitzen durfte. Ich habe sicherlich das und jenes von ihm gelernt, wenn ich vielleicht auch sagen müßte, daß ich meine ursprünglichste, entscheidende philosophische Prägung, soweit sie von einem andern kommt, eigentlich eher dem belgischen Philosophen und Jesuiten Joseph Maréchal verdanke und daß mit dieser Philosophie doch bereits eine Überwindung der traditionellen Neuscholastik gegeben war. Von Maréchal also bin ich zu Heidegger gekommen, und diese Prägung durch Maréchal wurde auch durch Heidegger nicht überwunden. Vielleicht hängt das mit der Monotonie meines Lebens oder von einer etwas monotonen Selbstinterpretation meines Leben zusammen, wenn ich sage: So ganz großen, mich umwerfenden, radikal mich verändernden Gestalten bin ich eigentlich nicht begegnet. Ich betrachte das nicht als einen Vorzug, sondern stelle das nur als eine, vielleicht sogar bedauerliche Tatsache fest.
Zum Beispiel auch die Lehrer, die ich im Orden selber gehabt habe, Lehrer, die sicherlich tüchtig und gescheit, belesen und unterrichtet waren, kamen mir zumindest als relativ zweitrangige Leute vor, für die ich nicht so geschwärmt habe wie ein Jünger für seinen Meister. Ich kann nicht sagen, daß ich in der Ordensphilosphie und -theologie so einem mich gleichsam überwältigenden, begeisternden, inspirierenden Meister begegnet bin. Das kann meine eigene Schuld sein, die vielleicht bedauerlich ist, aber ich würde auch da wieder sagen: Es ist nun einmal so gewesen. Natürlich weiß ich, daß Leute wie Heidegger, Ernst Bloch, Erich Fromm und ein Nobelpreisträger wie Heinrich Böll größere Kapazitäten, größere Lehrer und mehr schöpferische Denker waren als meine Lehrer im Orden. Aber auch von diesen Leuten würde ich eigentlich nicht sagen,

daß ich dem großen Meister begegnet bin, dem ich gewissermaßen als dem einzelnen in einer mich entflammenden Jüngerschaft verbunden war. Ich bin also – wie jeder Mensch das Produkt seiner Umgebung ist – eigentlich mehr das Produkt einer vielfältigen, einer vielleicht anonymen, einer vielleicht gleichmäßigen, von verschiedenen Seiten einwirkenden Umgebung gewesen.

Spirituell und pastoral ausgerichtete Theologie

Würden Sie sagen, daß – von der Gesellschaft Jesu aus gesehen – Ignatius von Loyola Ihre eigene geistliche Erfahrung geprägt hat?

Darüber will ich natürlich nicht allzuviel sagen, weil das letztlich niemanden etwas angeht. Aber ich meine schon, daß gegenüber der sonstigen Philosophie und Theologie, die mich beeinflußt hat, die ignatianische Spiritualität doch das Bedeutendere und Wichtigere gewesen ist. Ich möchte auch da, wenn ich ehrlich sein will, nicht sagen, daß einzelne Jesuiten, Spirituäle, Exerzitienmeister usw. einen überwältigenden Eindruck auf mich gemacht hätten. Ich würde sogar ehrlich zugeben, wenn man das gestehen darf, daß ich zum Beispiel achttägige Exerzitien bei dem späteren Kardinal Bea und bei dem doch in Rom bedeutsamen Moraltheologen Franz Hürth gemacht habe, und daß ich diese Exerzitien, die diese beiden, in der Kirche doch bedeutsamen Männer, gegeben haben, eigentlich enttäuschend traditionell fand. Aber die Spiritualität des Ignatius selbst, die wir durch die Praxis des Gebetes und eine religiöse Bildung mitbekamen, ist für mich wohl bedeutsamer gewesen als alle gelehrte Philosophie und Theologie innerhalb und außerhalb des Ordens. Es gab natürlich dann auch in der unmittelbaren Jesuitengeneration vor mir einige Männer, die man erwähnen müßte und die eigentlich auch schon Vorläufer oder Initiatoren eines Ausbruchs aus der Philosophie und Theologie der Neuscholastik waren. Ich denke da an Männer wie Peter Lippert und – noch mehr – an Erich Przywara, vielleicht auch an Dunin Borkowski. Ich muß auch in diesem Zusammenhang sagen, daß ich – ohne eigentlich jemals die Absicht zu haben, Forscher auf dem Gebiet der spirituellen Theologie und ihrer Geschichte zu werden – doch relativ viel hohe geistliche Literatur gelesen habe. Ich habe ja später einmal, kurz vor dem zweiten Weltkrieg, das Buch in erweiternder Übersetzung mit Marcel Viller herausgegeben: »Aszese und Mystik in der Väterzeit«, das zwar eine Übersetzung von Viller war, aber doch zur Hälfte von mir stammt[1]. Ich habe mich also sowohl in ursprüngliche Quellen der Spiritualität der Jesuiten als auch der anderen Richtungen wie z. B. Teresa von Avila oder Johannes vom Kreuz vertieft; ich habe auch einen Aufsatz über die Mystik von Bonaventura geschrieben[2]. Ich glaube also, daß – so sehr ich ein armer Sünder geblieben bin – die große Spiritualität der Kirche überhaupt und erst recht die der Jesuiten einen größeren und erweiternden Einfluß auf mich ausgeübt hat als meine unmittelbaren Lehrer sowohl innerhalb als außerhalb des Ordens.

Meinen Sie, daß Ihr pastorales Interesse in der Theologie auch aus dieser Lektüre und Forschung gewachsen ist?

Ich habe schon öfter gesagt, und ich glaube, daß dies richtig ist, daß meine Theologie, so abstrakt und schulmeisterlich sie auch war, doch eine letzte pastorale, seelsorgerliche Inspiration gehabt hat. Ich habe nie oder sehr wenig Theologie um der Theologie willen betrieben – so als l'art pour l'art! Nicht so sehr deswegen, weil ich mich sehr viel seelsorglich betätigen konnte. Ich habe natürlich gerade in jüngeren Jahren relativ viel gepredigt, z. B. 10 Jahre lang jeden Sonntag in Innsbruck. Ich habe gerade in jüngeren Jahren relativ viel Exerzitien gegeben,

[1] M. Viller – K. Rahner, Aszese und Mystik in der Väterzeit, Freiburg/Br. 1939.

[2] Der Begriff der ecstasis bei Bonaventura, in: Zeitschrift für Aszese und Mystik 9 (1934) 1–19, vgl. auch dazu einen früheren Beitrag: La doctrine des »sens spirituels« au Moyen-Age. En particulier chez St. Bonaventure, in: Revue d'ascetique et de mystique 14 (1933) 263–299.

nicht für alle Leute, z. B. Gymnasiasten nicht, aber doch für Leute verschiedenster Art, wie Priester, Ordensleute, Klosterfrauen, gebildete Leute usw. Ich war auch zeitweise in der Seelsorge tätig; ich habe in Niederbayern in der gewöhnlichen Pfarrseelsorge während des Krieges in Bauerndörfern ausgeholfen; ich war während des Krieges von 1939–44 in Wien Mitglied des dortigen Seelsorgsinstituts, wo der längst verstorbene Prälat Karl Rudolph einen Typ eines Diözesan-Seelsorgsinstituts entwickelt und aufgebaut hat, wie man ihn, glaube ich, vorher, wenigstens in Mitteleuropa, kaum kannte. Während in früheren Zeiten die Ordinariate doch mehr oder minder bürokratische Verwaltungsbehörden waren, hat Rudolph durch die Gründung, Entwicklung und Differenzierung eines Seelsorgsinstituts den Schwerpunkt auch einer Diözesanverwaltung von der Bürokratie auf zentrale Institutionen lebendiger Seelsorge verlegt; und in jenem Jahr war ich also auch einer seiner bescheidenen Mitarbeiter, die das erlebt haben. Kurz und gut, sowohl aus einem persönlich existentiellen Interesse wie aber auch aus einem solchen Verständnis für pastorale Bedürfnisse heraus, hoffe ich oder meine ich, daß meine Theologie nie so reine l'art pour l'art war, wie das *vor* meiner Zeit in der wissenschaftlichen Theologie, zumindest in der Dogmatik, üblich gewesen war.
Sehen Sie, ich will z. B. Martin Grabmann wahrhaftig nicht absprechen, daß er ein frommer Priester war, der auch durchaus die Notwendigkeit seelsorglicher Aufgaben sah und miterfüllte, so gut er konnte. Aber Martin Grabmann, Arthur Landgraf, Pater Pelster usw. waren doch Theologiewissenschaftler, die mehr oder minder in der Überzeugung lebten, daß die eigentliche systematische Theologie keine großen Fortschritte mehr machen könne. Landgraf hat direkt gesagt, daß eigentlich alle Wissenschaftlichkeit, in der dogmatischen Theologie zumindest, sich auf ihre frühere Geschichte konzentriere, so daß die Erforschung dieser Geschichte wichtig, schön, interessant sei, aber doch für die heutige Verkündigung, auch für das heutige spirituelle Leben usw., keine sehr große

Bedeutung habe. Mit anderen Worten: Diese Leute haben damals, zumindest in der systematischen Theologie – ich rede jetzt nicht von der Moraltheologie, der Pastoraltheologie, der Katechetik usw. – eine retrospektive Theologie historischer Neugierde betrieben. Wenn ich auch nicht sagen will, daß ich so etwas nie getan hätte – mein 11. Band der »Schriften zur Theologie« mit meinen bußhistorischen Aufsätzen zeigt das ja –, so war mir diese Art von gelehrter, retrospektiver, um ihrer selbst willen getriebener Theologie eigentlich immer fremd. Und von der Spiritualität her, von der eben doch vorhandenen existentiellen Getriebenheit her und von der Pastoral oder von der Seelsorge her sah ich doch, so glaube ich, neue und wichtige Aufgaben, die auch der systematischen, spekulativen Theologie gestellt werden.

Realistisch ist letztlich für mich nur der, der an Gott glaubt

Sie haben auch das Thema Zukunft und Hoffnung intensiv behandelt und sich dabei ziemlich optimistisch geäußert. Würden Sie Ihre Theologie insgesamt als optimistisch darstellen oder eher als realistisch?

Man kann natürlich unter Umständen in meiner Theologie Züge oder Schichten feststellen, die einen optimistischen Zug haben. Wenn ich früher über die Hominisation der Welt gesprochen habe, wenn ich also gesagt habe, die reine Natur sei nicht mehr einfach der Wohnraum des Menschen, sondern ein Bauplatz für eine Welt, die der Mensch selber aufbaut, dann konnte es natürlich dabei passieren, daß andere Gesichtspunkte eher pessimistischer Art nicht genügend zur Geltung kamen. Aber ich meine, solche Zeitbedingtheit, vielleicht auch Temperamentsbedingtheiten sind nicht so wichtig, und zwar deswegen nicht, weil ich im Unterschied zu einer modernen, liberalen, marxistischen Futurologie immer folgendes betont habe: 1. Die endgültige und absolute Zukunft ist Gott als Er selber. 2.

Diese absolute Zukunft ist nur zu erreichen durch das Medium des Todes. Insofern war demnach gegen einen liberalistischen, aufklärerischen, futurologischen Optimismus die christliche Konzeption einer in einem gewissen Sinne dem Tod geweihten, aus der Schuldverstrickung nicht herauskommenden pessimistischen Welt immer gegeben.

Ich würde selber meinen, daß »realistisch« das bessere Wort wäre, besser als »optimistisch« oder »pessimistisch«.

Wenn man alles und jedes, jede Erkenntnis und jede Wirklichkeit grundsätzlich unter das Vorzeichen und in die Klammer Gottes als des niemals aufhebbaren Geheimnisses stellt, dann sind natürlich Optimismus, Pessimismus und Realismus sehr unbestimmte und ungenaue Maßstäbe. Was heißt realistisch sein? »Realistisch sein« heißt nur, die Wirklichkeit bedingungslos so anzunehmen, wie sie ist. Wenn und insofern zu dieser Wirklichkeit eben der unbegreifliche Gott als ihr Grund und ihre umfassende Macht gehört, wenn dieser unbegreifliche Gott auf jeden Fall in Glaube, Hoffnung und Liebe als sinngebend und sinntragend angenommen wird und wenn die Realisation dieser Annahme des absoluten Geheimnisses im Grunde genommen immer in der absoluten Übergabe an Gott durch den Tod, und nur so, geschieht – was soll dann eigentlich noch »Realismus«, »Optimismus« oder »Pessimismus« heißen? Ein Pessimist der Verzweiflung wollte ich nie sein; ein Optimist, der das Mysterium des Todes für den einzelnen und für die Welt übersieht, wollte ich auch nie sein. Wenn man das andere dann ›Realismus‹ nennen will, gut! Aber dieser Realismus ist ja auch nicht der Realismus einer spießbürgerlichen Banalität und eines äußerlichen Lebens, sondern realistisch ist letztlich für mich nur der, der an Gott glaubt und sich in diesen ungeheuren, unauslotbaren Abgrund fallen läßt. Was heißt dann also Realismus?

Gibt es für Sie heute Themen oder ein Thema, Pater Rahner, das Sie besonders fesselt, etwas, das Sie noch ausarbeiten möchten?

Das ist schwer zu sagen. Ich habe vielleicht vor ein oder zwei Jahren noch die Absicht und den Vorsatz gehabt, etwas über eine orthodox mögliche Lehre der Apokatastasis zu schreiben. Es ist ja zweifellos so, daß die frühere Theologie mit der Existenz einer ewigen Verdammnis und Hölle im gleichen Sinne als ein schon gegebenes oder absolut sicher eintretendes Faktum gerechnet hat wie mit dem Himmel und einer ewigen Seligkeit. Heute meine ich, daß es außer mir auch andere Theologen gibt, die, ohne eine häretische Apokatastasislehre zu vertreten, sagen werden: Ich muß innerhalb meiner geschichtlichen Zeit absolut und unbedingt mit der Möglichkeit eines ewigen Verlorengehens rechnen; ich weiß aber trotz gewisser Texte des NT nicht mit absoluter Sicherheit, daß diese ewige Verlorenheit bei bestimmten Leuten eintritt; und ich hoffe, daß Gott doch, ohne daß ich das jetzt wissen kann, eine Welt geschaffen hat, in der alle Fragen eine positive Lösung finden. Über eine solche Apokatastasislehre, die orthodox akzeptabel wäre, hätte ich gerne noch etwas geschrieben. Aber es ist eine schwierige Sache, weil man neue dogmengeschichtliche und besonders auch exegetische und in der Exegese hermeneutische und auch philosophisch-hermeneutische Fragen studieren und beantworten müßte, wofür meine Zeit und Kraft vielleicht nicht mehr ausreicht. Ich weiß noch nicht genau, wie es weitergeht. Jedenfalls erscheint jetzt im Herbst der 13. Band der »Schriften«[3], ein kleines Buch mit K.-H. Weger zusammen[4] und im nächsten Jahr sicher, weil das schon mehr oder minder vorbereitet ist, der 14. Band der »Schriften«[5]. Vorläufig habe ich also, auch ohne diese Apokatastasisfrage, genug zu tun.

[3] Gott und Offenbarung (Schriften zur Theologie, Bd. XIII), bearbeitet von *P. Imhof,* Einsiedeln 1978.

[4] *K. Rahner – K.-H. Weger,* Was sollen wir glauben?, Freiburg/Br. 1979.

[5] In Sorge um die Kirche (Schriften zur Theologie, Bd. XIV), bearbeitet von *P. Imhof,* Einsiedeln 1980.

Schwerpunkte der Theologie als »System des Unsystematisierbaren«

Haben Sie unter Ihren eigenen Schriften irgendeinen Text oder eine Arbeit, die für Sie selber besonders wichtig ist?

Man müßte zunächst, meine ich, die Texte teilen in die mehr sogenannten frommen, spirituellen Schriften und die der eigentlichen wissenschaftlichen Theologie, obwohl es gerade bei mir – vielleicht mehr als bei anderen Theologen – zwischen diesen Dingen keine genaue Grenze gibt. Nehmen wir einmal das schwierige Problem des Bittgebets: Das habe ich vielleicht für mich zum ersten Mal in dem kleinen Buch »Von der Not und dem Segen des Gebetes«[6] behandelt und da schon theologische Dinge gesagt, die auch nicht viel anders in jenen Texten gesagt werden, die mehr wissenschaftlich sind. Das Büchlein »Von der Not und dem Segen des Gebetes« ist für mich mindestens ebenso wichtig – obwohl es »nur« ein frommes Buch ist – wie diese mehr wissenschaftlichen Dinge. Dann kommt natürlich noch dazu, daß unter Umständen vielleicht nicht ein bestimmtes Buch, aber bestimmte Ideen mir sehr wichtig sind. Und da ist es eben nicht nur das, was man so vulgär die »Transzendentale Theologie bei Rahner« nennt, sondern auch andere Dinge, die mir im Grunde genommen wichtig zu sein scheinen. Zum Beispiel das, was ich die »Logik der existentiellen Erkenntnis bei Ignatius«[7] genannt habe, worüber Harvey Egan geschrieben hat[8]. Solche Dinge sind also, meine ich, wichtig, bis zu einem gewissen Grade neu und könnten noch Auswirkungen auf andere Fragen und Problemkreise haben, wo man das noch gar nicht so deutlich sieht.

[6] Freiburg/Br. ^{10}1978.

[7] In: Das Dynamische in der Kirche (Quaestiones disputatae 5), Freiburg/Br. 1958, 74–148.

[8] *Harvey Egan* hat bei K. Rahner in Münster aufgrund der Dissertation »An Antropocentric-Christocentric Mystagogy. A Study of the Method and Basic Horizon of Thought and Experience in the Spiritual Exercises of Saint Ignatius of Loyola« promoviert. Als Buch erschienen in St. Louis 1970: »The Spiritual Exercises and the Ignatian Mystical Horizon«.

Zum Beispiel habe ich einmal einen Aufsatz geschrieben, in dem ich zu zeigen suchte, daß diese Logik der existentiellen Erkenntnis im Grunde genommen typisch jesuitisch ist, in der traditionellen typischen Fundamentaltheologie der Jesuiten jedoch überhaupt nicht vorkommt und dort aber eine wichtige Rolle spielen könnte. Die Schultheologen der Jesuiten machen ihre größten und wichtigsten Reichtümer aus den Exerzitien gar nicht fruchtbar für ihre Theologie, sondern setzen dort eine vielleicht essentiale und rationale Erkenntnistheorie als die einzige voraus – und begreifen gar nicht, daß der heilige Ignatius ihnen etwas ganz anderes beigebracht hat. Also solche Dinge gibt es bei mir, aber wenn Sie mich jetzt fragen, welches mein Lieblingsbuch ist, dann weiß ich das nicht. Man könnte sagen, die frühesten Bücher seien die besten, aber das ist nicht wahr; so ein Alterswerk wie der »Grundkurs« ist vielleicht das wichtigste. Genau weiß ich das auch nicht.

Wäre es zu viel, am Ende zu fragen, wie Sie selber den Mittelpunkt Ihrer Theologie darstellen würden?

Das ist schwierig zu sagen! Der Mittelpunkt meiner Theologie kann doch nichts anderes sein als Gott als Geheimnis und Jesus Christus, der Gekreuzigte und Auferstandene, als das geschichtliche Ereignis der irreversiblen Zuwendung dieses Gottes in eigentlicher Selbstmitteilung! Man kann also grundsätzlich nicht *einen* Mittelpunkt nennen. Natürlich, alle geometrischen Vorstellungsmodelle sind per definitionem unzulänglich; aber auch davon abgesehen ist es doch so, daß der Mensch der absolut auf Gott Verwiesene ist, und daß er auf der anderen Seite mit diesem Gott, der ihn absolut in jeder Hinsicht unendlich überragt, dennoch etwas zu tun haben kann – daß also Gott nicht nur der absolut Ferne, sondern zugleich auch der absolut Nahe ist, absolut nahe auch in seiner Geschichte ist. Und von daher kommt es eben, daß dieser Mittelpunkt ›Gott‹ auch gleichzeitig Jesus Christus zum Mittelpunkt macht. Ich weiß nicht, wie man das nennen soll! Warum muß ich mich gewissermaßen für einen Mittelpunkt entscheiden, den ich mit *einem* Wort bezeichnen kann? Ich glaube, das kann man nicht!

Sie betrachten die Theologie zwar als ›systematisch‹, aber nicht als endgültiges System?

Nein! Man soll nicht zu früh aufhören zu denken. Aber das wahre Denksystem ist die Erkenntnis, daß der Mensch eben nicht auf das von ihm beherrschbare Erkannte, sondern auf das absolute Geheimnis als solches verwiesen ist; daß dieses Geheimnis nicht nur ein unglücklicher Restbestand des noch nicht Erkannten, sondern gerade das selige Ziel der Erkenntnis ist, die bei sich ist, wenn sie beim Unbegreiflichen ist. Also mit andern Worten: Das System ist das System des Unsystematisierbaren.

II Größe und Elend der Theologie

6 Zu einer offenen Kirche

Gespräch mit *Christian Modehn* zum 75. Geburtstag, München (1979)

Eine entklerikalisierte Kirche?

Herr Pater Rahner, in Ihrem Buch »Strukturwandel der Kirche als Aufgabe und Chance«[1], treten Sie entschieden für eine weitere Reform der katholischen Kirche ein – auch und gerade hier in Deutschland. Ein wichtiges Kapitel in diesem Buch ist das Thema »entklerikalisierte Kirche«. In diesem Kapitel entfalten Sie, daß es darauf ankäme, den Laien innerhalb der Kirche mehr Verantwortung zu geben, und daß es auch darauf ankäme, die kleinen Basisgemeinden mehr zu fördern, ihnen mehr Rechte zu geben. Wie stehen Sie heute zu dieser These?

Ja, ich bin immer noch derselben Meinung. Wenn man von Entklerikalisierung der Kirche spricht, dann ist natürlich nicht eine Leugnung der eigenständigen, von Christus herkommenden Sendung und Aufgabe der ordinierten Priester, Bischöfe usw. gemeint, sondern eine der heutigen geistigen und kulturellen Situation angepaßte Beziehung zwischen Klerus und Laien. Da die Kirche von heute selbstverständlich nicht mehr abgestützt ist durch die äußeren gesellschaftlichen Situationen und Gegebenheiten, braucht die Kirche, wenn sie überhaupt weiter

[1] Freiburg/Br. 1972.

existieren soll, eine viel persönlichere, eine echte Anteilnahme aller Laien, und das bedeutet natürlich auch notwendigerweise größere Rechte, größeren Einfluß; denn man kann nicht jemanden auffordern mitzuarbeiten, wenn er dann doch nur der Knecht einer Kirche wäre, die sich empfinden würde als eigentlich in der Hierarchie und den Priestern bestehend, denen die sogenannten Laien nur als Objekte von Seelsorge gegenüberständen.

Nun gibt es auch in einigen, vor allem dörflichen Gemeinden Deutschlands Laien, die etwa schon Sonntagsgottesdienste leiten und oft auch schon von diesen Gemeinden als so etwas wie ihr Pfarrer angesehen werden. Meinen Sie, daß durch diese Praxis auch etwas Neues in der Kirche eingeleitet werden kann?

Ich meine, es ist verständlich, daß eine Gemeinde einen bestimmten Leiter wünscht, der eine wirkliche Bezugsperson für diese Menschen ist und für diese Gemeinde die Verantwortung trägt. Dann möchte diese Gemeinde natürlich über kurz oder lang, daß, wenn die Präsenz eines geweihten Priesters unmöglich ist, auch die Möglichkeit zum Vollzug eines eucharistischen Gottesdienstes geschaffen werde, selbst für den Fall, daß er eben nicht in der üblichen Weise ordiniert ist. Dies würde auf Deutsch heißen, daß ein solcher »Laie« zum Priester ordiniert werden könnte, auch wenn er verheiratet ist.

Sie treten also für eine gewisse Vielfalt innerhalb des ordinierten Priestertums ein? Sollte es nicht nur zölibatäre Priester, sondern auch verheiratete Priester geben?

Ich vermute, daß die Entwicklung in dieser Richtung auf längere Sicht nicht aufzuhalten ist.

Zu einer praktischen Kircheneinheit

Ein weiteres wichtiges Kapitel in diesem Buch ist Ihr Plädoyer für eine stärkere ökumenische Praxis. Ein wichtiges Stichwort ist dort die praktische Kircheneinheit der verschiedenen Konfessionen.

Als Theologe bin ich der Meinung, daß die früher kirchentrennenden Lehrverschiedenheiten heute eigentlich doch nicht mehr so wie früher gegeben sind. Wenn und insofern es, vielleicht vom Papsttum einmal abgesehen, keine kirchentrennenden Lehrunterschiede mehr gibt oder diese zumindest relativ leicht beseitigt werden können, dann ist nach meiner Meinung jetzt eben die Frage an die Hierarchie, an die eigentlichen kirchenamtlichen Führer der Kirche gerichtet, ob sie von dieser Tatsache wirklich mutig Kenntnis nehmen und also dafür sorgen, daß eine wirkliche, auch organisatorische und gesellschaftliche Einheit der verschiedenen Kirchen bei uns in Europa geschaffen wird. Das müßte ja eben – und das ist meine Überzeugung – nicht bedeuten, daß alle diese so in eine wirklich echte Einheit vereinigten Kirchen ihre geschichtliche Herkunft verleugnen müßten und also eine römisch-katholische Einheit geschaffen werden müßte im Sinne des bisherigen Kirchenrechtes. Das ist nicht notwendig; das ist keine Forderung des Glaubens und der Theologie. Ich meine, man müßte nun endlich einmal konkrete Konsequenzen aus der theologischen Situation von heute ziehen.

Meinen Sie, daß so kleine Gruppen, ökumenische Gruppen, etwa die »Bewegung 365«, in Deutschland eine Art Stoßtrupp sein könnten, um die Sache der Ökumene hier in Deutschland voranzutreiben?

Ja, ich bin natürlich nicht der Meinung, daß solche Gruppen wie »365« die kirchenamtlichen Regelungen einfach beiseite schieben und ökumenische Gottesdienste im eigentlichen Sinne unabhängig von der Hierarchie durchführen sollten. Das würde nämlich der Ökumene nicht dienen, sondern würde nur die Produktion einer dritten Konfession neben den beiden anderen bedeuten; mit anderen Worten: Das wäre gerade das Gegenteil von einer echten Einheit. Aber die Basis soll sich ruhig rühren und die Kirchenführer immer wieder vor die Frage stellen: Wie geht es nun eigentlich weiter, und was tut ihr nicht nur in den paar frommen Worten, sondern in konkreter Tat, damit diese Einheit zustande kommt?

Sie meinen also, daß das tatsächliche Glaubensbewußtsein der Christen verschiedener Konfessionen auf weite Strecken schon identisch ist.
Ich glaube, das kann man wirklich ruhig sagen. Es ist natürlich nicht so, daß die reine Faktizität des Bewußtseins der sogenannten Christen einfach die absolute, eindeutige Norm für das sei, was in der Kirche geglaubt werden soll. Aber die Tatsache, daß die faktischen Christen heute ihr Christentum nicht eigentlich aus konfessionell trennenden, sondern aus konfessionell vereinigenden Glaubensursprüngen her leben, sollte eben doch auch für die Theologie und die Kirchenleitungen eine Sache sein, die bedacht werden muß, und es kann und muß gefragt werden, was sich daraus eigentlich doch ergibt.
Christliche Gemeinde ist für Sie auch stets ein Ort, wo jeder Mensch, jeder kritische Zeitgenosse einen Platz haben muß, wo auch jene gleichsam angesiedelt sein können, die sich nicht völlig identifizieren mit der Lehre der Kirche, also offene Gemeinde. Wie stehen Sie heute dazu?
Ja, ich möchte natürlich nicht sagen, daß jeder Atheist, der betont und explizit ein solcher sein will, nun auch innerhalb der Kirche einen gleichberechtigten Platz haben kann oder soll. So etwas ist natürlich unmöglich. Die Kirche braucht ein gemeinsames Bekenntnis, sie braucht eine gemeinsame Lehre, auch eine gemeinsame Praxis. Aber ich bin der Meinung, daß, wenn man das wirklich theologisch genau anschaut und nicht Dinge für verpflichtend hält, die es im Grunde genommen gar nicht sind, daß dann die Kirche einen viel größeren Raum für die Menschen von heute anbieten könnte, als sie eigentlich selber meint; und dazu kommt natürlich noch, daß sie auch für die anderen offen sein soll, Verständnis für die anderen haben soll, sich um ein Gespräch mit den anderen bemühen soll, die nicht im eigentlichen Sinn schon christliche Glieder der Kirche sind, damit sie zu Wort kommen, gehört werden, Verständnis finden; und es gibt natürlich auch viele Dinge, in denen die Kirche mit anderen, z. B. in gesellschaftspolitischen Dingen, zusammenar-

beiten könnte, in denen eigentlich eine Einheit besteht oder bestehen kann, auch wenn sie in subtileren theologischen Lehren, die auch wichtig sind, noch nicht gegeben ist.

Gegen konservative Angsthaltung und Resignation

Wenn man Sie einmal als Reformtheologe, als Theologe des II. Vatikanischen Konzils anspricht, und wenn Sie dann zurückschauen auf die Reformen, wie sie tatsächlich schon gelaufen sind, wo würden Sie sich dann ein verstärktes Reformengagement gerade der Kirche in Deutschland etwa wünschen?
Ja, ich meine schon, daß sowohl der Buchstabe wie auch der Geist des II. Vatikanischen Konzils noch sehr viel mehr Raum und Entfaltungsmöglichkeiten auch in der deutschen Kirche haben können und haben sollten, als bisher de facto durchgeführt worden sind. Eine intensive Teilnahme der Laien ist schon genannt worden. Es ist vieles auf der deutschen Synode gewünscht, vorgeschlagen und auch Rom vorgetragen worden, was tatsächlich teils von Rom abgelehnt wurde, teils noch keine Beachtung gefunden hat. In all diesen und noch manchen anderen Richtungen, meine ich, sollte die deutsche Kirche nicht einfach in der Situation einer konservativen Angsthaltung beharren, wie sie es bisher doch noch zu einem großen Teil getan hat.
Herr Professor Rahner, wenn man die katholischen Kirchen in ihrer europäischen Nachbarschaft betrachtet, etwa Holland oder Frankreich, hat man den Eindruck, daß sich dort katholisches Leben sehr viel mutiger auf allen Ebenen, z. B. auch im Sinne eines politischen Pluralismus entfalten kann. In Deutschland dagegen hat man den Eindruck, daß die Kirche noch so etwas wie Sammelpunkt bürgerlicher Gesinnung ist, daß sich dort also Kirchenreform ungleich schwerer durchsetzen kann. Worin würden Sie dafür den Grund sehen?
Man muß hier vielleicht sehr differenzieren. Ich meine nicht, daß alles, was in Frankreich oder in Holland oder vielleicht

auch in Spanien gemacht wird, automatisch und selbstverständlicherweise deswegen auch schon für uns vorbildlich oder gar verbindlich sein müßte; aber ich glaube schon, daß wir uns von all diesen anderen Kirchen in unserer Umgebung schon ein kleines Stück mehr Mut und mehr Vertrauen, daß man das Christentum auch zeitgemäßer leben kann, beziehen könnten. Und da haben Sie recht, daß auch nach meinem Eindruck die deutsche Kirche irgendwo zu sehr die Kirche einer mittelbürgerlichen Gesellschaft ist, die sich darin am wohlsten fühlt, andere Gruppen doch zu sehr – gegen die eigene Theorie – auf sich beruhen läßt, die keinen Mut hat zu versuchen, das Evangelium anderen Leuten einmal *so* zu predigen, daß es von denen wirklich verstanden werden kann. In dieser Beziehung – so meine ich – wäre die deutsche Kirche wirklich eine Kirche der zu großen Beruhigtheit, Ängstlichkeit und Kleinbürgerlichkeit.

Wenn man auf die Vielzahl Ihrer Veröffentlichungen schaut und immer wieder neu das Bemühen sieht, Reformen in der Kirche einzuleiten, und wenn man bedenkt, daß Sie jetzt nun bald 75 Jahre alt sind, würden Sie dann eher resigniert zurückschauen, weil doch vieles von dem, was Sie wollten, nicht durchgesetzt wurde, oder würden Sie sagen: Ja doch, mein ganzes Lebenswerk, wofür ich mich eingesetzt habe, hat sich doch im letzten gelohnt?

Ich würde sagen, es ist ein klein bißchen etwas herausgekommen, und es kann noch manches lebendig und fruchtbar werden von dem, was ich meinte, sagen zu sollen; und ein Stück Vergeblichkeit gehört zu einem normalen Christen- und Theologenleben. Wo ist das anders?!

Nun haben Sie sich doch aus vielen Gremien, auch internationalen Gremien, zurückgezogen. Geschah das aus Resignation heraus?

Ich meine, man muß zunächst einmal bedenken, daß ich bald 75 Jahre alt bin und dann natürlich allmählich das Recht habe oder sogar die Pflicht, leisezutreten und nicht überall dabeisein zu wollen. Aber das bedeutet nun gar nicht, daß ich einfach resigniert habe, sondern daß ich die Konsequenzen aus meinem Alter gezogen habe, und das gehört, meine ich, auch zu einer christlichen Lebensweise.

Die Theologie der Befreiung hat ihren Platz in der Kirche

Herr Professor Rahner, gerade in Lateinamerika zeigt sich die Kirche als eine sehr lebendige Wirklichkeit. Dort hat man den Mut, in Basisgemeinden sich sozial zu engagieren, dort entsteht eine neue Theologie, die Theologie der Befreiung. Wie beurteilen Sie diesen Aufbruch, diesen neuen Aufbruch eines lateinamerikanischen Christentums?

Wenn man der dogmatisch-theologischen Überzeugung ist, daß jede große Kirche ihren eigenen, unersetzlichen Beitrag für das Leben der Kirche im ganzen erbringen muß, dann kann man, meine ich, grundsätzlicherweise nur froh sein, wenn sich hier eine große, lebendige Kirche bildet, die nicht nur einfach ihre christliche und theologische Ware als Exportprodukt aus Europa bezieht, sondern die selbständig ein eigenes Gesicht bekommt in der Theologie, in der Praxis der Kirche, in dem Aufbau der Gemeinden usw. Insofern bin ich also durchaus wohlwollendster Gesinnung gegenüber diesen lateinamerikanischen Versuchen.

Aber nicht jede Theologie der Befreiung, ganz egal wie sie gedacht und konzipiert wird, ist deswegen schon eine echte katholische Theologie der Befreiung; daß es jedoch eine solche geben kann und müßte, davon bin ich überzeugt. (Ich gebe gerne zu, daß ich ein Theologe eines späteuropäischen Individualismus gewesen bin.) Wenn sich in Lateinamerika eine Theologie entwickelt, die mehr von der Erfahrung der Gemeinschaft, der Basis der Kirche, der gesellschaftspolitischen Aufgabe der Kirche herkommt, dann kann ich mich nur freuen.

Sie haben ja nun gerade als Theologe, als europäischer Theologe auch Impulse der lateinamerikanischen Theologie zum Teil aufgegriffen oder zumindest diese Theologie gestützt und unterstützt gegenüber Angriffen – etwa auch hier in der Bundesrepublik Deutschland.

Ja, es würde mich sehr freuen, wenn das wirklich so ist. Natürlich gibt es immer einen Austausch hin und her. Ein lateinamerikanischer Theologe wird meine Theologie irgendwie zur Kenntnis nehmen, und ich bin – soweit ich es noch kann in meinem Alter – durchaus bereit, mich auch von Lateinamerika und seiner Theologie belehren zu lassen.

Glauben Sie – da jetzt auch die Konferenz von Puebla[2] *diesen neuen Aufbruch von Befreiungstheologie nicht mehr rückgängig machen kann –, daß es eine so starke Bewegung ist, die weiterleben wird?*

Da bin ich natürlich etwas überfragt. Ich weiß nicht, was der Papst sagen wird, und ich weiß nicht, wer in der lateinamerikanischen Bischofskonferenz die Oberhand behalten wird. Es wird sicher auch gewisse Ausgleichsbestrebungen – auch vielleicht zu Recht – geben; aber im großen und ganzen hoffe ich, daß Puebla doch in der Richtung von Medellin[3] weitermacht und weitermachen darf und nicht den Mut vor dem eigenen Mut verliert, sondern die Aufgaben anpackt, die nun einmal neu gegeben sind und die es in dieser Weise eben in der Kirchengeschichte bisher nicht gegeben hat, weil die Kirchengeschichte nicht die Wiederholung immer desselben ist. Diese Aufgaben müssen nun wirklich mutig weiter angepackt und bestanden werden. Das ist natürlich ein Prozeß, der sicher noch sehr lange dauern wird, weil natürlich auch die Gesellschaft in Lateinamerika die verschiedensten Schichten und Strömungen aufweist und doch alle irgendwo Christen sind und sein sollen und deswegen einen Platz in der Kirche finden müssen.

[2] 3. Vollversammlung des Lateinamerikanischen Episkopats (März 1979) mit Papst Johannes Paul II.

[3] 2. Vollversammlung des Lateinamerikanischen Episkopats (1969).

Christsein aus innerster Mitte der Existenz

Wenn man noch einmal auf Ihre Vielzahl von Veröffentlichungen schaut – im Grunde haben sie sich zu praktisch allen Themen der christlichen Theologie geäußert –, wo würden Sie heute, wenn Sie als Theologe gleichsam nochmals neu anfangen könnten, schärfer die Akzente setzen; welches würden Sie heute als das Thema des Christentums in dieser Gesellschaft bezeichnen?

Das ist eine schwierige Frage, weil »was wäre wenn«, immer eine Frage ist, die man nicht beantworten kann. Ich würde auf der einen Seite schon sagen, daß die Einheit von Gottes- und Nächstenliebe noch radikaler herausgearbeitet werden müßte, daß es noch viel deutlicher werden müßte, daß die Christenheit und die Kirche eine im echten Sinn politische Aufgabe der Gesellschaft gegenüber hat. Aber auf der anderen Seite würde ich vielleicht noch mehr betonen, daß nur dort, wo der Mensch wirklich dem absoluten Geheimnis Gottes gegenüber offen ist, sich ihm anvertraut, anbetend, liebend, auf Zukunft hoffend, – daß nur dort im Blick auf Jesus Christus, den Gekreuzigten und Auferstandenen, Christentum da ist und dieses Christentum der Anbetung des lebendigen Gottes nicht ersetzt werden kann durch einen noch so respektablen sozialpolitischen Humanismus.

Sie würden aber in jedem Fall, wie Sie eingangs sagten, an der Verbindung von Gotteserfahrung und menschlicher Erfahrung festhalten; das heißt also, daß alle Theologie gleichsam in der menschlichen Erfahrung verwurzelt sein sollte.

Ja, sicher, denn das Christentum ist nicht eine bloße Indoktrination von außen, so wie man einem z. B. mitteilt, daß es Australien gibt, sondern es ist wirklich die Mystagogie expliziter Art in die eigene persönliche Gnadenerfahrung, die im Grunde genommen jeder Mensch hat. Man muß also gewissermaßen das Christliche im Menschen anrufen, interpretieren, verdeutlichen und darf nicht nur eine von außen autoritativ herangetragene Lehre dem Menschen eintrichtern wollen.

Herr Professor Rahner, die menschliche Erfahrung spielt in Ihrer Theologie eine sehr große Rolle. Sie versuchen, wie mir scheint, zu zeigen, daß der Mensch als erfahrener Mensch, als Mensch mit Lebenserfahrung, tendenziell bereits zum christlichen Glauben hin offen ist.

Ja, das gehört nicht bloß zu den Eigentümlichkeiten, sondern zu den Dingen, die ich in meiner Theologie für außerordentlich wichtig und entscheidend halte. Ich bin der Überzeugung, daß das Christentum eben nicht nur eine von außen herkommende Lehre ist, die den Menschen eingetrichtert wird, sondern daß es wesentlich – weil es eine Gnade Gottes gibt und diese Gnade Gottes, die jedem Menschen angeboten ist, auch eine Offenbarung ist – wirklich ein Christentum von innen heraus, von der innersten menschlichen persönlichen Erfahrung her gibt und geben muß. Die äußere Indoktrination und die innere Erfahrung müssen einander begegnen und sich gegenseitig ausdeuten und auslegen. So etwas, meine ich, gibt es; und das ist wohl gerade heute außerordentlich wichtig.

Ist jeder Mensch, wenn er hofft, liebt, glaubt, tendenziell schon Christ? Christsein ist somit nicht eingeschränkt auf die engen konfessionellen Grenzen?

Ich möchte mit dem II. Vatikanischen Konzil sagen, daß dort, wo jemand seinem Gewissen treu ist – auch selbst wenn er meint, er sei ein Atheist –, wo einer liebt, über sich selbst hinauskommt in Hoffnung und Liebe, er schon mit dem österlichen Geheimnis Jesu Christi verbunden ist, also in der innersten Mitte seiner Existenz schon ein Christ ist; wenn sich das natürlich auch ausbreiten, differenzieren, objektivieren sollte sowohl in einer christlichen Lehre wie in einem Leben in der christlichen Gemeinde, Kirche genannt.

Wenn man jetzt diese Perspektive einmal bedenkt für die konkrete Kirche, die ja oft sehr jammert, daß die eigenen Konfessionsstatistiken kleiner werden, dann ist es von Ihrer Perspektive her so, daß man im Grunde auch optimistischer sein muß, daß auch bei nicht konfessionell Gebundenen durchaus etwas vom christlichen Glauben leben kann.

Selbstverständlich; nur sollte das natürlich keine Begründung dafür sein, daß man in der Verkündigung oder in der kirchlichen Arbeit nichts tut und sagt: Der liebe Gott wird die Leute schon alle retten. Das kann ich dort sagen, wo ich am Ende meiner Möglichkeiten bin, und dort muß ich es auch sagen; aber dort, wo ich noch selber etwas tun kann, wo ich Theologie treiben, wo ich verkündigen kann, wo ich kirchliches Leben inaugurieren kann, wo ich Diakonie und Caritas praktizieren kann, dort soll ich es auch tun und so eben Zeugnis geben von der Liebe Gottes zu den Menschen und vom Evangelium Jesu Christi.

7 Eine Theologie der Kirche, die den Menschen sucht

Gespräch mit *Meinold Krauss* in der ARD (1979)

Zur anonymen Zeichnung »Der theologische Atomphysiker«

Als ich vor zweieinhalb Jahren meinen »Grundkurs des Glaubens« veröffentlicht hatte[1], bekam ich anonym diese Zeichnung (siehe S. 72).

Ja, oben, das soll ich sein, der »theologische Atomphysiker«; das heißt ein Mann, der über Theologie so redet, daß kein Mensch ihn verstehen kann. Dann kommen die sogenannten Multiplikatoren, also diejenigen, die das, was ich da verzapfe, irgendwie weitergeben sollen, und zwar an sogenannte Simplifikatoren, das heißt an diejenigen, die dieses unverständliche Zeug besser und verständlicher vulgarisieren und den Leuten

[1] Vgl. dazu das Gespräch »Die Sorge um den richtigen Begriff des Christlichen« in Band 1, S. 300.

THEOLOGISCHER ATOMPHYSIKER
MULTIPLIKA- TOREN
MULTIPLIKATOR
SIMPLIFIKA- TOREN
SIMPLIFIKATOR
JESUS CHRIST
„I don't
understand"

mitteilen. Und da ist dann der einzelne Simplifikator, der also den normalen Menschen das verkündigt. Und da sitzt nebenbei Jesus Christus und sagt: »Ich verstehe nichts.« In dieser Zeichnung steckt schon ein bißchen das Schicksal eines Theologen.

Wieviele Bücher haben Sie geschrieben?

Oh, das weiß ich nicht. Es gibt eine Bibliographie, die verzeichnet dreitausendfünfhundert Artikel, Bücher, Übersetzungen ... es ist genug ...

Wie geht es mit Ihrem letzten Buch?

Das letzte, größere Buch heißt »Grundkurs des Glaubens« und ist in Deutsch in mehr als dreißigtausend Exemplaren erschienen und ins Spanische, Englische und Holländische übersetzt worden.

Herr Professor Rahner, Sie sind ein Theologe, der den Konflikt mit der Amtskirche nie gescheut hat. Salopp ausgedrückt könnte man auch sagen: Sie haben die Amtskirche oft getreten. Warum?

Die Theologie hat nach katholisch-kirchlicher Lehre durchaus das Recht, bei den kirchenlehramtlichen Äußerungen die verschiedenen Grade der Verbindlichkeit zu unterscheiden, die es gibt. Insofern ist natürlich für den katholischen Theologen ein Freiheitsraum auch zur Kritik an kirchenlehramtlichen Äußerungen dort gegeben, wo sie keinen absolut verbindlichen Charakter haben. Und selbst in *dem* Falle wäre immer noch die Frage offen, was eine solche definitive kirchliche Entscheidung bedeutet. Infolgedessen kann ein katholischer Theologe einen solchen Freiheitsraum ausnützen; daß das in den letzten hundertfünfzig Jahren vielleicht nicht genügend getan worden ist, ändert nichts an dem Recht, das zu tun, und wenn man es tut, ist natürlich eine gewisse Möglichkeit oder Gefahr gegeben, mit gewissen Empfindungen dieses kirchlichen Lehramtes in Konflikt zu kommen; aber das schadet nichts und wird einem auf die Dauer auch gar nicht übelgenommen.

Wie soll, wie muß denn die Kirche heute aussehen, damit sie mit ihrer Botschaft den Menschen erreichen kann?

Das ist eine Frage, die für mich als einzelnen praktisch unbeantwortbar ist. Ich meine, sie muß eine Kirche sein, die nicht sich selbst sucht, sondern den Menschen zu dienen sucht, die einen wirklich lebendigen, konkreten Glauben an den lebendigen Gott hat und diesen bezeugt; die diesen Glauben nicht nur als eine theoretische Indoktrination empfindet, sondern Zeugnis ablegt von einer echten personalen Gotteserfahrung. Diese Kirche muß gleichzeitig in einer absoluten Einheit von Gottes- und Nächstenliebe den Menschen zu dienen suchen; sie muß auch dort ihre Stimme erheben, wo sie eher Nachteile davon hat, und sie muß, möchte ich sagen, nicht so sehr eine Kirche des immer notwendigen Klerus sein, sondern eine Kirche, die aus einer lebendigen christlichen Erfahrung von der Basis her wächst.
Solche Thesen sind natürlich sehr allgemein, aber es gibt keine Geschichte, die man a priori entwerfen kann, sondern sie muß konkret erlebt und erlitten werden, so wie sie eben auf einen zukommt, und insofern, meine ich, soll man Gott lieben und dem Nächsten dienen und das übrige Gott und seiner Vorsehung überlassen.

Christsein – auch außerhalb der ausdrücklich verfaßten Christenheit?

Kann man auch außerhalb der Kirche Christ sein? Gibt es so etwas wie ein »anonymes Christentum«?
Für meine normalkatholische Überzeugung ist es natürlich so, daß man an und für sich der römisch-katholischen Kirche angehören müßte. Aber selbstverständlich gibt es auch außerhalb der römisch-katholischen Kirche getaufte Christen, die – weil sie ihrer eigenen Überzeugung folgen –, ihrem Gewissen treu sind – auch eine echte, unmittelbare Beziehung zu Jesus Christus und seiner Erlösung haben, selbstverständlich also das Heil finden. Darüber kann ja vernünftigerweise kein Zweifel sein. Die katholische Lehre sagt nur: »Wenn Du und insofern

Du die katholische, römisch-katholische Kirche als die konkreteste, eindeutigste, geschichtlich am meisten kontinuierliche Erscheinung der Kirche Jesu Christi erkennst,« – ich sage »wenn und insofern« – »müßtest Du katholisch werden.« Derjenige, der diese Erkenntnis nicht hat, der sie guten Gewissens abzulehnen meint, der darf und soll selbstverständlich nicht katholisch werden.

Gibt es für Sie ein »anonymes Christentum«?

Selbstverständlich. »Anonymes Christentum« heißt, daß ein Mensch in der Gnade Gottes lebt und sein Heil wirkt außerhalb der ausdrücklich verfaßten Christenheit. Ein evangelischer Christ ist natürlich kein anonymer Christ, das ist ganz evident. Aber, sagen wir mal, ein buddhistischer Mönch oder irgendjemand, von dem ich annehme, daß er, weil er seinem Gewissen folgt, sein Heil wirkt und in Gottes Gnade lebt, von dem muß ich sagen, daß er ein anonymer Christ ist, denn wenn ich es nicht sagen würde, dann würde ich ja im Grunde genommen voraussetzen, daß es einen echten, zum Ziel führenden Heilsweg gibt, der schlechterdings außerhalb an Christus vorbeiführt. Das kann ich aber nicht. Bin ich also dafür, daß alle Menschen in ihrem Heil von Jesus Christus abhängen, und bin ich gleichzeitig der Meinung, daß viele Menschen in der Welt leben, die Jesus Christus nicht ausdrücklich erkannt haben, dann bleibt mir meiner Meinung nach nichts anderes übrig, als dieses Postulat eines »anonymen Christentums« zu erheben.

Was bedeutet Ihnen persönlich das Christsein?

Ich meine, daß der Mensch umfangen ist von dem absoluten Geheimnis, das wir Gott nennen; daß dieses Geheimnis sich uns liebend naht; daß es unsere ganze Existenz durchwaltet, sich selbst uns mitteilen will und daß die Gewißheit und die endgültige geschichtliche Greifbarkeit dieser Selbstzuwendung Gottes an den Menschen gegeben ist in Jesus Christus. Wenn diese beiden Momente ausdrücklich oder weniger ausdrücklich, aber sachlich in der Existenz eines Menschen gegeben sind, dann ist er anonym oder explizit ein Christ, und ich hoffe, daß ich ein solcher bin.

Mehr kann man natürlich nicht sagen, denn man weiß ja letztlich mit einer reflexen Sicherheit über seine eigene Existenz auch nichts absolut Sicheres. Insofern kann man nur sagen: Ich hoffe, ein Christ zu sein, das heißt, offen zu sein für das absolute Geheimnis der Selbstmitteilung des unendlichen Gottes und offen zu sein in Hoffnung und Vertrauen auf Jesus Christus, den Gekreuzigten und Auferstandenen.

Der Papst – oder ein Unbekannter als der höchste Repräsentant der Christenheit?

Welche Bedeutung messen Sie dem Papstamt zu?
Für meine katholische Glaubensüberzeugung ist die Lehre des Ersten und Zweiten Vatikanischen Konzils über Amt und Funktion des Petrusamtes eine wesentliche Institution in der Kirche, eine Institution der Einheit, der Zusammengehörigkeit der Christen, auch eine Institution, die eine letzte, eindeutige Verantwortung für die katholische Glaubenslehre hat. Damit ist natürlich noch nicht gesagt, daß die konkrete Gestalt, die das Papsttum im Lauf der Geschichte und gerade im Lauf der letzten zweihundert Jahre gewonnen hat, notwendigerweise immer so bleiben werde und bleiben müsse. Die Konkretheit der Funktion des Papstes kann ich mir in einer Kirche der Zukunft, in einer Kirche einer ökumenischen Einheit auch sehr erheblich anders denken, und insofern wäre es durchaus eine wichtige, vielleicht sogar entscheidende Aufgabe des ökumenischen Gesprächs von heute, sich zu fragen, wie die konkrete Gestalt des Papsttums heute und in Zukunft aussehen müsse, damit die nichtkatholischen Christen den Eindruck haben könnten, mit einem solchen Papst in Einheit und Frieden leben zu können.
Wo soll denn der Papst Ihrer Meinung nach heute unbedingt reden, und wo sollte er unbedingt schweigen?
Ich würde die Frage nicht so stellen, sondern erstens einmal sagen: Ein Lehramt des Papstes heute müßte nicht so sehr auf

theologische Details eingehen und darüber Erklärungen abgeben, sondern die letzten Inhalte und Fundamente des christlichen Glaubens auf eine möglichst lebendige, überzeugende Art zu verkünden suchen. Zweitens meine ich, ein Papst sollte heute dort, wo er über diese letzten, selbstverständlichen Fundamente des christlichen Glaubens in seiner Verkündigung hinausgeht, selber ausdrücklicher als bisher den vielleicht nur relativen Verbindlichkeitsgrad, den diese Lehre auch nach seiner eigenen Überzeugung hat, deutlich machen. Eine Enzyklika wie »Humanae vitae« müßte heute nach meiner Meinung, wenn sie schon ergehen soll, auch ausdrücklich anmerken, welche verpflichtende Kraft ein solches Dokument nach der Überzeugung des Papstes hat bzw. nicht hat.

Halten Sie den Papst für den höchsten Repräsentanten der Christenheit?

Das ist eine schwierige Frage, denn ich halte den unbekanntesten und trotzdem in Glaube, Hoffnung und Liebe am radikalsten mit Jesus Christus verbundenen Menschen für den höchsten Repräsentanten. Wenn Sie mich fragen, welches der höchste Repräsentant des Amtes der äußeren Verfassung der Kirche ist, antworte ich natürlich: der Papst. Aber die höchste Stellung in der *spirituellen* Hierachie der Menschheit wird ganz bestimmt ein ganz anderer, ein Unbekannter einnehmen, vermutlicherweise ganz gewiß nicht der Papst; das ist von ihm nicht zu verlangen und braucht ihm deswegen auch nicht zum Vorwurf gemacht zu werden.

Furcht vor dem Tode gehört zum Wesen des Todes

Herr Professor Rahner, Sie sind jetzt 75 Jahre alt geworden und waren in den letzten Monaten gelegentlich krank. In diesem Zusammenhang haben Sie auch vom Tod gesprochen. Was bedeutet für Sie der Tod? Haben Sie Angst vor dem Tod?

Das ist eine fast unmöglich zu beantwortende Frage. Ich weiß, daß ich dem Tod entgegengehe. Diese Nähe des Todes ist nach menschlichem Ermessen bei mir schon sehr groß, größer als bei sehr vielen anderen Leuten, die viel jünger sind. Diesem Tod geht man entgegen, man weiß, daß darin in einer letzten Weise über einen selbst verfügt wird, und ich hoffe, daß ich diese Verfügung, die ich nicht manipulieren kann, in einer letzten Hoffnung annehme, auch wenn ich sonst gewissermaßen nichts weiß. Ich lasse mich, wenn ich so sagen darf, hoffentlich hoffend, zuversichtlich, glaubend und liebend in die Unbegreiflichkeit Gottes über alle meine Verfügungen hinaus hineinnehmen und hoffe, einmal so zu sterben. Ob diese Aufnahme der eigenen Existenz als absolut Verfügter nun gerade im Augenblick des medizinischen Exitus oder in einem Augenblick viel früher geschieht, das ist dann wieder eine Frage, die im Grunde genommen gleichgültig ist. Wenn ich in diesem physiologisch-medizinischen Sinne am Sterben bin, da wird wohl existentiell bei mir nichts mehr passieren. Aber das ist auch nicht notwendig, ich gehe ja jetzt, wo ich noch einigermaßen bei Verstand und freiem Willen bin, diesem Geheimnis des Todes entgegen und hoffe, daß ich es willig annehme.

Sie sprechen vom Geheimnis des Todes, heißt das, daß Sie sich vor dem Tod nicht fürchten?

Ich meine, daß Furcht vor dem Tod durchaus zum Wesen des Todes gehört, und ich bin nicht der Meinung, daß ein Christ notwendigerweise sterben müsse wie ein Stoiker oder ein Sokrates. Wenn er das kann, ist nichts dagegen einzuwenden; er braucht es aber nicht; er kann auch Jesus im Ölgarten nachfolgen oder wie Er am Kreuz beten: »Gott, mein Gott, warum hast du mich verlassen«, und in diesem Augenblick dazu sagen: »In deine Hände empfehle ich meinen Geist, in deine Hände, du absolut unbegreiflicher Gott.« Das ist also alles möglich. Mit anderen Worten: Ich kann getrost dem Tod entgegengehen und auch die Todesangst in einer letzten Zuversicht und Ergebung annehmen.

8 Das Los eines Theologen

Gespräch mit *Karl Heinz Weger* im FS 2 des ORF (1979)

Ich bin auch der atheistisch Angefochtene

Pater Rahner, sie haben zahlreiche Ehrendoktorate und wissenschaftliche Preise erhalten. Wie schätzen Sie sich selbst ein: eher als Wissenschaftler oder als Jesuit und Theologe, dem es mehr um die Verkündigung des Evangeliums geht, oder versuchen Sie, beides miteinander zu verbinden?

Nun ist es natürlich nicht so, daß diese beiden Dinge eine eigentliche Alternative darstellen würden, bei der man wählen müßte; aber wenn es wirklich darauf ankäme, würde ich doch sagen, daß mir die Wissenschaft als solche nicht so wichtig ist und die eigentliche, unmittelbare Verkündigung der Frohbotschaft des Evangeliums das Eigentliche und Zentrale meines Lebens zumindest sein sollte.

So verstehe ich Ihre Theologie als beständigen Versuch, die überlieferten Glaubenswahrheiten dem heutigen Menschen lebensnah zu vermitteln, so daß sie im praktischen Alltag etwas bedeuten. Eine wichtige Rolle in Ihrer Theologie spielt Gott.

Ein Theologe hat es mit Gott zu tun, und wenn er damit aufhört, sollte er auch aufhören, sich »Theologe« zu nennen. Und er sollte Gott nicht durch etwas anderes zu ersetzen versuchen.

Sie vertreten sinngemäß die Meinung, daß die alten Gottesbeweise – in der Art, wie sie vorgetragen wurden – sehr merkwürdiger Natur waren. Auf der einen Seite präsentierten sie sich so, als wollten sie einem Menschen etwas beweisen, von dem er noch nie etwas gehört hatte, auf der anderen Seite wurden solche Gottesbeweise auch vorgetragen von Leuten, die auch nicht den leisesten Zweifel an der Existenz Gottes hatten.

Damit wollen Sie doch, meine ich, sagen: So geht es heute nicht mehr; Gott kann nicht von außen andoziert werden, er kann nicht gelernt werden. Es ist nicht so, daß man eine Zeitlang sein

Leben lebt, und dann kommt jemand und sagt, es gäbe aber auch noch Gott. Sie bestehen auch in Ihrem jüngsten Buch über Ignatius von Loyola gerade darauf, daß jeder Mensch Gott erfährt[1]*. Ist das nicht eine recht kühne Behauptung? Ich hatte noch nie eine Gotteserfahrung.*

Das glaube ich Ihnen nicht; das nehme ich Ihnen nicht ab. Sie hatten vielleicht noch keine Gotteserfahrung unter diesem Wortetikett »Gott«; aber Sie haben eine gehabt oder haben Sie – und ich bin überzeugt, daß das im Grunde genommen bei jedem Menschen so ist. Wenn ich noch einmal zurückgehen darf: Natürlich sind die Gottesbeweise, so wie sie früher vorgetragen wurden, nicht falsch, aber sie kommen vielleicht heute nicht an, wenn ich nicht eben auch bei einem solchen Beweis auf diese innere Gotteserfahrung zurückgreife, die jeder Mensch hat, wenn auch unter ganz anderen Titeln. Diese innere Gotteserfahrung ist natürlich notwendigerweise sehr schwer zu beschreiben: was Liebe ist, was Treue ist, was Sehnsucht ist, was unmittelbare Verantwortung ist. Das sind ja auch alles Dinge, die sehr schwer auszusagen und zu reflektieren sind, wo man anfängt zu stottern, wo das, was man dazu oder darüber sagt, sehr merkwürdig, umständlich, schwierig klingt. Aber das beweist ja nicht, daß ein Mensch nicht solche Erfahrungen von Treue, Verantwortung, Freude, echter Liebe usw. hat. Und so ist es auch bei der Erfahrung Gottes.

Da fällt mir eine Geschichte ein, die übrigens von Ihrem Freund Albert Görres stammt. Der jüdische Atheist Salomon besucht jeden Sabbat die Synagoge; der Rabbi stellt ihn zur Rede: Salomon, warum gehst du jeden Sabbat in die Synagoge, wo du doch ein Atheist bist? Und darauf antwortet Salomon: Natürlich bin ich ein Atheist, aber weiß ich denn, ob ich recht habe? Nun meine Frage an Sie, sind Sie denn sicher, ob Sie recht haben?

Ich bin, wenn Sie so wollen, auch der atheistisch Angefochtene, derjenige, der verstehen kann, wie es heute Menschen geben

[1] Unmittelbare Gotteserfahrung, in: Ignatius von Loyola, (zus. mit *P. Imhof* und *H. N. Loose*), Freiburg ^{2}1978, 10ff.

kann, die sich gleichsam skeptisch, resigniert in eine solche Leere Gott gegenüber fallen lassen. Aber auf der anderen Seite muß ich auch sagen, ich kann mir nicht vorstellen, daß es eine Erfahrung in meinem Leben gibt, die mich von der Überzeugung des Daseins Gottes wegbringen könnte. Jede bisher gemachte Erfahrung und jede eigentlich auch denkbare Erfahrung – des Freudigen und des Schrecklichen – weist doch als einzelne über sich hinaus in die Zukunft, in das namenlos Unsagbare, in das Land einer unbegrenzten Hoffnung, und von da aus muß ich auch wieder sagen: Es gibt nichts Selbstverständlicheres für mich als das, daß es Gott gibt.

Trotzdem sei einmal das Undenkbare vorausgesetzt: Angenommen, Sie würden Ihren Glauben an Gott verlieren – hätte das Folgen in Ihrem Leben, würde sich in Ihrem Leben etwas ändern?

Sehen Sie, ich möchte zunächst einmal, wenn ich jetzt darüber nachdenke, damit rechnen, daß ich so leben würde wie viele Leute von heute, die sich Atheisten nennen, also im Bewußtsein eines absoluten Verantwortlichseins, Leute der Treue, der Liebe usw. Und jetzt würde ich sagen: Darin steckt ja im Grunde genommen immer noch ein Glaube an Gott – ob die das wissen oder nicht, reflektieren oder nicht, so nennen oder nicht, das ist im Grunde genommen eine nicht unwichtige, aber doch sekundäre Frage. Dort, wo ich wirklich in einer absoluten Weise überzeugt wäre, daß das, was wir leben, tun und denken, vom absoluten, sinnlosen Nichts umfaßt wäre, dort meine ich, wäre es gescheiter, ich würde aufhören zu leben.

Gott will sich zu meinem ewigen Leben machen

Wir haben vor Jahren schon einmal über die Existenz Gottes lange diskutiert und am Schluß dieser Diskussion sagten Sie: Ich glaube, weil ich bete. Beten Sie?

Ich möchte vorsichtig sagen: Ich hoffe, daß ich bete. Sehen Sie, wenn ich in meinem Leben immer wieder in großen und in kleinen Stunden eigentlich merke, wie ich an das unsagbare, heilige, liebende Geheimnis grenze, das wir Gott nennen, und wenn ich mich dem stelle, gleichsam auf dieses Geheimnis mich vertrauend, hoffend und liebend einlasse, wenn ich dieses Geheimnis annehme, dann bete ich – und ich hoffe, daß ich das tue.

Sie danken auch dafür, daß Sie begnadet sind, daß Sie erlöst sind. Was bedeutet das für Sie?

Erlösung, Begnadet-sein bedeutet nichts anderes, als daß Gott nicht nur der ferne, unnahbare Schöpfer einer von ihm verschiedenen Welt sein wollte, sondern sich selbst geben wollte, mir, der unendlich kleinen Kreatur, mir der ich ein Sünder bin, der versagt hat. Erlösung und Gnade bedeutet, daß ich von Gott so angenommen bin, daß er sich selbst zu meinem ewigen Leben machen will.

Sie haben in einem Interview einmal gesagt: »Von da aus ergibt sich erst das, was ich ›anonymes Christentum‹ nenne, von da aus ergibt sich auch, daß ich keine Religion sehe, in der nicht auch Gnade Gottes, wenn auch in einer unterdrückten Weise, gegeben wäre.« Sie können sich wahrscheinlich denken, worauf ich hinaus möchte: Für Sie ist jeder Mensch, der ehrlich nach seinem Gewissen lebt, ein anonymer Christ. Nun werden Sie sicherlich erfahren haben, daß es Menschen gibt, die sich gegen diese Vereinnahmung oder, wie sie sogar sagen, Beleidigung wehren.

Nun, zunächst bin ich davon überzeugt – und das paßt auch durchaus mindestens zur heutigen Lehre des Christentums und der katholischen Kirche –, daß Gott jedem Menschen seine Gnade anbietet und daß diese Gnade Gottes im Heiligen Geist auch außerhalb des kirchlichen Christentums dort zum Sieg kommt, wo jemand seinem Gewissen treu ist und sich gleichsam in Gott hinein auf die absolute Zukunft hin bewegt. Und insofern meine ich, gibt es so etwas wie ein anonymes Christentum.

Sie sprechen vom anonymen Christentum und vom ausdrücklichen Christentum. In einem anderen Buch haben Sie geschrieben, daß Sie sich durchaus vorstellen könnten, daß etwa Buddha ein Prophet oder gar ein Heiliger ist. Ich vermute, Sie würden das für fast alle Religionsstifter gelten lassen, nur nicht für Christus – warum nicht?

Um nicht gleich auf kirchenamtliche Formulierungen der Christologie einzugehen, möchte ich sagen, Christus oder Jesus ist mehr als ein x-beliebiger Prophet, weil er das letzte, unwiderrufliche Wort der Zusage Gottes an uns ist.

Wie würden Sie jemandem, der vom Neuen Testament, von der Lehre der Kirche eigentlich wenig Ahnung hat, erklären, daß Jesus mehr ist als nur ein Mensch, mehr ist als nur ein Prophet, mehr als ein Heiliger?

Nun, ich müßte ihm natürlich sagen: Wenn du dir die Zeit und Mühe nicht machst, wirklich einmal mit offenem Herzen und Geist in das Evangelium hineinzuschauen, dann ist natürlich nichts zu wollen. Aber wenn du mit dem Evangelium Jesus begegnest, so wie er war, so wie er sprach, so wie er handelte, so wie er liebte, so wie er für andere da war, und wenn du dann erfährst, daß er das durchgehalten hat, auch am Kreuz in der letzten Not und Gottverlassenheit, wie er auf der einen Seite in einer absoluten Solidarität mit den Menschen lebte und sie durchhielt bis in den Tod und gleichzeitig in einer absoluten Treue, Liebe und Ergebenheit an den unbegreiflichen Gott, und wenn du dann mitvollziehst in der Weise, wie er es ja schon zu sagen versuchte, daß er der Auferstandene ist, dann, meine ich, kannst du doch auch verstehen, daß Gott dir in Jesus ein unüberbietbares Wort gesagt hat.

Der letzte Grund für Ihren, für meinen Glauben an Jesus Christus ist die Auferstehung. Sie waren nicht dabei, ich war nicht dabei; haben Sie je daran gezweifelt, daß die Jünger vielleicht doch nur Einbildungen hatten, ohne bösartig sein zu wollen? Legendenbildung gibt es doch in jeder Religion.

Ja, man muß sich zunächst einmal natürlich klarmachen, was mit dieser Auferstehung eigentlich gemeint ist. Wenn ich davon ausgehe, daß der Mensch erstens nicht aufgeteilt werden kann in Leib und Seele, sondern immer eine Einheit ist, und wenn ich dann voraussetze, daß dieser eine ganze Mensch in einer für mich nicht mehr vorstellbaren Weise von Gott und in Gott hinein gerettet wird, endgültig wird, dann habe ich im Grunde genommen den Begriff, der mit der »Auferstehung« gemeint ist. Sie bedeutet ja keine Rückkehr in dieses biologische, zeitlich und räumlich verfaßte Leben, sondern die endgültige Gerettetheit des einen Menschen in Gott. Und wenn ich das für mich hoffen muß – weil ich mich ja selber aufgeben würde in einer leeren Sinnlosigkeit –, dann ist es, wenn ich auf das Leben Jesu schaue, wiederum nicht so furchtbar undenkbar oder unglaubwürdig, daß ich bekenne: Dieser Mensch mit diesem Leben ist wirklich als der eine Ganze gerettet bei Gott.

Darf ich Sie direkt fragen: Was finden Sie am christlichen Glauben oder im christlichen Glauben, was Sie in anderen Religionen oder Weltanschauungen nicht finden? Was fasziniert Sie am Christentum?

Man darf sich natürlich unter einer Faszination, einer Begeisterung usw. nichts zu oberflächlich Emotionales vorstellen. Ich brauche also nicht den ganzen Tag gleichsam aufgedreht herumzulaufen, strahlend und strotzend vor Begeisterung; aber wenn ich sage, daß mir im Christentum am eindeutigsten der Gott der absoluten Freiheit, des Geheimnisses, der Seligkeit, der Wahrheit nahe ist und daß er mich selber bejaht, dann ist das mir letztlich eben doch vertrauenswürdig nur in Jesus greifbar. Dann ist für mich das Christentum, so verstanden, eigentlich doch wieder mehr oder weniger eine Selbstverständlichkeit, auch wenn es sich immer um die Tat des Glaubens und einer immer neu zu erfüllenden Hoffnung handelt.

Kritik – dies ist das Los jedes Theologen

Sie haben mit Ihrer Theologie in der katholischen Theologie neue Akzente gesetzt. Haben Sie den Eindruck, daß die Amtskirche, die Bischöfe, das auch begriffen haben? Haben Sie den Eindruck, daß Ihre Denkanstöße etwas in der Kirche verändert haben?

Ich meine, in einer so großen Gemeinschaft, Gesellschaft und Organisation, wie die Kirche es über die ganze Welt mit ihren Millionen von Christen, mit ihren Tausenden von Priestern und Ordensleuten ist, kann man natürlich nicht erwarten, daß das, was ein einzelner denkt und schreibt, so rasch rezipiert wird, selbst wenn es gut und nützlich wäre. Gewisse Denkanstöße sind sicherlich schon aufgenommen worden; ich habe im Konzil mitgewirkt.

Ich glaube, Sie haben mit Ihrer Theologie erreicht, daß Sie viele Theologen und wahrscheinlich auch sehr viele Christen im Glauben bewahrt haben. Trotzdem werden Sie sich vielleicht sagen müssen: Ich habe nicht alles erreicht, was ich erreichen wollte. Gibt es etwas, das Sie unbedingt noch erreichen wollen?

Ja, zunächst erreicht kein Mensch alles das, was er in seinem Leben gern erreicht hätte. Ich meine, daß das und jenes an theologischen Anstößen tatsächlich heute schon, besonders im Zweiten Vatikanum, von der Kirche aufgenommen worden ist. Ich muß natürlich auch sagen, daß es durchaus möglich ist – dafür gibt es sogar schon Anzeichen –, daß meine Theologie innerhalb der Kirche kritischer betrachtet wird als bisher und Einwände und Verdachtsmomente dagegen neu formuliert werden. Das ist das Los jedes Theologen und deswegen keine besonders merkwürdige Sache. Ich meine natürlich auch, daß vieles noch nicht rezipiert ist; wenn ich einmal so sagen darf, ist meine Theologie nicht in ihrer letzten Absicht, aber doch auch ein gewisser Beitrag für Entmythologisierungen in dieser oder jener Hinsicht. Ich möchte meinen Mitchristen beibringen, daß zum Beispiel die Lehre von der Heiligsten Dreifaltigkeit eben nicht als eine Vorstellung von drei Personen im modernen Sinne mißverstanden werden darf. Ich möchte die Gnade nicht so verstanden wissen, daß man sie in einem Leben an einzelnen Stellen so eindeutig greifen kann und andere Dimensionen des menschlichen Lebens dann wieder ganz gnadenlos gelebt werden.

Der Tod, oder: Man muß das, worüber man geredet hat, geschehen lassen

Es ist mir beim Lesen Ihrer Schriften aufgefallen, daß Sie sich schon lange, über Jahrzehnte hinweg mit dem Tod und dem Sterben beschäftigen. Interessiert Sie diese Frage besonders?
Zunächst ist dies natürlich ein Thema, das in eine christliche Theologie, schon wenn man an den Tod Jesu denkt, notwendigerweise hineingehört. Wenn ich sage: Ich bin durch den Kreuzestod Jesu erlöst – dann kann sich natürlich ein christlicher Theologe nicht über das Thema des Todes hinwegsetzen. Aber in neuester Zeit habe ich mich wenig damit beschäftigt. Früher hat man, habe ich darüber viel geredet, so langsam kommt also die Zeit, wo man das, worüber man geredet hat, an sich geschehen lassen muß.
Sie sind überzeugt, daß es nach dem Tod weitergeht. – Anders, besser, als hier? Machen Sie sich Gedanken, haben Sie Vorstellungen, wie es weitergeht?
Ich würde das Wort »weitergehen« für mich schon nicht gerne verwenden, weil es ja hinter dem Tod nicht eine Zeit gibt, wo es in immer neuen Zeitabschnitten weitergeht und dann nie aufhört. Ich würde deswegen nur sagen: Ich weiß nicht, *wie* es weitergeht, aber ich bin im Glauben davon überzeugt, daß ich von Gott in meinem Leben bestätigt werde und mit ihm, dem ewigen Gott, endgültig sein werde.
Pater Rahner, Sie haben neben Ihren wissenschaftlichen Schriften auch viele Gebete verfaßt. Könnten Sie sich vorstellen, ein Gebet zu beten, das Sie auf dem Sterbebett beten werden?
Auf dem Sterbebett hoffe ich – auf irgendeine Weise, wenn man überhaupt in Freiheit etwas tun kann –, daß ich sagen werde: »Ich glaube und hoffe und liebe. In deine Hände empfehle ich meinen Geist« – selbst wenn ich mit Jesus auch beten müßte: Gott mein Gott, warum hast du mich verlassen? Im Blick auf Jesus hoffe ich sagen zu können: Vater in deine Hände empfehle ich meinen Geist – das hoffe ich also, trotzdem fertigzubringen.

9 Ich hoffe, daß ich ein Christ bin

Gespräch mit *Karl-Heinz Weger* und *Hildegard Lüning* im SDR, I (1979)

Eine Bilanz des Lebenswerkes?

Gast der Dienstagsredaktion ist zunächst einmal der Theologe Professor Karl Rahner. Er ist der bedeutendste deutschsprachige Theologe – das sagen die Leute, die mehr von Theologie verstehen als ich. Ich habe einen anderen Zugang zu Karl Rahner, und zwar als Laie, der von seinen Schriften angesprochen wird, weil er merkt, daß darin etwas lebt; daß hier auch gefragt und beantwortet wird, was er selber lebt und fragt. Aber jeder, der mochte, konnte sich ja in den letzten Wochen viel über Professor Rahner informieren, denn er ist am 5. März 75 Jahre alt geworden, und das war Anlaß für ganz viele Ehrungen und Feiern und Würdigungen. Sind Sie froh, daß das nun vorbei ist?
Ja, das bin ich schon, weil es einem ja nichts nützt, gelobt zu werden, und weil man im Grunde genommen nur darauf aufmerksam gemacht wird, daß man im 76. Lebensjahr ist und von dem Leben nicht mehr sehr viel übrig geblieben sein kann.
Manches hörte sich ja in den Würdigungen auch so an – abgesehen von der Bestandsaufnahme von zwischen dreitausend und fünftausend Werkstiteln; je nach Berichterstatter schwankte das. Aber manches hörte sich so an, als ob man schon eine Bilanz Ihres Lebenswerkes zieht – aber Sie arbeiten ja weiter?
Ja, ein bißchen arbeite ich noch weiter, das und jenes wird noch erscheinen; zum Beispiel ist ein vierzehnter Band meiner »Schriften zur Theologie« gerade von Pater Imhof für den Benziger Verlag druckreif gemacht worden. So ein bißchen geht es aber immer noch weiter.
Aber, wenn ich das erzählen darf, vor ein paar Tagen habe ich eine Privataudienz beim jetzigen Papst gehabt, und ich machte

ihn auch darauf aufmerksam, daß nicht mehr viel bei mir übrig ist. Da widersprach er zunächst, aber als ich dann sagte, ich sei auf jeden Fall doch sicher dem Tod näher als jüngere Leute, da antwortete er: »Ja, ja man hat mir einmal in Polen gesagt: Der eine kann, und der andere muß.« Da gehöre ich natürlich zur Kategorie derer, die bald »müssen«; aber das macht ja auch nichts.

Gehört Johannes Paul II. zu den Lesern Ihrer theologischen Schriften?

Das weiß ich nicht; aber ich nehme an, daß er zumindest dies oder jenes gelesen hat, denn als ich vor ein paar Jahren einmal in Krakau war und er davon hörte, ließ er mich zum Mittagessen bei sich einladen; und in den Exerzitien, die er 1977 vor Paul VI. gehalten hat, wurde ich auch einmal zitiert – ausgerechnet wieder einmal mit einer theologischen Arbeit über den Tod.

Einer kann mehr Fragen stellen, als hundert Weise beantworten können

Ich habe noch einen zweiten Studiogast, und dieser ist Mitanlaß dieser Dienstagredaktion, und zwar im Zusammenhang mit einem Taschenbuch, das auch in diesen Tagen aus Anlaß des Geburtstages von Karl Rahner erschienen ist und das Sie gemeinsam geschrieben haben, Herr Pater Karl-Heinz Weger aus München, ein Jesuit wie Karl Rahner: »Was sollen wir noch glauben?«[1] Theologen stellen sich Glaubensfragen einer neuen Generation; Pater Weger fungiert als Fragender, und Pater Rahner antwortet ihm. Herr Pater Weger, wie sind Ihre Fragen entstanden?

– Der eigentliche Grund, warum ich Pater Rahner gebeten habe, an diesem Büchlein mitzuarbeiten, ist der, daß ich überzeugt bin, daß es viele Fragen innerhalb der Christenheit gibt, gleich

[1] Freiburg 1979.

welcher Konfession; viele Fragen und viele Glaubenszweifel – auch solche, die gar nicht angesprochen und ausgesprochen werden. Diese wollte ich einmal formulieren und eine Antwort haben – und wen konnte ich besseren finden als Pater Rahner, der dann dankenswerterweise diese mühsame Aufgabe auf sich genommen hat?

Wissen Sie, Pater Weger, wenn Sie das so berichten, dann muß ich natürlich hinzusetzen, daß ich zwar die Fragen beantwortete, die Sie stellten und entwickelten, und zwar in einer sehr verständlichen und lebendigen Weise, so daß es eben verständlich ist für einen normalen Menschen von heute. Ich sage, daß ich diese Fragen nur so gut oder so schlecht beantworten konnte, wie es mir eben möglich war in einem solchen Zusammenhang, innerhalb des vorgegebenen Raumes usw. Und oft hatte ich den Eindruck: Einer kann mehr Fragen stellen, als hundert Weise beantworten können. Ich meine, die Ratlosigkeit, die Schwierigkeit, etwas zu antworten, gehört im Grunde genommen zum Wesen des Christentums und der Theologie. Wenn es wirklich einen unbegreiflichen Gott gibt, dessen Unbegreiflichkeit bis in alle Ewigkeit währt – auch dort, wo wir ihn, wie wir Christen zu sagen pflegen, einmal von Angesicht zu Angesicht schauen werden –, dann ist es natürlich im Grunde genommen selbstverständlich, daß eine Theologie, die sehr klar und durchsichtig alle Fragen beantworten würde, an ihrem eigentlichen »Gegenstand« garantiert vorbeigeredet haben müßte. Insofern kann ich mich natürlich bei diesem Gefühl des Unvermögens, des Nicht-Bewältigen-Könnens der Fragen, die Sie gestellt haben, doch auch wieder trösten; es kann ja nicht anders sein.

Ich bin zwar nicht ganz Ihrer Meinung, da ich tatsächlich meine, daß Sie viele Fragen beantwortet haben – wenn Sie auch notgedrungen etliches ausklammern mußten. Aber Sie sprechen hier von einer gewissen Ratlosigkeit, die notwendigerweise in der christlichen Theologie oder im Glauben an Gott gegeben sein muß; würden Sie das bitte etwas näher präzisieren? Sie haben ja eine bestimmte Vorstellung davon, wie der Mensch zum

Glauben an Gott kommt, und darin steckt doch meines Wissens – oder so, wie ich Sie verstehe – schon diese Ratlosigkeit, in dieser Gotteserfahrung, wie Sie es nennen.

Ich möchte in meiner Theologie von dieser Tatsache einer prinzipiellen und absoluten, letztlich unüberwindbaren Ratlosigkeit ausgehen. Wenn ich zu Gott komme, so wie ich ihn verstehe, dann bin ich erst bei ihm, wenn ich ihn begreife als das absolute, mich überfordernde Geheimnis. Und dort, wo das nicht gegeben wäre, da müßte ich dann sagen: Halt, hier bist du auf dem falschen Weg; hier kann es ganz gewiß nicht zu dem wahren Gott des Christentums, des ewigen Lebens gehen. Wenn du dazu kommst, diesen Gott mit einer solchen rationalistischen Aufgeklärtheit zu »erklären« – wie sie ja auch oft in der katholischen Theologie vorhanden ist –, dann hast du deine Aufgabe sicher verfehlt. Gott ist für mich gerade jenes Geheimnis unbegreiflicher Unaussagbarkeit, auf das ich in jedem Punkt meines Lebens immer wieder verwiesen bin. Wenn der Mensch diese Erfahrung des Verwiesenseins in die Unbegreiflichkeit Gottes vermeiden könnte – gedanklich und existentiell –, dann könnte er sagen: Lassen wir doch den ganzen Atheismus und diesen Glauben an Gott beiseite, damit ist doch nichts anzufangen. Aber ich kann eben in meinem Leben und in meinem Denken diese gleichsam ins Unbegreifliche gehende Frage nicht vermeiden; und weil ich das nicht kann, darum kann ich Theologie und kann ich Christentum nicht vermeiden.

Gott, eine unumgängliche Frage

Warum können Sie das nicht vermeiden? Es gibt viele Menschen, Zeitgenossen, die das gut vermeiden können.

Ich möchte sagen: Es gibt sehr viele Zeitgenossen, die das verdrängen; sie wollen es nicht wahrhaben, daß sie es mit so etwas zu tun haben. Aber ich würde diesen Leuten sagen: Schauen Sie einmal ehrlich und genau in Ihr Leben hinein; gibt es da nicht doch, verdrängt, beiseite geschoben die unendliche Frage – bei einer absoluten Liebe, bei einer radikalen Verantwortung, bei einer letzten im Grunde genommen gar nicht vermeidbaren Hoffnung? Wenn solche und ähnliche Erfahrungen gegeben sind – und sie werden in jedem Leben gegeben sein –, dann machen Sie eben die Erfahrung der Verwiesenheit, des Nicht-Umgehen-Könnens, des absoluten Geheimnisses, das wir Gott nennen.

Verstehe ich das richtig so, daß das heißt: Wenn ich in meinem Leben nicht mit Gott rechne und wenn ich Gott nicht einbeziehe, dann kann ich letztlich nicht begründen, warum ich liebe; dann kann ich nicht begründen und auch nicht erfahren, warum ich eigentlich treu bin; dann habe ich keine Begründung für Werte, die anderes nahelegen, als sich selber egoistisch durchzusetzen und materiell zu befriedigen.

Ja, das könnte man ruhig so sagen. Nur müßte natürlich jetzt umgekehrt gesehen werden, daß es zwar sehr viele Leute gibt, die einer atheistischen Theorie und Interpretation ihres Lebens huldigen, daß sie faktisch im konkreten Vollzug aber etwas ganz anderes tun. Es gibt genügend Atheisten, die genauso treu, die genauso ehrlich, die genauso anständig wie viele Christen sind, obwohl es ihnen im Grunde genommen nichts »nützt«. Aber da würde ich eben sagen: Ihr vollzieht unausdrücklich eben etwas, das im Grunde genommen Glaube an Gott bedeutet, ihr setzt nämlich unreflektiert eben doch eine absolute Begründung und Sinnhaftigkeit eures Tuns voraus, und das ist das, worauf ich reflektiere; das Ergebnis dieser Reflexion ist eben das unbegreifliche Geheimnis, das man Gott nennt.

Darf ich hier vielleicht einmal einhaken; Sie sagen immer: das Geheimnis, das unbegreifliche Geheimnis, das wir Gott nennen. Das impliziert doch, daß Sie von einer bestimmten Erfahrung ausgehen, die dann einen Namen erhält. Man könnte dann doch, wenn ich Sie recht verstehe, für »Gott« meinetwegen auch XY sagen; das ist eben eine Wirklichkeit, wo der Name in etwa willkürlich ist.

Ja, wenn ich oft und gerne den Ausdruck gebrauche: das Geheimnis, das man Gott zu nennen pflegt, dann möchte ich durch diese Ausdrucksweise nur darauf hinweisen: Stell dir unter dem Wort »Gott« nicht irgend etwas Komisches, einen alten Herrn mit Bart oder einen Moraltyrannen, der über dein Leben wacht, oder irgend etwas Ähnliches vor. Damit dieses Mißverständnis vermieden wird, das doch bei sehr vielen naiven Atheisten des Alltags vorhanden ist, darum sage ich immer wieder so ein wenig umständlich: das Geheimnis, das wir Gott nennen. Ich bin natürlich davon überzeugt, daß eine solche positive Bezogenheit auf das Geheimnis bei sehr vielen Menschen vorhanden ist, die in ihrer theoretischen Reflexion auf sich selbst und das Leben meinen, Atheisten zu sein.
Ja, dann glaube ich schon, daß wir bzw. Sie die ganze Zeit von anonymen Christen sprechen. Vielleicht könnten wir das Thema bei dieser Gelegenheit gleich einmal ansprechen. Sie haben dafür den Ausdruck vom »anonymen Christen« geschaffen, der inzwischen ziemlich weit verbreitet und bekannt ist, wenn vielleicht auch nicht überall anerkannt. Könnten Sie einmal erklären, was Sie darunter verstehen; was ist ein »anonymer Christ«?
Zunächst muß ich natürlich erklären, daß es mir auf das Wort als solches gar nicht ankommt, sondern nur auf die Sache. Diese Sache besteht darin, daß auch nach der Lehre des Zweiten Vatikanischen Konzils ein Mensch, der in einer letzten, absoluten Weise seinem Gewissen treu ist – was natürlich im Grunde genommen gar keine Selbstverständlichkeit ist und was viele Leute zu tun sich im Grund nur einbilden –, daß ein solcher Mensch tatsächlich eine positive Beziehung zu Gott hat, das heißt, daß er implizit die Existenz Gottes bejaht hat.
Natürlich gehört zur Theorie eines anonymen Christen auch noch die weitere Erklärung, auf die wir jetzt vielleicht nicht eingehen müssen, warum ein solcher Mensch nun auch eine positive Beziehung zu Jesus Christus hat. Aber darauf macht uns ja die Bibel zum Beispiel im Matthäusevangelium, Kapitel

25, auch schon aufmerksam, wenn Jesus sagt: Was ihr dem Geringsten meiner Brüder getan habt, das habt ihr mir getan. Wenn das nicht irgendwie ein komischer Spruch sein soll, sondern ernst genommen werden soll, dann heißt das doch: Wenn du jemanden im Gefängnis besucht, für die Freiheit gekämpft, den Armen dein Geld gegeben, dich zu deinem Nächsten gut verhalten hast, dann hast du ein Verhältnis zu Jesus Christus und wirst danach gerichtet, weil das Verhältnis zu Gott und Jesus Christus und das Verhältnis zum Nächsten zwar nicht dasselbe ist, aber in einem unlöslichen Zusammenhang damit steht. In diesem Sinne verstehe ich, grob gesagt, das, was ich mit »anonymen Christen« meine.

Christsein heißt: immer wieder Christ werden

Weil wir das Stichwort »Christ« gerade haben: Sie haben in dem Buch »Was sollen wir noch glauben?« am Ende ein Kapitel mit dem Titel: »Ich glaube an Jesus Christus«. Darin sagen Sie etwas, das mich sehr beeindruckt hat, denn Sie bezeichnen sich als jemanden, der hofft, ein Christ zu sein, so gut er es fertigbringt. Das sagt ein Mann, der über 55 Jahre Theologie getrieben hat, ein Mann, dessen Theologie ganz offenkundig geprägt ist von etwas, das man wohl schwer schildern kann – obwohl wir hoffentlich noch darauf kommen –, nämlich von Gotteserfahrung. Ich möchte gerne wissen, was Sie damit meinen, ein Christ zu sein; meinen Sie damit, daß man lebenslang immer wieder nur Christ werden kann und es nie letztlich ist?

Ja, ich meine eigentlich ein Doppeltes: zunächst einmal die an sich simple Tatsache, daß ein Christ, daß jeder Mensch eigentlich dauernd im Werden ist, neue Erfahrungen macht und diese Erfahrungen integrieren muß in die Gesamterfahrung seines bisherigen Lebens; daß er dazulernt, reifer wird; daß er vielleicht auch selbstloser wird usw. So gibt es natürlich ganz selbstverständlich und objektiv einen werdenden Christen, und insofern kann natürlich jeder sagen: Ich hoffe, daß ich ein Christ werde, das heißt, ein irgendwie sich dem Ideal eines Christen asymptotisch annähernder Mensch.

Das betrifft also die Glaubenspraxis?

Hinter diesem Wort: Ich hoffe, daß ich ein Christ bin, steckt noch etwas anderes. Sehen Sie, wenn ich einmal abziehe, was bei mir im Grunde genommen nicht so sehr die Entscheidung des letzten Kerns meiner Existenz ist, sondern Herkunft, Milieu, Erziehung, die seelischen Zwänge eines Berufes usw., wenn ich das alles abziehe und dann auf der anderen Seite bedenke, wie leicht ein Mensch sich über sich selber täuscht, wie er vielleicht ein schrecklicher Egoist ist und trotzdem meint, er strotze vor Menschenliebe und Selbstlosigkeit – wenn ich das alles bedenke, dann muß ich das ja nicht nur auf andere, sondern auch auf mich selber anwenden und dann sagen: Lieber Gott hilf, daß ich nicht nur meine, ein Christ zu sein, sondern wenigstens so langsam einer werde, dem es irgendwie gelingt, gewissermaßen in der verschlossenen Existenz, in dem Gefängnis seines Lebens ein kleines Loch zu entdecken, durch das er in die Freiheit der Liebe, der Treue, der Hoffnung, der Selbstlosigkeit hinausgelangt. Jeder ist doch im Grunde genommen als Mensch sehr in Gefahr, in sich selbst verschlossen zu bleiben und das auch noch als das Richtige zu empfinden und gar nicht zu merken, wie es einem Menschen zumute wäre, der in die Freiheit der Liebe, der Selbstlosigkeit und letztlich in die Freiheit Gottes aus seinem egoistischen Kerker durchgebrochen wäre. Darum, meine ich, muß auch ein amtlicher Christ, ein Kleriker, ein Bischof und sogar ein Papst sagen: Lieber Gott, hilf mir, daß ich nicht nur meine, ein Christ zu sein, sondern auch wirklich einer bin.

Sie haben, Herr Pater Rahner, persönlich – das entnehme ich vielen Ihrer Schriften – durch Ihr Christsein und Ihre Theologie auch einiges von dem erlebt, was das kirchliche Lehramt tun kann, um die Freiheit der Theologen einzuschränken. Aber ich habe insgesamt den Eindruck, daß Sie Ihr Christsein und die Theologie als eine Freiheitsgeschichte erlebt haben und vielleicht auch noch erleben; Sie sprechen auch, wenn Sie von Christentum sprechen, von Freiheitsgeschichten.

Ja, ich meine, es ist doch im Grunde genommen bei einer einigermaßen normalen, echten Interpretation des Christentums so, daß ein Mensch erst langsam aus seiner egoistischen Verschlossenheit durchbrechen soll und muß in das, was man Glaube, Hoffnung und besonders Liebe nennt; daß er sich in eine Situation, in eine Dimension durcharbeiten soll, in der er frei von sich selbst eben den Nächsten und durch den Nächsten Gott liebt; denn dadurch und nur dadurch ist er eben im Grunde genommen frei. Und insofern kann ich alles Christentum und alles Christwerden durchaus als eine Freiheitsgeschichte auffassen. Wie dann diese theologisch und theozentrisch verstandene Freiheitsgeschichte mit dem, was man in einer gesellschaftspolitischen Anthropologie »Freiheitsgeschichte« nennt, zusammenhängt, das ist natürlich noch einmal eine andere Frage.

10 Konkrete Lebensfragen und psychologisch-theologische Antwortversuche

Gespräch mit *Karl Heinz Weger* und *Hildegard Lüning* im SDR, II (1979)

Selbstverwirklichung oder Selbstverleugnung?

Pater Rahner, Sie sehen im letzten den Glauben als ein Von-sich-selbst-Freiwerden zu je mehr und als ein In-etwas-Hineinwachsen in etwas, das sich nicht in mir begrenzt. Wir leben aber heute in zeitgeschichtlichen Zusammenhängen, wo Menschen versuchen, nichts mehr werden zu wollen, als zu sich selber zu kommen, sich selbst zu verwirklichen. Selbstverwirkli-

chung ist eines der großen Schlagwörter unserer Zeit, aber auch eine der berechtigten Bestrebungen. Wir, die wir im Christentum aufgewachsen sind, haben ja gelernt, Selbstverleugnung – besonders als Frau natürlich – sei ein vornehmliches Ziel. Für mich war es eigentlich sozusagen eine Befreiung, als ich dann – auch im Rahmen meiner Berufsausbildung und -erfahrung – mit einer Psychologie zu tun bekam, die mir sagte: Zu dir selbst zu kommen ist ganz prima und wesentlich; erkenne dich an, nimm dich selbst an, verwirkliche dich selber. Ich sehe da nun Widersprüche zwischen Selbstverleugnung und Selbstverwirklichung.

Ich meine, daß hier letzte Widersprüche nicht vorhanden sind. In der Praxis des konkreten Lebens passieren natürlich immer wieder Konflikte, Kontraste zwischen einzelnen Normen, so daß eine Instanz diese Norm besonders urgiert und einschärft, eine andere jene. Aber im Grunde genommen möchte ich eigentlich zwei Sachen sagen: Sehen Sie, selbstverständlich sollte ein Mensch sich selber verwirklichen, in diesem Sinne zu sich selber kommen; aber auf der anderen Seite meine ich auch, daß ein solches Ideal bis zu einem gewissen Grade – ich drücke mich jetzt absichtlich einmal etwas provozierend aus – eine Chimäre ist. Ich bin doch unter tausend Zwängen, aus denen ich bei allen Selbstbefreiungen und bei allen politischen Veränderungen, die wir legitim anstreben und die wir anstreben sollten, nicht herauskomme; mit anderen Worten: Zum wirklichen Menschen und zum wirklichen Christen gehört der Mut, in der Hoffnung auf Gott seine eigene Begrenztheit geschichtlicher, gesellschaftlicher, genetischer Art usw. in Geduld anzunehmen, genauso wie ich mein Alter annehmen muß, genauso wie ich mir meine Eltern nicht aussuchen konnte, genauso wie ich meine Zeit nicht aussuchen konnte, genauso wie es mir nicht möglich war, in einer Zeit zu leben, in der es kein Auschwitz gab, usw. Ich bin in tausend Dingen ein Mensch, der in Zwängen steckt, die er bei allen legitimen Anstrengungen nicht überwinden kann, und damit menschlich zu Rande zu kommen, gehört eben auch zum Christentum.

Und wenn das Christentum sagt: Verleugne dich selbst, und die moderne Menschheit die Parole ausgibt: Komm zu dir und verwirkliche dich selbst, dann würde ich sagen, daß die Parole des Christentums im Neuen Testament steht.

Heißt es »verleugnen« oder »entäußern« im Neuen Testament?

Ja, gut, das kommt auf dasselbe heraus.

Nein, glaube ich nicht.

Ja, dann interpretieren Sie eben das Verleugnen in dem Sinne des »Entäußere dich selbst«, dann können wir uns relativ schnell einigen.

Ich meine, diese Selbstverleugnung bedeutet eben die Annahme der unbegreiflichen Verfügungen des Lebens und die Annahme einer Verpflichtung auf den Nächsten, die ja nicht für einen selbst notwendigerweise erfreulich sein muß. Verleugne dich selbst heißt einfach: Werde selbstlos liebend, diene dem anderen in der Hoffnung auf die ewige Freiheit Gottes. Daß damit politische Ziele der Befreiung nicht bestritten sind, das ist, meine ich, selbstverständlich.

Bis heute können ja Psychologie, Psychotherapie und alles, was wir heute so tun, um uns selbst zu finden, die Frage nicht beantworten, die sie wieder zur Theologie verweist: Woher soll ich überhaupt wissen, wer ich bin? Eigentlich hat nur die Jung'sche Psychologie in etwa anerkannt, daß die Menschen nicht sich selbst und nicht aus sich selbst geschaffen sind. Insofern brauchen wir ja sozusagen wieder die Theologie, die sich aber – wie ich meine – bis heute mit dem Menschen sehr wenig beschäftigt hat.

Ja, das ist noch einmal eine andere historische Frage. Wußte *Augustinus* vom Menschen nicht genausoviel, wenn auch vielleicht in anderer Weise, wie wir es heute wissen?

Aber lassen Sie einmal die geschichtliche Frage beiseite, dann würde ich zunächst einmal sagen: Die moderne Psychologie in all ihren Spielarten hat doch im Grunde die Tendenz, mich als Produkt von nicht mir selber zu erklären, genetisch oder lebensgeschichtlich oder umweltgeschichtlich usw., das heißt, mich von mir selber zu entlasten, damit ich also auf diese billige

Weise mit mir fertig werde. Ich würde sagen, die moderne Psychologie weiß ungeheuer viel vom Menschen, aber sie kann nicht den Menschen erklären; denn der Mensch selber ist – jetzt komme ich auf meine alte These zurück – eben nicht der, der sich auf Begriffe – und seien es noch so feine psychologische – bringen läßt. Man kann das Wesen des Menschen nicht adäquat aufklären, das heißt rational in Einzelelemente auflösen, deren Zusammensetzung dann das Ganze erklärt. Der Mensch ist eben derjenige, der sich selber notwendigerweise immer ein Geheimnis bleibt, das er in der Tat seiner Freiheit, die ihm die Psychologie nicht ausreden sollte, dem absoluten Geheimnis Gottes als dem Liebenden, Vertrauenden, Vergebenden anvertrauen muß.

Schwierigkeiten mit der Frage nach Schuld und Sünde

Um die Psychologie einmal ein bißchen in Schutz zu nehmen: Es gibt natürlich psychologische Richtungen, etwa die Schule von C. G. Jung, die Schuld nicht leugnen und den Menschen nicht davon freisetzen, sondern die ihm letztlich helfen zu lernen, sie tiefer zu sehen, und einen anderen Umgang mit ihr einüben. Aber wenn wir gerade bei diesem Kapitel sind, möchte ich gleich einfügen: Eine Schwierigkeit für Menschen und auch für mich zum Beispiel ist tatsächlich die Frage nach Schuld und Sünde, auch nach dem Gericht Gottes am Ende des Lebens oder am Ende der Zeit, wie man das sehen will. Es ist zunehmend schwieriger zu glauben, daß es Menschen geben kann, die ganz bewußt gegen sich selber sind, gegen ihr eigenes Heil, gegen ihr eigenes Glück, das ja – jedenfalls nach unserem Gottesbild – Gott für alle Menschen will, das er allen anbietet, das er sozusagen für alle verfügbar hält und mit Jesus Christus angekündigt hat für jeden einzelnen. Ein bißchen ist eine Glaubenskrise, meine ich, damit verbunden, daß wir uns so schwer tun zu erkennen, was Schuld heute ist, wo wir tatsächlich schuldig geworden sind und wo wir umkehren müssen. In unseren sozialen Zusammenhängen merken wir sehr wohl, was Schuld ist; aber im Bezug auf unsere Beziehungen zu Gott ist das ganz anders: Der Mensch versucht seine Sünde wegzuinterpretieren.

Ich bin auch der Meinung, daß man früher in guten, alten, etwas naiven Zeiten zu eindeutig zu wissen glaubte – auch rein theoretisch und objektiv –, was sittlich gut und was sittlich schlecht ist. Schon in dieser theoretischen Sphäre ist diese Sache heute, wenn man dann doch etwas konkreter wird, außerordentlich schwierig und dunkel. Aber erst recht hat man sich früher zu selbstverständlich und einfach die Meinung gebildet, man wisse bei dem konkreten einzelnen in seiner konkreten Tat – wenn er nicht gerade im forensischen Sinn unzurechnungsfähig ist – ganz genau, diese sei sittlich gut oder sittlich schlecht gewesen, und dies sei in einer eindeutigen Weise feststellbar. Man hat im Grunde genommen doch den Eindruck gehabt, man könne das Gericht Gottes selber schon vorwegnehmen.

Heute bringt uns die Psychologie der verschiedensten Spielarten und der verschiedensten Richtungen bei, wie ungeheuer schwierig es ist, im konkreten Einzelfall auf Freiheit, auf Schuld oder auf Unschuld zu erkennen. Ich bin zudem ein Christ, der nicht richten darf, und muß mit Paulus sagen: Ob ich gerechtfertigt bin oder nicht, das weiß ich nicht; der mich richtet ist Gott und nur Er. Ich meine, ein Christ kann doch von da aus am ehesten sagen: Einerseits darf ich mich nicht vor meiner eigenen Verantwortung drücken und mit Hilfe der modernen Psychologie oder Gesellschaftswissenschaft mich von vornherein moralisch zu entlasten suchen; ich muß der Mensch der Verantwortung bleiben, der sich zu etwas bekennen kann. Das ist die eine Seite, und auf der anderen Seite weiß man wirklich nicht reflex, wie es um einen steht, sondern muß das Ganze noch einmal Gott und ihm allein überlassen. Was weiß ich denn letztlich von mir? Ich habe das ja vorhin schon gesagt. Bin ich also dieser berufsmäßige Christ und Tugendbold, als den ich mich so nach außen gebe, oder ist das im letzten trotz allem noch einmal eine Fassade, hinter der sich was ganz anderes, Unglaube vielleicht, Atheismus oder Lieblosigkeit und Egoismus usw. verbirgt? Also kurz und gut, ich meine, ein Christ von heute muß beides sehen, die tausend Möglichkeiten der Entlastung eines Menschen, die er gerade anderen gegenüber anwenden sollte, und die Unmöglichkeit, die Verantwortung und die Freiheit des Menschen in einen Determinismus aufzulösen, der im Grunde genommen im Leben gar nicht durchführbar ist. Wie beides dann im konkreten Fall zusammenpaßt, das weiß man im Grunde genommen nicht.

Ich muß da noch einmal nachfragen. Ich habe das alles ganz gut verstanden, und es ist mir auch nicht so neu; damit kann ich sogar umgehen. Womit ich nicht umgehen kann, ist die Schuld gegenüber Gott. Alles, was im Zusammenhang mit meinem sozialen Leben Schuld ist, kann ich sogar irgendwie mit der kirchlichen Morallehre vereinbaren, aber was ist diese Schuld gegenüber Gott? Da bin ich über meinen kindlichen Katechismus überhaupt noch nicht hinausgekommen. Da war vorgegeben die Sonntagspflicht, und wenn ich die nicht erfüllt habe, dann habe ich mich, weil ich keinen Gottesdienst besucht habe, schwer versündigt, das heißt, habe ich gar nichts getan. Im Grunde gab es aber so gut wie nichts, das mir außerhalb von äußerlichen Vollzügen wie Gottesdienst und Gebet sagte: Du kannst Gott gegenüber schuldig werden, ihn sogar beleidigen; du fügst Jesus auf seinem Kreuzweg immer wieder neue Wunden zu; nicht, daß du sie dem Nächsten schlägst – das ohnehin, das ist erkennbar, erfahrbar und hat Rückwirkungen –; aber wie kann ich an Gott schuldig werden?

Zunächst einmal ist natürlich zuzugeben, daß jene Implikation eines ernsthaften und radikalen Neins zu Gott – dies gehört zum Wesen dessen, was man im Christentum schwere Sünde nennt – im konkreten Einzelfall oft nicht nachweisbar ist. Sie wird sehr oft auch gar nicht gegeben sein und ist im Einzelfall nicht mit absoluter Sicherheit nachweisbar. Aber ich kann eben als Christ vom Neuen und vom Alten Testament her nicht von vornherein sagen, ein gleichsam innerweltlich unmenschliches Verhalten sei zwar unempfehlenswert, aber habe mit Gott nichts zu tun. Es bleibt dann die Frage, wie diese Gottbezogenheit eines negativen Verhaltens zur Welt, zu mir selbst und zum Nächsten genauer verständlich gemacht und interpretiert werden muß. Da, meine ich, ist ein Problem gegeben, das im Grunde genommen die Theologie nicht genügend durchdacht hat.

Man sagt sich einfach: Gott hat dies und jenes als Norm moralischer Art aufgestellt, und wenn du das nicht tust, nimmt er, der dieses Gebot aufgestellt hat, dir das übel. Damit ist natürlich im Grunde genommen doch ein zu anthropomorpher Gottesbegriff vorausgesetzt; aber daß meine innerste, letzte, wirklich freie, sittliche oder unsittliche Haltung nichts mit Gott zu tun habe, das kann ich auf keinen Fall zugeben. Wie man das nun genauer erklärt, ist noch einmal eine andere Frage.

Ich würde zum Beispiel sagen – das ist meine private, theologische Meinung –: Wenn ich nicht jenes, nur durch die Gnade konstituierte Verhältnis unmittelbarer, personaler Liebe Gottes zu mir hätte, der sich selber in dieser Liebe mir gibt, dann könnte eine Verletzung des sogenannten Naturgesetzes oder – anders ausgedrückt – eine Verletzung der menschlichen Strukturen, des Menschen und der Welt ihn nicht so »beleidigen«, wie der Christ das – mit Recht, meine ich – voraussetzt; natürlich nur dort, wo ernsthaft gesagt werden kann: Hier spricht, wenn auch implizit und unreflektiert, aber echt, ein Mensch sein Nein zu Gott. Wie oft das in der Weltgeschichte vorkommt, das weiß ich nicht.

Sie können ja ruhig hoffen – hoffen, sage ich –, daß Gott die Welt so eingerichtet hat, daß die scheußlichsten Verbrechen im Grunde genommen noch a- oder außermoralische Dummheit oder Primitivität sind und insofern die Weltgeschichte für alle oder für die meisten gut ausgeht; ob das so ist, das wissen wir nicht. Ich würde sagen, auch hier gehen wir der unbegreiflichen Verfügung Gottes uns selber übergebend entgegen. Warten wir also ruhig einmal ab. Denn wie eigentlich die letzte Essenz der

Weltgeschichte dann ausfällt, das wissen wir nicht; wir regen uns vielleicht über Schandtaten anderer auf und merken unsere eigenen, schuldhaften Egoismen gar nicht. Es kann auch anders sein, nämlich daß es durch die Gnade Gottes einem Menschen vielleicht letztlich leicht gemacht wird, Gott zu lieben und von sich wegzukommen; was im Einzelfall da gegeben ist, das weiß Gott, aber nicht wir. Daß die Kirche da oft in einer Weise repräsentativ für Gott als seine moralische Autorität auftritt, die etwas primitiv und anthropomorph ist, das möchte ich nicht bezweifeln.

Ein Gott, der uns nur bestätigt und nicht herausfordert?

Herr Pater Rahner, es gibt ja einen Ihrer berühmten Kollegen, der – jedenfalls für mich – in seinem Buch »Existiert Gott?«[1] *eigentlich, letztlich einen Gott vorstellt, der uns nur bestätigt, einen Gott, der uns letztlich eigentlich zu nichts herausfordert, sondern der eine Antwort ist auf alles, was wir ohnehin denken, wünschen, brauchen, wollen, mögen. Ich tue ihm vielleicht unrecht mit dieser Interpretation, aber ich habe auch mit ihm eine lange Sendung gemacht und bin trotzdem nicht klüger geworden. Ich möchte gerne wissen: Würden Sie – außer der Tatsache, daß Sie Gott als das unergründliche Geheimnis beschreiben – es wagen, Gott in seiner Persönlichkeit als etwas zu charakterisieren, das uns gegenüber doch das Herausfordernde bleibt?*

Ich möchte mich natürlich jetzt nicht auf eine Interpretation des Buches von Hans Küng einlassen, das würde zu weit führen; aber ich würde sagen: Dort, wo jemand Gott nicht mehr nicht nur als das unbegreifliche Geheimnis, sondern auch nicht mehr als den Gott empfindet, der in einer letzten Weise angebetet und geliebt werden muß, gleichsam über unsere

[1] *Hans Küng,* Existiert Gott? Antwort auf die Gottesfrage der Neuzeit, München 1978.

eigene Kraft hinaus, dort, wo Gott nicht mehr auch der Gott der Freiheit und des Gerichts ist, dort, wo Gott gleichsam selbstverständlich als Posten in eine Rechnung unseres Lebens eingesetzt werden kann, die garantiert aufgeht, dort ist der Gott des Christentums nicht mehr wirklich vorhanden. Ich sage nicht, daß das bei Küng der Fall ist, Gott bewahre, das ist seine Sache. Aber ich würde sagen – noch einmal –: Dort, wo Gott nur noch der Nenner oder die Chiffre dafür ist, daß es uns gut geht mit unserem gleichsam in einer letzten Weise sich absolutsetzenden Egoismus, dort ist Gott nicht mehr vorhanden.

Aber die Negation ist immer leichter zu beschreiben als jetzt zu sagen: Dort ist er...

In dem Augenblick natürlich, wo ich ihn gewissermaßen bedingungslos, hoffend, glaubend, liebend anbete, in dem Augenblick und unter dieser Voraussetzung darf und muß ich natürlich sagen: Er ist der Gott der Liebe, der Gott der Vergebung, der Gott einer letzten Sinnhaftigkeit auch meiner eigenen Existenz. Aber das kann ich gewissermaßen nur unter der Voraussetzung, daß ich mich bedingungslos auf Ihn einlasse, und erst, wenn ich das getan habe, kommt das andere.

Und dann bringt er mich immer dorthin, wohin ich nicht will?

Darf ich das noch einmal an einem Beispiel sagen? Es ist genauso wie in einer wahrhaft zwischenmenschlichen Liebe. Wenn ich das Glück meiner Liebe suche, habe ich die Liebe im Grunde genommen schon verfehlt; wenn ich den anderen liebend annehme, dann tritt natürlich auch mein Glück ein, kann es wenigstens; und so ähnlich ist es auch Gott gegenüber. Ich habe das schon einmal die unverbrauchbare Transzendenz Gottes genannt, das heißt: Unser Verhältnis zu diesem absoluten Gott kann nicht aufgebraucht werden für unser Glück, für unsere Freiheit usw.

Jesus sagt: Suchet zuerst das Reich Gottes und alles andere wird euch hinzugegeben. Man könnte auch sagen: Sucht Gott in seiner absoluten Souveränität, Freiheit, Größe, Unbedingtheit, von der ihr abhängig seid – aber er ist nicht von euch abhängig –, dann wird euch Friede, Liebe, Gnade, Vergebung usw. hinzugegeben werden.

Wie kann man ihn suchen, diesen Gott? Es gibt ja immer noch viele Menschen, die meinen, durch viel Studium theologischer Schriften kämen sie Gott näher?

Die theologischen Studien, Reflexionen sind zwar ganz gut und ganz sinnvoll, aber sie sind die Reflexion über einen existentiellen Lebens-Vorgang, der etwas anderes ist. Sie können mit Max Scheler ein Buch mit fünfhundert Seiten über die Liebe schreiben; aber deswegen haben Sie noch nicht geliebt. Und umgekehrt verstehen Sie natürlich dieses Buch nur, wenn Sie auch eine Erfahrung von Liebe haben. Und so gibt es natürlich ein Christentum des Glaubens, der Hoffnung und der Liebe, der Hoffnung auf Vergebung, auf ewiges Leben, das dieser theoretischen, theologischen Reflexion vorausliegt, so daß umgekehrt eigentlich all dieses theoretische Schreiben und Reden und Gerede nur verständlich ist, wenn man auf eine letztlich nicht mehr auflösbare Weise, die man dann Gnade nennt, in diesen Vorgang hineingekommen ist.

Wir sind letztlich von Gotteserfahrung überrascht

Wie kann man dahinkommen? Und wie ist ein Mensch wie Karl Rahner dahingekommen?

Nun, wie ich dahingekommen bin, oder wie ich hoffe, dahingekommen zu sein, das weiß ich natürlich im Grunde genommen selber nicht. Aber ich würde sagen: Der Mensch soll nicht meinen, er müsse im eigentlichen Sinne von außen da hineinkommen, sondern er soll reflex, willig, hellsichtig zu entdecken suchen, daß er schon in diesem Zirkel drinnen ist.

Wir hatten ja vor Jahren schon einmal eine Diskussion über die Existenz Gottes, und da sagten Sie am Schluß: »Ich glaube, weil ich bete.« Nachträglich kann ich genau diesen Zirkel ansprechen und sagen: Wenn Sie das voraussetzen, dann kann ich also nur glauben, wenn ich bete, und umgekehrt kann ich nur beten, wenn

ich schon glaube. Die Frage ist also: Wo ist der mögliche Einstiegspunkt für den Glauben an die Existenz Gottes?
Ich würde sagen: Man steigt nicht im eigentlichen Sinne von außen in eine solche Überzeugung ein, sondern man entdeckt – natürlich auch in einer freien Annahme –, daß man im Grunde genommen schon in dieser Verfassung ist. Wenn jemand merkt: Ich liebe, ich bin treu, ich trage eine Verantwortung durch, wo ich eigentlich nur der Reingefallene bin und die anderen Leute es quasi auf meine Kosten gut haben im Leben und ich bekomme nichts dafür usw. – solche Erfahrungen sind ja im Grunde genommen schon Gotteserfahrungen, und die hat wahrscheinlich jeder, wenn er kein radikaler Bösewicht ist, im Grunde genommen schon gemacht, und er braucht gleichsam eigentlich nur darauf zu reflektieren und zu staunen und zu sagen: Ich glaube ja eigentlich ...
Es muß nur noch bloßgelegt werden, was schon da ist?
Ja, selbstverständlich muß es das. Aber nehmen Sie das andere Beispiel, daß plötzlich jemand merkt: Ich, der bisherige Egoist, liebe ja; der andere ist mir plötzlich so ungeheuer wichtig und in einem gewissen Sinne interessant, daß ich mich wirklich über ihn vergessen kann; ich benutze ihn nicht nur als das Mittel meiner eigenen Selbstbehauptung oder zum Zwecke der Befriedigung meiner Gefühle usw., sondern er ist derjenige, bei dem ich gleichsam aus mir herauskomme, bei ihm anlange, ohne zurückzugehen; und dann sagt er sich: Das ist ja das, was die normalen Leute Liebe nennen. Und so etwas Ähnliches, meine ich, gibt es auch im Verhältnis zu Gott.
Wie weit aber diese Reflexion konkret gelingt und wie weit die normalchristliche, theoretische Formulierung dieses Verhältnisses, das jemand hat, ihm auch selber einleuchtet, das ist natürlich noch einmal eine andere Frage. Daß natürlich diese Interpretation, die der Christ der Selbsterfahrung eines Menschen anbietet, selber wieder unter Umständen primitiv ist, Mängel aufweist und es dem anderen schwermacht, sich selber in dieser Schilderung zu erkennen, das ist natürlich noch einmal eine andere Frage. Auch ein Papst kann sehr fromm, sehr

katholisch, sehr orthodox so reden, daß ein anderer Mensch von heute nur denken kann: Was soll denn dieser ganze – entschuldigen Sie bitte – Wortsalat; nicht als ob er es in sich wäre und ich, der Katholik, es nicht kapieren und nachvollziehen könnte, aber diesem anderen gelingt das wirklich – ohne seine Schuld – nicht.

11 Worte und Taten Jesu, heute interpretiert und erlebt

Gespräch mit *Karl-Heinz Weger* und *Hildegard Lüning* im SDR, III (1979)

Heutige Exegese und die Frage nach Christus

Wir führen Gespräche über Glauben und Leben und kommen jetzt zu einem Teil, der vielen Christen, meine ich, heute auch eine Frage wert ist. Herr Pater Rahner, wir erfahren immer mehr von den Bibelforschern, von den Menschen, die in der Zeitgeschichte Jesu und den schriftlichen Niederlegungen des Glaubens der ersten Christen, der ersten Kirche uns mitteilen, daß sehr vieles, das wir als wirkliche Jesusaussage genommen haben, keine ist. Nun meine Frage: Schwächt diese Exegese eigentlich den Glauben, oder wie kann man sinnvoll damit umgehen?

Denjenigen Christen und Menschen, die bisher die einzelnen Aussagen des Neuen Testamentes in einer Weise verstanden, die sie als die wörtliche und verpflichtende interpretierten, wird natürlich die heutige Exegese zunächst einmal Schwierigkeiten machen. Wenn, sagen wir einmal, um ein x-beliebiges Beispiel zu nehmen, früher jemand davon überzeugt war, daß in Matthäus, Kap. 28 auch die Worte: »im Namen des Vaters und des Sohnes und des Heiligen Geistes«, auf die getauft werden soll, unmittelbar aus dem Munde des historischen Jesus stammen, dann wird er natürlich zunächst einmal schockiert sein, wenn ihm ein moderner Exeget vielleicht erklärt, daß das unwahrscheinlich ist und daß das etwas ist, das erst aus einer späteren Reflexion auf den dreifaltigen Gott stammt und Jesus nur in den Mund gelegt wird.

Aber grundsätzlich würde ich antworten: Gefährdet denn die moderne Exegese den wirklich echten, christlichen Glauben in seiner wirklich verpflichtenden Substanz? In keiner Weise! Das Neue Testament muß und darf natürlich aufgefaßt werden als ein Ausdruck, ein Niederschlag des auf den historischen Jesus zwar bezogenen, aber schon reflektierenden Urchristentums. Wenn es so aufgefaßt wird – und ich meine, so sollte es sein –, dann steht natürlich hinter dem eigentlichen, wörtlichen Wortlaut der Schrift eine tiefere, echtere Glaubensüberzeugung an Jesus als die absolute Selbstzusage des begnadenden und vergebenden Gottes. Nur das, was so heilsam hinter der Schrift steht und sich natürlich authentisch und verpflichtend in der Schrift niederschlägt, ist etwas, das wir in seiner Grundsubstanz auch wirklich erreichen können, so daß es eine Korrespondenz und Konvergenz zwischen dem richtig gelesenen und verstandenen Wort der Schrift und der dieser Schrift ursprunggebenden Glaubensüberzeugung der Urgemeinde und der eigenen gibt. So kann die Schrift wirklich gelesen werden als Aussage dessen, was ein christlicher Mensch heute, in seiner eigenen Existenz auf Jesus bezogen, selber auch erfahren kann. Ich weiß nicht, ob ich mich da einigermaßen verständlich ausgedrückt habe.

Vielleicht könnte ich da schon nachbohren. Sie sagten, die neue Exegese gefährde den Glauben nicht. Ich würde schon damit übereinstimmen – aber ist der Glaube nicht doch erschwert, insofern wir heute nicht mehr automatisch oder wie selbstverständlich wissen, was Jesus von sich selbst dachte, für wen er sich selbst hielt. Denn wir können nicht mehr genau sagen: Das sind nun die Worte, die Jesus gesagt hat; wir müssen vielleicht erst sagen: Das hat ihm die Urkirche in den Mund gelegt. Nun, die

Gefährdung, die ich hier ansprechen möchte, liegt einfach in folgendem: Wie kann ich denn nachweisen – sofern so etwas überhaupt nachweisbar ist –, daß Jesus mehr ist als ein Mensch? Das ist eine Frage, die mich schon lange bedrückt. Ich könnte alles zugeben, und ich glaube, viele Leute denken so, daß Jesus ein Heiliger war, ein großer Prophet; er war ein lebender Mensch, er ist treu gewesen bis in den Tod – das wird alles zugegeben; nur, wie will man denn nachweisen, daß er Gott gewesen sein soll? Wäre dafür nicht sein Selbstzeugnis nötig?

Sie schneiden natürlich jetzt ein so umfangreiches Thema an, daß es schwer ist, darauf eine kurze Antwort zu geben. Jesus hat natürlich nicht gesagt: Ich bin Gott. So sehr dieses Wort richtig verstanden zum christlichen Glauben gehört, kann es doch sehr mißverstanden werden und in einer Weise verstanden werden, der gegenüber ein moderner Mensch durchaus sagen kann: Das ist unglaubwürdig. Jesus ist doch nicht Gott gewesen. Aber es muß genau festgestellt werden, was das in der christlichen, kirchenamtlichen Lehre bedeutet, wie sie im Altertum schon formuliert worden ist; und wenn das auf der einen Seite schon feststeht, dann läßt sich nun ein verständlicher Zusammenhang zwischen dieser kirchenamtlichen Christologie und der Selbstinterpretation des historischen Jesus feststellen.

Eine kurze Zwischenfrage: Warum hätte Jesus nie sagen können: Ich bin Gott, oder: Ich bin Gottmensch?

Weil das absolut mißverständlich gewesen wäre.

Warum?

Man sieht ja, daß es auch heute noch mißverstanden werden kann. Wenn jemand sich das so vorstellt, daß das ewige Wort Gottes so in einer Art Livree vermummt nachschaut, was eigentlich in dieser von ihm geschaffenen Welt passiert, und den schiefgeratenen Lauf der Welt wieder ins Lot zu bringen sucht, wenn sich also jemand so die christliche Christologie vorstellt, dann liegt er damit natürlich falsch und bringt das mit dem historisch nachweisbaren Selbstverständnis Jesu nicht mehr zusammen.

Jetzt weiß ich nicht, wie weit ich mich anschicken sollte, diesem Menschen erstens einmal die kirchenlehramtliche Christologie genauer richtig zu erklären, die ja absolut darauf beruht, daß in Jesus Christus zwei durchaus und absolut verschiedene, wenn auch nicht getrennte Wirklichkeiten gegeben sind – ob ich also eine solche Christologie entwickeln oder ob ich zeigen soll, wie sie mit dem Selbstverständnis Jesu zusammenhängt und sich aus diesem Selbstverständnis ...

Mir persönlich wäre die andere Frage lieber, Sie sprechen gern von Jesus als dem letzten Propheten, als dem absoluten Heilbringer. Eine Gegenfrage: Könnte der letzte Prophet, könnte der absolute Heilbringer nicht doch nur ein besonders begnadeter Mensch sein?

Nein. Ich würde sagen, in dem Augenblick, in dem Sie wirklich realisieren, daß die Geschichte durch und in Jesus, dem absoluten, letzten Propheten, in ihr unüberbietbares Stadium getreten ist, obwohl Geschichte von sich aus immer weitergehen kann und aus den unendlichen Möglichkeiten Gottes alles mögliche Weitere denkbar wäre, ich sage, wenn Sie das voraussetzen, können Sie nicht mehr sagen: Jesus war zwar der letzte Prophet, aber nur ein Mensch; denn eben diese letzte, unüberbietbare und unwiderrufliche Selbstzusage Gottes in dem Menschen Jesus ist haargenau das, was durch die kirchenamtliche Christologie von der Einheit von Gott und Mensch in dem Gottmenschen gesagt werden soll.

Ich glaube, dies ist doch ziemlich schwierig. Das ist doch schon sehr theologisch gefragt und auch sehr theologisch beantwortet.

Ja, aber sehen Sie, ich meine, wir müssen natürlich mit der Geschichte, auch der Geschichte des Geistes, auch der Geschichte des Geistes im Christentum, der Geschichte der theologischen Aussagen des Christentums unbefangen rechnen, und in einer solchen Geschichte kommen natürlich immer Ereignisse vor, die in einem gewissen Sinn überraschend sind, bei denen man denken könnte, es hätte auch anders sein können, obwohl die letzte Grundwirklichkeit die gleiche geblieben wäre. Und wenn wir unter dieser Voraussetzung zum

Beispiel heute sagen würden: Dort, wo ein Mensch Jesus, den Gekreuzigten und Auferstandenen, in seinem Schicksal, in seinem Wort, in seiner endgültigen Bleibendheit als die letzte, unüberbietbare Selbstzusage Gottes entgegennimmt – ich meine, ein solcher Gedanke ist auch für einen Menschen von heute noch realisierbar –, dann hat er im Grunde genommen die dogmatische Christologie, wenn auch mit anderen Worten und unter anderen Perspektiven, schon angenommen, die die Kirche lehrt und in ihren Formulierungen, mindestens vorläufig einmal, aufrecht erhält. Die Christologie in ihrem eigentlichen Sinn wird immer dieselbe bleiben; aber grundsätzlich wäre es durchaus denkbar, daß man das eigentlich Gemeinte auch anders formuliert, dann natürlich neue, andere Verständnisschwierigkeiten schafft, aber vielleicht auch solche, die bisher gegeben waren, vermeidet.

Leidenserfahrung und Befreiungstheologie

Wenn wir bei den Begriffen »Gekreuzigter«, »Auferstandener« sind: Es gibt ja in dieser Welt nicht so viele Schwierigkeiten mit dem Zugang zum Verständnis des gekreuzigten Jesus. Das ist mir jetzt auch wieder sehr klar geworden bei meinem Lateinamerika-Aufenthalt im Zusammenhang mit der Lateinamerikanischen Bischofskonferenz, wo ganze Völker einen so natürlichen Zugang zum Leidenden, zum Schmerzensmann, zum gekreuzigten, gegeißelten, dornengekrönten Christus haben, aber wo der Glaube an die Auferstehung sehr viel schwieriger ist, weil er doch wohl voraussetzt, daß man so etwas wie ein Stück von Auferstehung in seinem eigenen Leben, in seinem eigenen Umfeld erleben kann. Das heißt, die Befreiungstheologen in Lateinamerika, mit denen Sie sich auch ein bißchen beschäftigt haben, sind im Augenblick ganz stark dabei zu überlegen: Was können wir oder was müssen wir heute hier tun, nachdem wir eine ganze Zeit lang ganz stark die Befreiungsgeschichte, die der Gott des Alten Testamentes mit seinem alten Volk Israel gelebt

und auch bewirkt hat, betont haben – was müssen wir tun, um jetzt doch langsam zu einer verstehbaren Christologie zu kommen? Denn die Völker, die Leiden, Unterdrückung, Schmerzen und Unrecht erkennen, aber bisher in einer ganzen Volksgeschichte so etwas wie eine Umwandlung nicht erfahren haben, die müssen langsam aufgerichtet werden an dem Auferstandenen. Es gibt da einen sprachlichen Zusammenhang zwischen Auferstehung, Aufstehen und Aufstand – das ist jetzt von mir sehr vergröbert zusammengefaßt. Aber mit diesem Auferstandenen haben wir ja auch, meine ich, Schwierigkeiten.
Ich möchte zunächst sagen: Eine Zuwendung zum Gekreuzigten, in der er, der Gekreuzigte, nicht der ist, der gleichzeitig den Sieg über das Kreuz und den Untergang verheißt, wäre doch nur die Zuwendung zum Bild einer absoluten, alles verschlingenden, tötenden Absurdität; so ist es ja offenbar bei diesen Leuten in Südamerika nicht gemeint. Sie wenden sich zum leidenden Christus hin – und sie erkennen darin selbstverständlich auch ihre eigene Existenz –, aber sie hoffen doch, daß dieser Gekreuzigte nicht nur ihre eigene Frage wiederholt, sie mitvollzieht, sondern daß er sie auch wirklich beantwortet. Wo jemand glaubt, hofft und darauf baut, daß dieses Schicksal des Todes, des Unterganges erfüllt ist von einer letzten Verheißung und ihm ein letzter Sieg geschenkt wird, dort glaubt er an das, was christlich »Auferstehung« heißt.
Natürlich haben Sie recht, wenn Sie sagen: Die heutigen Befreiungstheologen möchten eben, daß, ich möchte sagen, ein Stück der Antizipation dieser letzten, siegreichen Freiheit und Erlösung jetzt schon – und zwar nicht nur in der Intimität des Privaten, sondern in der Volksgeschichte – sichtbar werde – damit haben sie natürlich ganz recht. Ein Mensch, der nur die Erfahrung der Absurdität des Todes, des Kreuzes, der Sinnlosigkeit gemacht hätte und sonst gar nichts, der könnte natürlich niemals auf die Idee kommen, daß das alles nur der Anfang ist, der durch einen Sieg, durch Leben und Herrlichkeit überwunden werden soll. Insofern haben natürlich die lateinamerikanischen Theologen der Befreiung durchaus recht, wenn sie

sagen: Wir Christen haben die absolute Pflicht und Aufgabe, unsere gesellschaftliche Situation so zu gestalten, daß daran eine positive Hoffnung auf ewige Freude, ewige Freiheit ablesbar ist. Da haben sie ganz recht, das müßte natürlich geschehen. Wie weit das jedoch geschehen kann, wie weit das faktische Leben der Menschen immer eine merkwürdige Mischung der Erfahrung von Tod und der Erfahrung des Lebens ist, das ist natürlich noch einmal eine andere Frage.
Ich kann nicht sagen: Ich kann erst ein Christ werden, wenn die lateinamerikanischen Völker jene politische Freiheit errungen haben, nach der sie mit Recht streben – denn wann ist das denn einmal da? Und gebiert nicht jeder positive Fortschritt in solchen Dingen auch wieder negative Wirklichkeiten? Kommt man nicht in diesem Leben trotz aller aufgegebenen, verpflichtenden – unter der Strafe gleichsam ewiger Verdammnis verpflichtenden – Arbeit für Freiheit, Gerechtigkeit, Liebe, Selbstlosigkeit nicht doch in dieser irdischen Wirklichkeit immer wieder von einem Kerker zu einem anderen? Also, da bin ich natürlich etwas skeptisch, und mehr als das; aber, wie gesagt, dort, wo ein solcher christlicher Skeptizismus zu politischer Trägheit, Faulheit und zur Stabilisierung von ungerechten Verhältnissen führt, dort ist er nicht christlich, sondern ein gemeiner Trick, wirklich das Opium des Volkes, ein gemeiner Trick, den die Mächtigen benutzen, um die armen Leute in ihrer Gewalt zu behalten.

Schwierigkeiten mit dem Jenseits

Eine Frage habe ich noch, für die wir vielleicht gerade noch Zeit haben: unsere Schwierigkeit mit dem Jenseits. Das haben Sie Herr Pater Weger, in Ihrem Buch ja auch angeschnitten und mitformuliert. Es heißt, auch wir Christen seien ja sehr verweltlicht, auch wir, die wir glauben. Wir haben keineswegs mehr hier und heute ein tiefes Bedürfnis nach dem Jenseits. Ich

1 *Privataudienz bei Papst Paul VI. Überreichung von »Sacramentum Mundi« und »Handbuch der Pastoraltheologie«*

2 *Filmarbeiten zu einem Rahner-Portrait in Rom. Bei Pedro Arrupe, dem Generaloberen des Jesuitenordens (1979)*

3 *Mit Kardinal Joseph Ratzinger in München (1979)*

4 *Als Verfechter des weltoffenen Christentums. Gegen die Verteufelung der Befreiungstheologie*

sage es jetzt einmal von mir, und ich weiß, daß ich damit ziemlich viel Grundstimmung und Gefühl von anderen ausdrücke.
Je mehr ich lerne, Gott und Gottes Gegenwart und Gottes Geschichte mit den Menschen so zu begreifen, daß sie sich heute, im Hier und Jetzt erfüllt, je mehr ich frei komme von dem, was die Generation meiner Eltern und Großeltern noch sehr geprägt hat – nämlich, daß sich das Eigentliche und alles, was man erleben kann, erst im Jenseits erfüllt –, und je mehr wir auch merken, wieviel sich hier erfüllen kann, wenn wir das Hier und Jetzt ernst nehmen und zu gestalten versuchen, um so mehr geht aber auch so etwas wie eine tiefe Sehnsucht nach dem Jenseits oder nach dem Himmel oder wie immer man es nennen will verloren. Eine Hoffnung auf Erlösung – die sagt: Dann, nach deinem, mit deinem Tod, erfüllt sich eigentlich alles – ist eigentlich am Schwinden. Gehört diese Hoffnung unverzichtbar zum christlichen Glauben?
Ich meine, ein Christentum, das gleichsam horizontalistisch oder aktualistisch oder in einer präsentischen Eschatologie – oder wie man das nennen will – einfach den jetzt gegebenen Augenblick der Geschichte verabsolutiert und meint, darin dasjenige schon zu haben, zu genießen und zu erleben, was den endgültigen Sinn des Menschenlebens ausmacht – ein solches Christentum, sage ich, wäre kein Christentum mehr.
Man muß sich immer wieder selbstkritisch fragen: Ist denn die Feststellung einer Uninteressiertheit vieler Leute heute schon die Legitimation dieser Uninteressiertheit? Wenn ich erkläre, daß es mir eigentlich auf dieser Welt ganz gut gefällt, und ich finde, daß das Glück des Augenblicks so ergriffen werden soll, daß andere Fragen überhaupt nicht auftreten, dann würde ich einmal ganz nüchtern sagen: Woher weißt du denn, daß eine solche Haltung legitim ist? Die Tatsache, daß etwas heute nicht im Kurs ist, ist noch längst kein Argument dafür, daß es endgültig damit vorbei sei. Es kann durchaus sehr rasch eine ganz andere Mentalität wiederkommen.
Weiter muß natürlich gesagt werden, daß die Erfahrung eines jetzigen Glückes oder Lebens oder der Freude, christlich

gesehen, nicht einfach dasjenige ist, was schlechterdings vergeht, und daß dahinter dann erst das Eigentliche komme, was das Christentum verkündet, sondern unsere heutige Geschichte ist dasjenige, was in dem, was wir Ewigkeit nennen, seine eigene, endgültige Wirklichkeit erhält. Es kommt nicht etwas danach, was ganz anders ist, sondern die Zeit, die Geschichte, mein Leben kommt zu seiner eigenen, vollen Erfülltheit und Gestalt, ohne etwa unterzugehen. Ich sehe nicht, wieso man sich dieses Lebens eigentlich freuen könnte, wenn man deutlich und ehrlich der Überzeugung wäre, daß es einfach schlechterdings wieder untergeht. Dann könnte ich doch mindestens mit ebensoviel Recht sagen: Dann fangen wir doch gar nicht erst an. Dann ist die Erreichung dieses Untergangs das Eigentliche, worauf wir hinstreben, und die sogenannte Großartigkeit des menschlichen Lebens mit seinen Aufgaben, mit seiner Liebe, mit seiner Freude usw., auch mit dem bewältigten Schmerz, wäre dann eigentlich das, was letztlich eben durch sein endgültiges Vergehen seine Sinnlosigkeit demonstriert. Wenn jemand sagt: Nein, in diesem Augenblick der Zeit erlebe ich die absolute Bedeutung eben dieses Augenblickes – dann würde ich sagen: Dann hast du eben mit Recht etwas erfahren, was, richtig verstanden, eben gerade die christliche Ewigkeit ist oder werden wird oder in sich trägt – oder wie man das ausdrücken will.

12 Ist die politische Theologie gefährlich?

Gespräch mit *Franz Alt* in Report-Sendung, SWF (1979)

Die Ablehnung von Professor Metz war aus formalen Gründen nicht korrekt

Gegen Kardinal Ratzingers Entscheidung, Johannes B. Metz als Professor in München abzulehnen, protestiert jetzt auch in »Report« der bekannteste deutschsprachige Theologe, Karl Rahner. In der kirchenkritischen Zeitung Publik-Forum ließ Rahner einen offenen Brief an Kultusminister Maier und Kardinal Ratzinger drucken[1]. *Rahner protestiert gegen Ratzingers offizielle Begründung, in München müsse die Theologie der Professoren Söhngen und Fries fortgeführt werden. Herr Pater Rahner, was waren die Gründe für Ihren Protest?*
Ich glaube, daß ich das Recht und eine gewisse Pflicht habe, in solchen Fällen meine Stimme zu erheben, wenn ich der Meinung bin, daß administrative Maßnahmen auf dem Gebiet der Universität, zu der ich gehöre oder gehört habe, nicht richtig sind.
Warum ist diese Entscheidung Ihrer Meinung nach nicht richtig gewesen?
Weil für die Veränderungen einer Berufungsliste sowohl der Minister als erst recht der Kardinal vernünftige, einsichtige, angebbare Gründe haben müssen, die ich aber nicht finden kann. Der Herr Minister erklärt, daß das allein auf den Wunsch des Herrn Kardinals geschehen ist. Das ist aber kein Grund, denn er braucht diesen Wunsch nicht zu respektieren. Dieser Wunsch ist, nebenbei bemerkt, auch in einer Phase geäußert worden, wo sich der Herr Kardinal eigentlich noch nicht einschalten sollte.
Die Gründe des Herrn Kardinals sind – nach meinem Empfinden – absolut undurchsichtig. Er gibt einen bestimmten

[1] Ich protestiere, in: Publik-Forum 23/1979, 15–19.

Grund an, den kein einziger Theologe akzeptieren wird, weil es zwischen Gottlieb Söhngen und Heinrich Fries in der ökumenischen Theologie keine Linie gibt, die fortgesetzt werden müßte. Die wirklichen Gründe können nur in der politischen Theologie von Johann Baptist Metz liegen – nach allem, was man hört und weiß und sich denken kann –, und das kann nach meiner Meinung kein Grund sein, weil ein Kardinal vernünftigerweise nur dann eingreifen sollte, wenn die Orthodoxie eines Lehrers oder sein sittlicher Lebenswandel zu Bedenken Anlaß geben. Eine politische Theologie, so wie sie Metz vertritt, kann aber in jedem Sinne nicht als jenseits der Grenzen katholischer Orthodoxie erklärt werden.
Meinen Sie damit, daß der Herr Kardinal seine Bischofspflicht verletzt hat?
Das muß *er* beurteilen; ich würde sagen: Wenn ich – Gott behüte – Bischof gewesen wäre, hätte ich mir nicht das Recht zugeschrieben, in diesem Falle einzugreifen.

Rückwärtsbewegung in der katholischen Kirche?

Wie bewerten Sie denn die politische Theologie von Johann Baptist Metz?
Ich bin kein Vertreter der politischen Theologie, doch ich glaube, daß die Art der politischen Theologie, die Metz vertritt, durchaus orthodox ist, und damit ist eigentlich die Frage für mich gelaufen. Als Bischof muß ich auch einen Theologen zu Wort kommen lassen, dessen Theologie mir nicht sympathisch ist oder gegen die ich glaube, sachliche Einwände zu haben – vorausgesetzt natürlich, daß man nicht behaupten kann, diese Theologie sei unkatholisch.
Sehen Sie, Herr Rahner, in dieser Ablehnung so etwas wie ein Anzeichen für eine Rückwärtsbewegung in der katholischen Kirche?
Ich fürchte, daß man zu einer solchen Interpretation kommen kann.

III Christlicher Skeptizismus – Festhalten am Kern des Glaubens

13 Nicht mehr europäische Religion – Plädoyer für einen Pluralismus in der Weltkirche

Gespräch mit der Katholischen Nachrichtenagentur, München (1980)

Welches Maß an Vielfalt verträgt die Weltkirche?

Bischöfe aus der Dritten Welt klagen häufig über den Zentralismus Roms, ja, sie müssen oft den Eindruck gewinnen, daß man über die kirchliche Situation in ihren Ländern nur unzureichend informiert ist oder aber ihre dringenden pastoralen Anliegen und Reformwünsche einfach einer »universalen Disziplin« opfert. Wir denken hier zum Beispiel an eine Reform des kirchlichen Eherechts, an die Forderung, verheiratete Männer oder auch Frauen zum Priesteramt zuzulassen, sowie an die Einführung neuer liturgischer Formen. Welches Maß an Vielfalt verträgt die Weltkirche oder sollte sie vertragen?

Ich meine, es ist selbstverständlich, daß erst in unseren Jahrzehnten die Kirche aus einer europäischen Kirche, die natürlich eine Potentialität auf Universalität hin hat, zu einer wirklichen Weltkirche wird. Bis in unsere Jahrzehnte hinein war doch das Christentum, obwohl es von Gott für *alle* Menschen bestimmt war, eine europäische Religion mit natürlich großen und erheblichen Exporten in die übrige Welt, Exporten, die bei aller objektiven Gültigkeit der Wahrheit für alle mit Hilfe eines europäischen Kolonialismus in der Welt verbreitet worden sind. Wir wollen damit nicht über die Vergangenheit urteilen, sondern nur sagen, daß langsam und sicher aus einer solchen europäischen Kirche mit weltweiten Exporten eine wirkliche Weltkirche werden muß.

Das bedeutet eben aber dann auch, daß diese Kirche einen größeren Pluralismus zwischen ihren Teilkirchen gestalten muß, als es früher der Fall war. Es wird eine größere Differenzierung in den Theologien der einzelnen Großräume der Kirche geben. Die *lateinamerikanische* Kirche fängt mit der *Theologie der Befreiung* schon an, aus ihrer eigenen Situation heraus eine dieser Situation wirklich entsprechende Theologie zu entwickeln. Es wird auf die Dauer sicher auch so etwas wie eine *asiatische Theologie* geben, und es wird langsam, aber sicher auch eine *afrikanische Theologie* geben.

Aber auch über die Theologie und Liturgie hinaus gibt es andere Dimensionen, in denen der notwendige und berechtigte Pluralismus in der immer einen und unter der Regierung des Papstes stehenden Kirche sich entwickeln muß. Es ist gar nicht notwendig, daß das Kirchenrecht so einheitlich in der ganzen Kirche ist. Rom bereitet ein neues kirchliches Rechtsbuch vor. Hoffentlich läßt es die Freiheitsräume einer auch rechtlich eigenständigen Entwicklung der einzelnen großen Teilkirchen frei.

Es ist selbstverständlich, daß es trotz aller Differenzierung der Theologien und auch der Weisen der Verkündigung letztlich die eine, gleiche Offenbarung Gottes in der Kirche gibt und geben muß. Insofern ist es selbstverständlich, daß Dinge, die als Einzelfragen sehr schwierig sind, sehr geprüft werden müssen, bevor man eine solche Differenzierung in der großen Universalkirche zuläßt. Aber grundsätzlich würde ich sagen: Die Kirche der Zukunft als Weltkirche, die mit verschiedenen Kulturen leben muß, braucht einen größeren Pluralismus, als die heutige Kirche ihn schon tatsächlich praktiziert.

Man könnte z. B. fragen, ob in einer echten afrikanischen Kultur mit ihrer ganz anderen Mentalität der Zölibat des

Weltpriesters noch nützlich, sinnvoll und eine wirklich werbende Repräsentation des Christentums ist, oder ob dieser Zölibat – so sinnvoll er ist oder sein kann – eben doch in einer abendländischen Kultur erwachsen ist, so daß, wo dieser Kulturboden nicht mehr gegeben ist, auch nicht mehr eine solche Institution wie der Zölibat bestehen kann. Es gibt solche und ähnliche Dinge, auch des Eherechts usw., bei denen Rom vorläufig eher bremst, als weitere Entwicklungen vorantreibt. Das kommt natürlich auch zum Teil daher, daß der Episkopat in solchen Ländern noch nicht jenes Maß an Vertrauen zu seiner Selbständigkeit hat, das notwendig wäre, damit er sich mit seinen eigenen Wünschen und Konzepten und pastoralen Plänen in Rom für sein je eigenes Land wirklich durchsetzen kann.

Vielfältige Basisgemeinden von unten?

Als Theologe haben Sie mit der kirchlichen Basis immer engen Kontakt gesucht und gepflegt. Sie haben sich auch stets bemüht, die »Zeichen der Zeit« zu deuten. Nun wurden aber gerade durch die kirchlichen Entwicklungen in Asien, Afrika und Lateinamerika ganz neue Zeichen gesetzt. Welchen Einfluß hat das auf Sie gehabt? Oder kamen Sie eher zu dem Schluß, daß alles schon einmal dagewesen sei?

Ich meine, daß die Frage einer lebendigen Entwicklung der sogenannten Basiskirchen, Basisgemeinden, eine wichtige Aufgabe für die Kirche der Zukunft hat. Ein gleichsam in sich selbst ruhender Klerus, der fast unabhängig vom Volk der Kirche existiert, lebt, denkt, reagiert, ist doch wohl in künftiger Zeit nicht mehr so denkbar. Die Basis der Kirche muß Kirche, Christentum, Gnade, Offenbarung erleben lassen können und muß sich den selbstverständlichen legitimen Einfluß auf die kirchliche Hierarchie erwerben. Das hat mit einer Änderung der dogmatischen Struktur der Kirche nichts zu tun; aber auch die dogmatisch bleibenden Strukturen göttlichen Rechtes in der Kirche haben immer eine Konkretheit geschichtlich be-

dingter Art gehabt, und werden in der Zukunft auch wieder anders sein, als sie jetzt sind oder in der Vergangenheit waren und wir es jetzt gewohnt sind.
Es gibt Basisgemeinden in Lateinamerika, weil dort die gesamten soziologischen Verhältnisse anders sind als bei uns in Europa, und es muß in einem ganz anderen Sinne und vielleicht in einer ganz anderen Weise bei uns Basisgemeinden geben, weil die soziologische Struktur unserer Gesellschaft anders ist, als sie bei uns in der Vergangenheit war und bis in unsere Zeiten hinein ist. Eine Kirche in unserer pluralistischen, säkularisierten Gesellschaft ist notwendigerweise eine andere Kirche mit einer anderen Basis und mit einem anderen Verhältnis dieser Basis zum Klerus und zum Episkopat, als es früher war.
Wir werden viele Funktionen, die die Basis in einer Kirche der Armen und der sozial unmittelbar Unterdrückten und Verfolgten hat, nicht auf unsere Kirche in Europa übertragen können. Wir werden aber davon sehr viel lernen können, und viele Dinge, die dort drüben neu entwickelt, erlebt und erlitten werden, können auch uns etwas sagen. Weil die sozialen Strukturen der heutigen Gesellschaft anders sind als früher und in anderen Großgebieten der Kirchen anders sind als bei uns, werden notwendigerweise Basisgemeinden von unten sich für uns in eigener Weise bilden müssen und einen sehr erheblichen Einfluß auf die Gesamtführung der Kirche und auch auf den Episkopat haben.

Kirchliches Nord-Süd-Gefälle

Im Ländervergleich zwischen armen und reichen Nationen spricht man häufig vom Nord-Süd-Gefälle. Es gibt dieses Gefälle auch zwischen armen und reichen Kirchen, z. B. zwischen der Kirche Obervoltas und der Kirche in der Bundesrepublik. Vorläufig geben Europas Christen ihren Brüdern und Schwestern in der Dritten Welt nur von ihrem Überfluß; von Sparmaßnahmen der Kirche in der Bundesrepublik zugunsten der Armen ist bis auf den heutigen Tag wenig bekannt. Wie beurteilen Sie dieses höchst betrübliche Phänomen?

Man soll nicht meinen, die europäische Christenheit werde morgen im Stil des heiligen Franz von Assisi leben und 30 Prozent ihres Sozialproduktes an die armen Kirchen abliefern. Man sollte auch nüchtern und vernünftig sein. Es gibt auch eine Unmöglichkeit, arm zu sein, wenn man nüchtern die Wirklichkeit betrachtet, und mit solchen soziologischen, psychologischen Blockierungen muß die Kirche leben und wird sie auch leben. Trotzdem meine ich, daß man durchaus von den europäischen Kirchen mehr verlangen könnte und sollte, als tatsächlich von ihnen verlangt wird. Man muß natürlich da auch vorsichtig sein. Die Kirche in Frankreich z. B. ist viel, viel ärmer als die deutsche Kirche. Dort gehört der Klerus zu den ausgesprochen armen Teufeln, die mühsam – Ausnahmen gibt es natürlich immer – ihren Lebensunterhalt sichern müssen.

Aber lassen Sie mich in diesem Zusammenhang auf eines aufmerksam machen: Ich möchte fragen, welche Verzichte zugunsten der anderen armen Kirchen könnte denn der deutsche Episkopat, ohne viel Revolution hervorzurufen, den normalen deutschen Katholiken zumuten? Der Episkopat sollte, wenn ich so sagen darf, schon auch in seinen Anordnungen für die Pfarrer und die Gläubigen und für die Kirchensteuer der durchschnittlichen Mentalität der Gläubigen ein Stück in einem positiven Sinne voraus sein. Umgekehrt gesehen: Wo sind in Deutschland die Gläubigen, die den Episkopat drängen, ärmer zu leben, mehr von den Gläubigen zugunsten der armen Kirchen zu verlangen, als der Episkopat es tatsächlich tut? Ich weiß nicht von vielen Gläubigen, die Pfarrer und Bischöfe drängen, in diesen verschiedenen kirchlichen Hilfswerken sehr viel massiver auf den Geldbeutel der Gläubigen zu hauen, als sie es tun. Diese Werke sind relativ gut unterstützt und brauchen sich nicht zu schämen; man denke an *Adveniat, Misereor* usw. Aber man sollte da wünschen, daß die Basis eine autonomere Initiative ergreift und sich nicht nur vom Episkopat mühselig schieben läßt.

14 Der Tod als Vollendung

Ostergespräch mit *Gerhard Ruis,* Salzburg (1980)

Der Tod hat immer etwas mit Schuld und Gott zu tun

Der Tod hat den Menschen zu allen Zeiten bewegt und die Frage nach Ursprung, Ursache und Sinn menschlichen Sterbens offengehalten. Jeder Mensch ist irgendwann in seinem Leben um eine Antwort auf die alte Frage besorgt: Was ist der Tod? Wie soll man und wie kann man über den Tod angemessen reden?

Mit dem Tod ist zunächst einmal alles aus. Das Leben ist vorbei, es kommt nicht wieder, es wird einem nicht ein zweites Mal geschenkt. Der Tod ist für den Christen das Ereignis der Vollendung seines einmaligen Lebens.

Nun glaube ich, daß alle ernsthaften und vernünftigen Menschen – auch die Anhänger eines Seelenwanderungsglaubens im Fernen Osten – der Überzeugung sein werden, daß es Aufgabe des Menschen sei, dem Rad von Geburt und Tod zu entrinnen und die eigene Freiheitsgeschichte in eine letzte und ewige Vollendung hinein zu vollenden.

Ich kann mir durchaus vorstellen, daß sich dieses Gelingen bei jedem Menschen in dem einen Leben, das ihm gegeben ist, ereignen kann. Überall, wo in einem Menschenleben Freiheit, das heißt Entscheidung radikaler Art, denkbar ist, ist auch Vollendung möglich.

Sie als Theologe werden doch sicher der Meinung sein, daß sich eine verantwortliche Rede vom Tod nur im Horizont verantwortlicher Rede von Gott vollzieht. Es bedarf also, um vom Tod angemessen reden zu können, eines Wortes, das wir uns nicht selber zu sagen vermögen. Ist es das Evangelium, und zwar als »Wort vom Kreuz« (1 Kor 1,18), das unsere Rede vom Tod erst sachgemäß macht?

Letztlich möchte ich diese Frage bejahen. Nur muß man zunächst einmal davon ausgehen, daß es unzählige Menschen gibt, die mit einer ausdrücklichen Interpretation des Todes durch die biblische Offenbarung nicht konfrontiert sind. Wir Christen sind trotzdem davon überzeugt, daß im Bestehen des Todes all diesen Menschen die letzte Möglichkeit gegeben ist, sich für oder gegen Gott zu entscheiden.

Dort, wo der Mensch in einer letzten und definitiven Weise über sich selber verfügt, und zwar auf Endgültigkeit hin, nimmt er den letzten tragenden Grund seiner Existenz an, nämlich Gott – oder er bekennt sich zu einer letzten Absurdität und Nichtigkeit des menschlichen Lebens.

Weil der Tod das Ereignis einer letzten, totalen Selbstinterpretation des Menschen nach der einen oder anderen Seite hin ist, hat er mit Gott zu tun. Gott ist das Wort, das den umfassenden, tragenden, alles bedingenden Grund der menschlichen Existenz in ihrer Unbegrenztheit und Uferlosigkeit bedeutet.

Der Tod erscheint im biblischen Verständnis in einer spezifischen Affinität zu der Schuld, mit der der Mensch sich im Laufe seines Lebens belastet. Sie selbst sagten einmal: »Der Tod ist die Sichtbarkeit der Schuld« ...

Sie berühren hier ein außerordentlich schwieriges Thema der christlichen Offenbarung. Sicher gibt es in der Bibel die Lehre eines Zusammenhangs zwischen Schuld und Tod. Diese Lehre ist aber für uns heute nicht so ohne weiteres verständlich, weil wir auf der einen Seite das biologische Ableben als ein Phänomen erkannt haben, das ja längst vor der menschlichen Schuldgeschichte gegeben war, und weil wir uns andererseits nicht vorstellen können, daß der Mensch ohne Schuld dauernd und immer gelebt haben sollte.

Ich meine, wir dürfen ruhig sagen: Der Tod als die Vollendung der Freiheitsgeschichte als solcher ist ein Vorgang, der unablässig und im voraus zur Schuld schon gegeben ist. Wo Geschichte ist, will sie selber ein Ende haben. Freiheit und Vollendung gehören zusammen. Eine Vollendung, die sich, indem sie sich vollzieht, nicht selber besitzt und nicht selber kontrollieren kann, sondern als eine Vollendung in die Unbegreiflichkeit eines göttlichen Gerichtes hinein geschieht, ein solcher Tod hat

etwas mit Schuld zu tun. Die Finsternis ist ein Anzeichen der Schuldverfaßtheit des Menschen.
Ob diese Schuldverfaßtheit nun durch eine persönliche Schuld zustande kam oder die Folge einer Schuld am Anfang der Menschheitsgeschichte ist oder ob beides gegeben ist, das ist wieder eine andere Frage.

Der Mensch zwischen Heilssorge und Heilshoffnung

Der Tod scheint aber auch eine versöhnliche Dimension zu haben. Schelling spricht vom Tod als einer »essentification«, Bloch von einer »Verwesentlichung«. Diese Denker haben ein Verständnis des Todes entwickelt, das diesen geradezu als letzten und eigentlichen Akt menschlicher Selbstverwirklichung begreift. Sie selbst haben den Tod als die das eigene Leben vollendende Tat des Menschen, ja als »die Tat des Wollens schlechthin«, bezeichnet.
Die Großartigkeit einer derartigen menschlichen Daseinsinterpretation läßt sich nur verteidigen unter der Voraussetzung, daß dies alles als Setzung und Verfügung des Schöpfers gesehen wird.
Dort, wo man in einem Schelling'schen Idealismus oder Bloch'schen Optimismus meint, der Tod müsse automatisch der Anfang einer seligen Endgültigkeit des Menschen sein, wird der Christ sagen: Ja, das hoffe ich von mir, aber der, der mich richtet, ist Gott. Der Christ wird auf den Tod als die ewige Vollendung hoffen; er fürchtet aber gleichzeitig in Demut die Möglichkeit, daß sein Ende wirklich das Ende einer wirklichen Verlorenheit sein könnte. Der Mensch ist so zwischen Heilssorge und Heilshoffnung ausgespannt, und diese Ausgespanntheit ist die letzte Triebfeder seiner Geschichte.
Der christliche Glaube steht und fällt mit dem Bekenntnis, daß im Tod Jesu mit dem Tod selber etwas geschehen ist. Der christliche Glaube verkündet einen neuen Anfang aus dem vernichtenden Nichts des Todes als Auferstehung von den Toten. Was ist, Pater Rahner, der eigentliche Inhalt dessen, was die

Bibel mit der Chiffre von der Auferstehung der Toten den Menschen als ihre Hoffnung ankündigen will?

Da wird man zunächst einmal nüchtern sagen müssen, daß die Interpretation des Wortes Auferstehung nicht hundertprozentig einheitlich in allen christlichen Jahrhunderten und allen theologischen Schulen war.

Dort, wo man bis in die modernen Zeiten der Aufklärung hinein einen fundamentalen Unterschied zwischen Leib und Seele so denkt, daß man an und für sich kein Problem hat, das Schicksal der sogenannten unsterblichen Seele völlig unabhängig vom Schicksal des Leibes zu denken, wird man natürlich einen Begriff der Auferstehung haben, der sich ausschließlich auf die Leibhaftigkeit des Menschen bezieht.

Wo man umgekehrt mit einer neueren, etwas weniger platonisierend arbeitenden Anthropologie moderner Art das Verhältnis von Leib und Seele enger denkt, da wird man zwar als Christ nicht bestreiten, daß es einen Unterschied gibt zwischen dem, was wir Leib, und dem, was wir Seele nennen. Man wird ferner nicht bestreiten, daß einiges über die Endgültigkeit dieser »Seele« genannten Wirklichkeit des Menschen gesagt werden kann, was im selben Sinn nicht einfach von der Endgültigkeit des menschlichen »Leibes« gesagt werden kann. Aber man wird eben doch auf der anderen Seite »Auferstehung des Fleisches« mit seiner Tradition vom Alten Testament eigentlich mehr als Stichwort für die endgültige Gerettetheit des einen und ganzen Menschen verstehen, wobei eben dann die Voraussetzung ist, daß diese Endgültigkeit des einen und ganzen Menschen, das, was wir seine Leibhaftigkeit nennen, nicht von vornherein mißverstanden werden darf als eine bloße Seligkeit und Vollendung einer leibfrei gewordenen Seele.

Wir können heute als Christen, ohne irgendwelche dogmatische Schwierigkeiten zu bekommen, auf der einen Seite sehen, daß der Mensch als der Eine, Konkrete, Leibhaftige letztlich doch nur ein Schicksal und eine Vollendung haben und daß diese eine totale Vollendung des einen – auch leibhaftigen – Menschen »Auferstehung der Toten« genannt werden kann.

15 Alter und Tod

Gespräch mit *Erika Ahlbrecht-Meditz* im Saarländischen Rundfunk (1980)

Chancen und Gefahren des Alters

Bei dem Philosophen Karl Popper habe ich gelesen, daß das Leben nicht aus seiner Endlichkeit sinnlos wird, sondern im Gegenteil aus der Endlichkeit seine eigentliche Bedeutung, seinen Wert bekommt. Ähnliches sagt der Wiener Neurologe Viktor Frankl, und Ähnliches habe ich auch bei Ihnen gelesen: daß nämlich ein ewiges Weiterleben im Grunde die Hölle der Sinnlosigkeit wäre. Ich frage mich nun: Muß man so alt und so erfolgreich sein wie Popper, wie Frankl, wie Rahner, um diese Ansicht vertreten zu können?

Zunächst ist natürlich diese Überlegung, die Frankl oder Popper oder ich oder andere anstellen, eine Überlegung, die aus dem Wesen der Freiheit argumentiert. Für uns alle ist eben Freiheit nicht ein unbegrenztes Immer-weiter-machen-Können und Immer-wieder-etwas-anderes-machen-Können, sondern gerade die Setzung des Endgültigen – natürlich in einer Zeiterstreckung, aber so, daß diese Zeiterstreckung eben doch aus sich heraus das Endgültige setzen soll. Und insofern ist es also, glaube ich, ganz richtig, daß die Freiheit und das menschliche Leben auf ein Ende zusteuern müssen, um überhaupt sinnvoll zu sein. Was würde es bedeuten, wenn ich ewig immer wieder etwas anderes machen könnte, ewig wüßte, daß ich Ahashver (der ewige Jude) sei, der ins Unbestimmte, ins Immer-andere, ins Immer-wieder-Abschaffbare hineinleben würde? Die christliche Lehre von der Ewigkeit, von der Verantwortung vor Gott, von dem letzten und endgültigen Gericht über ein Leben setzt ja gerade voraus, daß es danach nicht in demselben Sinne weitergeht wie jetzt, sondern – wie wir sagen – in der endgültigen Anschauung Gottes ein Leben gelebt wird, das über dieses bloße Weitermachen erhaben ist.

Natürlich ist durch eine solche Lehre vom Sinn der Freiheit, von der Setzung des Endgültigen durch die Freiheit, die Frage nicht gelöst, was es mit einem Leben auf sich hat, das nach menschlichem Ermessen zu kurz ist, was mit den unmündigen Kindern, die sterben, geschieht. Da würde ich ehrlich sagen: Über alle diese Dinge wissen wir nichts; auch nicht vom christlichen Glauben her. Die Botschaft des Christentums spricht zu einem konkreten, mit Freiheit begabten Menschen, der sein Leben verantworten muß und auch wirklich verantworten kann. Ihm sagt diese Botschaft: »Du mußt mit einer aus deiner eigenen Freiheitsentscheidung heraus geborenen Endgültigkeit und Ewigkeit rechnen; du hast sie vor dir als die unendliche Erfüllung deines Lebens und als den Grund einer absoluten, radikalen Verantwortung.« Aber was mit den Kindern und den Menschen geschieht, die die Voraussetzungen für so etwas – also die wirklich echte, konkrete Möglichkeit einer Freiheitsentscheidung – nicht haben oder nicht zu haben scheinen, darüber wissen wir im Grunde genommen nichts, und das soll uns im Grunde genommen auch nicht beunruhigen. Wir müssen gewissermaßen uns selber retten, unser eigenes Heil schaffen und brauchen uns um diese hypothetischen Randfälle eines möglichen biologischen Endes, dem keine personale Freiheitsgestaltung vorausliegt, nicht in gleichem Maße zu kümmern.

Auf dieses Sterben der Kinder möchte ich später noch einmal zurückkommen, weil ich den Verdacht habe, daß es zum Beispiel für eine Mutter, deren fünfjähriges Kind durch einen Gehirntumor stirbt, wahrscheinlich ein schwacher Trost ist, wenn man sagt: »Ein Randphänomen; es wird schon irgendwo im Willen Gottes auch irgendwas Gutes für dieses Kind vorgesehen sein«; aber die Zufälligkeit des Endes und die scheinbare – oder eben die für diese Mutter tatsächlich erlebte – Willkür eines Endes, eines katastrophalen Endes, ist damit eigentlich nicht aufgefangen.

Aber ich wollte eigentlich jetzt zunächst noch über das Alter reden. Sie haben einen Aufsatz über das Alter geschrieben, der damit anfängt, daß das Alter eine Gnade, eine spezielle Aufgabe, aber auch eine Gefährdung ist. Und Sie stellen fest, daß das Alter früher – wahrscheinlich auch, weil nur wenige Menschen alt geworden sind – besondere Privilegien und besonderes Ansehen genossen hat, einfach auch eine feste gesellschaftliche Rolle hatte, die es heute nicht mehr hat. Jetzt frage ich mich: Wie können alte Menschen, die heute vielfach einfach abgeschoben im Altersheim leben, das Altern noch als Aufgabe erleben, da ihnen die Gesellschaft überhaupt keine Aufgabe mehr zuerkennt?

Zunächst wäre natürlich die Frage, ob jede Aufgabe, die sinnvoll ist – vorausgesetzt, daß sie bewußt und protestlos angenommen wird –, auch von der Gesellschaft angeboten und garantiert werden muß. Wenn ich alt bin und im Grunde genommen nichts mehr machen kann – entschuldigen Sie, daß ich das so sage – als Rosenkranzbeten, dann kann ich das durchaus als eine absolut fundamental wichtige, großartige Aufgabe empfinden. Wenn ich sage: »Das paßt mir nicht«, ja gut, dann kann ich im Grunde genommen keinen Trost und keine Antwort geben. Bei uns Jesuiten haben wir einen Katalog, der jedes Jahr erscheint und in dem wir verzeichnet sind, was wir tun und wie alt wir sind usw. Und da sind natürlich auch die ganz Alten und die Kranken aufgeführt, je bei ihrem Haus, in dem sie leben, und dann steht da nicht: »Er war Prediger« oder so etwas Ähnliches, sondern: »Er betet für die Kirche und die Gesellschaft Jesu«. Das ist eine sehr nüchterne, aber sehr sinnvolle Angelegenheit. Daß natürlich die Gesellschaft den Alten so gut wie den Kranken Chancen bieten sollte und man sie nicht einfach in Altersheime einsperren sollte, in denen sie gleichsam stumpfsinnig nur noch dahinvegetieren, das ist natürlich selbstverständlich, steht aber auf einem anderen Blatt.

Der Theologe wird gefragt werden, was er zu sagen hat, wenn alle diese anderen Dinge, die gut, sinnvoll, notwendig, verpflichtend wären, eben nicht mehr gehen; und dann wird der Theologe sagen: »Solange dieser Mensch eine innere personale

5 *Beim Jahrestreffen der Ordensträger »Pour le mérite«. Mit dem ehemaligen Bundespräsidenten Walter Scheel*

6 *Im Gespräch mit Carl Friedrich von Weizsäcker, dem ehemaligen Direktor des Max Planck-Instituts in Starnberg*

7 *Bei Helmut Hild, dem Kirchenpräsidenten der Evangelischen Kirche in Hessen und Nassau. Mit Meinold Krauss (1979)*

8 *Mit Jugendlichen in der Redaktion von »Entschluß« in Wien*

Freiheit besitzt, hat er immer noch eine Möglichkeit zu einer sinnvollen Hinwendung auf Gott, eine Möglichkeit, sein natürlich immer mehr begrenzt werdendes Leben anzunehmen in christlicher Geduld, in Hoffnung auf die Ewigkeit.« Und ich kann dann als Theologe nicht anders sagen als: »Wenn das jemandem aus Trotz, aus Protest gegen das Leben nicht paßt, dann habe ich für ihn keinen anderen Trost.«

Und worin sehen Sie die Gefahr dieser Phase? Es ist ja nicht nur von Aufgabe und Chance die Rede, sondern auch von Gefährdung.

Natürlich sind mit dieser Phase die verschiedensten Gefahren gegeben. Jede Lebensphase hat ganz bestimmte Angebote, die alle auch eine negative Seite des Beschwerlichen, des Gefährlichen, des Unangenehmen, des Drohenden an sich haben und letztlich klaglos angenommen werden müssen. Und so ist es natürlich auch beim Alter. Wenn ich müde bin, wenn ich alt werde, wenn ich gleichsam von der Rampe der Weltgeschichte verschwinde, wenn ich den Eindruck habe, daß meine Umgebung auch ohne mich genauso gut auskommt, wenn ich dann auch rein physiologisch abnehme und Gebrechen konstatiere, wenn ich nicht mehr gut höre, nicht mehr gut sehe, wenn ich leicht müde werde usw., dann sind das natürlich Tatsachen, mit denen ich einfach fertig werden muß. Nicht indem ich alle möglichen Dinge mir ausdenke, die das wegzaubern oder Narkotika gegen solche bitteren Alterserfahrungen sind, sondern indem ich eben sage: »Das muß in Geduld und in Hoffnung auf die Ewigkeit durchgestanden werden.«

Solange jemand sich mit anderen Dingen trösten kann und das gelingt, ist gar nichts dagegen einzuwenden. Wenn jemand alt ist und strahlend sein kann bei einem Spaziergang oder bei einem Kaffeekränzchen oder bei einer interessanten Lektüre oder beim Aufschreiben seiner eigenen Lebenserinnerungen oder beim Fotografieren oder – ich weiß nicht was –, dann ist dagegen selbstverständlich gar nichts einzuwenden, und die Umgebung der alten Leute sollte sich in dieser Hinsicht wahrhaftig mehr einfallen lassen, als sie es tut. Aber noch

einmal: Wenn alle diese Hilfen nicht mehr tragen, sich als hoffnungslos erweisen und ich trotzdem noch bei mir bin, dann bleibt mir eben doch wahrhaftig nichts anderes übrig als zu sagen: »Damit kann und muß ich in der Hoffnung auf das ewige Leben fertig werden.« Wer einen anderen Trost hat – gut, dem wird er ja nicht genommen. Wenn jemand mit seinem Alter und seinen Gebrechen und Leiden in einem stoischen Heroismus – wie z.B. der krebskranke Freud mit seinen furchtbaren Operationen – auch noch in irgendeiner Weise fertig wird, dann kann ich nur mit allem Respekt den Hut vor so jemandem ziehen; aber erstens bleibt die Frage, wie weit er da nicht im Grunde genommen doch verzweifelt ist, und es bleibt weiter die Frage, wie weit dieser Heroismus – tiefer theologisch und metaphysisch interpretiert – eben im Grunde genommen doch die letzte Lebenstat eines Menschen ist, der in einer anonymen Weise glaubt, und es bleibt drittens, möchte ich sagen, immer noch die Frage an mich, der ich dann sagen kann: Wenn ich mit meinem Leben anders als ein Freud, eben auf meine Weise, besser fertig werde – wer soll mir denn das übelnehmen?
Wobei natürlich noch folgendes zu beachten ist: Sehen Sie, es gibt natürlich unter Umständen, theologisch gesehen, einen Grad des Schmerzes, der physiologischen Unerträglichkeit, die den Menschen in einem personal-theologischen Sinne von aller Verantwortung dispensiert. Wenn Sie in eine chinesische oder ich weiß nicht was für eine Gehirnwäsche geschickt werden, so daß Sie im Grunde genommen physiologisch zerstört sind, dann hört die theologische Frage einer Verantwortung vor Gott auch automatisch auf. Und so ist es auch beim Alter. Wenn ich einen Schmerz als Krebskranker habe, der mir im Grunde genommen jede Möglichkeit einer freien Gestaltung meines Lebens und meiner Verantwortung raubt, dann ist theologisch gesehen das Problem im Grunde genommen zu Ende. Dann bin ich vielleicht nur noch ein Menschenwesen, das noch eine physiologische letzte Phase überstehen muß; aber gerettet und mit Gott in Frieden bin ich durch meine früheren Taten. Diese letzte Phase ist also religiös und auch menschlich im Grunde

genommen unwichtig. Deswegen sollte man, nebenbei gesagt, ja auch solche Phasen nicht durch medizinische Kunstgriffe überflüssigerweise unsinnig verlängern.

Theologie des Todes und christlicher Skeptizismus

Sie haben vor 23 Jahren eine »Theologie des Todes«[1] geschrieben. Ich habe sie jetzt wieder gelesen, um mich auf dieses Gespräch vorzubereiten. Ich habe sie auch damals vor 20 Jahren schon gelesen und war jetzt nach einer so späten Wiederbegegnung mit dem Buch erstaunt, wie viel man sagen kann, wie viel man interpretieren kann anhand der kirchlichen, christlichen Aussagen über den Tod und das Leben danach. Und mir ist eigentlich dauernd die Frage gekommen, ob Sie diese Antworten auch heute noch als Antworten akzeptieren.

Erstens muß ich sagen, daß ich wirklich – entschuldigen Sie, daß ich das so gestehe – nicht mehr so 100%ig genau weiß, was ich vor 25 Jahren geschrieben habe. Wer weiß, ob ich nicht in manchen Dingen, die meine theologische Spekulation und nicht die verpflichtende Lehre des Glaubens sind, vielleicht mit dem Schwaben sagen würde: »Was geht mich meine saudumme Meinung von gestern an?« – das weiß ich nicht so genau. Aber vermutlich würde so vom Ganzen meines theologischen Habitus her gesehen die theologische Entwicklung bei mir eher noch ein Stück weiter in Richtung auf das Zugeständnis hinauslaufen, daß wir das und jenes nicht wissen, also mehr auf einen christlich legitimierten Skeptizismus hin; nicht auf einen beliebigen, aber auf einen christlich legitimen Skeptizismus hin, in dem sich eben der Mensch, ohne auf alles schon vorher Antworten zu haben, der Unbegreiflichkeit Gottes anvertraut – hoffend, liebend, wissend, daß gerade dieser Akt einer letzten Kapitulation vor der Unbegreiflichkeit Gottes sogar das Letzte ist, was dem Menschen abverlangt wird.

[1] Zur Theologie des Todes (Quaestiones disputatae 2), Freiburg/Br. 1958.

Sie haben in Ihrer Theologie des Todes über die Frage spekuliert, ausgehend von der Feststellung, daß der Tod etwas ist, was den ganzen Menschen betrifft: »Was bleibt, und wo findet sich das, was bleibt, wieder?«. Ich erinnere mich, daß Sie zu der Vorstellung kamen, daß die Seele, also das Bleibende am Menschen, in den tragenden Daseinsgrund eingeht, daß sie allkosmisch wird. Ich weiß nicht, ob das für uns eine sehr tröstliche Vorstellung ist; würden Sie an dieser Vorstellung heute noch festhalten wollen?

Ich weiß nicht so ganz genau, ob ich daran noch festhalte. Diese Überlegung ging einfach davon aus, daß in meiner traditionellen thomistischen Metaphysik ein Problem gegeben ist. Auf der einen Seite ist Thomas – im Unterschied zu einer augustinischen Tradition – von Aristoteles her von einer sehr radikal konzipierten Einheit von Geist und Materie überzeugt. Auf der anderen Seite redet er dann natürlich als Christ scheinbar unvermeidlich von einer »anima separata«, von einer durch den Tod aus der Leiblichkeit schlechthin entlassenen Seele. Und ich meine, daß da doch ein Problem gegeben ist, das Thomas nicht so gut und radikal genug gelöst hat.

Von daher meinte ich, daß gerade dann, wenn man den thomistischen Materiebegriff wirklich radikal zu Ende denkt – das kann ich jetzt nicht näher darstellen –, dann wäre eine Bezogenheit der Materie auf die Seele nach dem Tod durchaus denkbar. Daß von einer solchen Konzeption auch ein berechtigtes Anliegen der heutigen Mentalität – vielleicht besser als üblicherweise – gerettet werden könnte, scheint mir klar zu sein. Heute ist die moderne Naturphilosophie doch auch sehr daran interessiert, sich die Materialität der Geistigkeit selber, wenn ich einmal so sagen kann, deutlich zu machen und sich den Geist nicht als Widersacher der Materie, als etwas absolut Materie- und Kosmosfremdes, zu denken.

Während wir hier spekulative Theologie treiben, muß ich die ganze Zeit daran denken, daß ja die Grundvoraussetzung unseres Gesprächs, nämlich der Glaube an einen liebenden Gott, den meisten Menschen heute die größten Schwierigkeiten macht.

Daß sie sich inmitten von so viel Widersinn und Unglück und willkürlicher Zerstörung von Leben ja zunächst kaum einen christlichen Reim auf dieses ihr Leben machen können und schon gar nicht auf ihren Tod.
Sicher, aber ich meine, man sieht doch auch ein, daß so eine mittlere Position, die einfach feststellt, das Leben sei aus Dummheit und Schönheit, aus Sinnvollem und Unsinnigem gemischt, man könne dagegen nichts machen und müsse eben dieses, im Grunde genommen unverdauliche Gemisch auf sich beruhen lassen – eine solche Position ist im Grunde genommen auf die Dauer nicht durchführbar. Es gibt letztlich eben doch ein absolutes Entweder-Oder. Natürlich *kann* man durchaus – und ich meine sogar, daß ich mich in meiner Theologie darum besonders bemüht habe – durchaus herausfinden, daß auch in Verhältnissen noch ein absolutes Ja zum Leben gegeben sein kann, in denen protestiert wird, in denen man unzufrieden ist, in denen man sich als skeptisch empfindet. Das Leben – und auch die Struktur des Geistes – ist so, daß auch in dem scheinbar Vorläufigen, Bedingten, Gemischten im Grunde genommen entweder ein absolutes Ja oder ein absolutes Nein, eine absolute, unbedingte Hoffnung oder eine grausam letzte Verzweiflung enthalten ist; auch wenn das die Leute in ihrem Alltagsbetrieb nicht so deutlich merken.
Eine Mutter, die im Grunde genommen ihrem Kind unbedingt und immer die Treue hält, jemand, der, obwohl er damit nichts verdient, sich zur Wahrheit und zu seiner Überzeugung bekennt, auch wenn sie nicht alltäglich und gesellschaftlich akzeptiert ist, solche und ähnliche Leute setzen im Grunde genommen – ob sie es merken oder nicht, ob sie sich so interpretieren oder nicht – ein absolutes Ja zur Sinnhaftigkeit des Daseins, auch wenn sie mit Recht sehr vieles in ihrem Leben als gescheitert oder als sinnlos oder als bitter empfinden. Von da aus, meine ich, kann man hinsichtlich des Menschen trotz seiner Schäbigkeit, trotz seiner Feigheit und trotz des ewigen scheinbaren Kompromisse-Machens im Leben letztlich groß denken. In all dem Bedingten, Gemischten, aus Finsternis

und Licht Zusammengebrauten eines konkreten Lebens ist eben doch eine letzte Absolutheit gegeben, zu der sich ein Mensch bewußt oder unbewußt bekennt.
Ich bin nicht der Meinung, die Sie erwähnen und andere Leute vertreten haben, daß nun gerade im Augenblick des medizinischen Exitus etwas ganz Besonderes, Großartiges, personal Entscheidendes geschehe, wo der Mensch noch einmal sein ganzes Leben umkrempele und ihm ein ganz anderes Vorzeichen gebe. Das glaube ich an und für sich nicht. Im Tod kann es trotz aller Theorien von Kübler – Ross und ähnlichen Empirikern des Sterbens sehr banal, sehr bewußtlos hergehen. Aber irgendwo innerhalb des Lebens geschieht eben doch – oder kann sich mindestens doch ereignen – ein absolutes Loslassen, ein absolutes Sich-alles-nehmen-Lassen, kann also der Tod in einem theologischen Sinne passieren, und dieser kann dann doch im Grunde genommen sehr unbedingt die schweigende und doch hoffende Kapitulation vor der Unbegreiflichkeit des eigenen Daseins und darin der Unbegreiflichkeit Gottes sein. Ich meine also, daß der Mensch sehr pessimistisch, sehr skeptisch und sehr relativistisch in seinem Leben sein kann; er braucht sich nichts vorzumachen, er braucht nicht so zu tun, als ob man sich nur ein bißchen anstrengen müßte und dann das Leben nach allen Seiten hin als besonders herrlich empfinden könne. Solche romantisch-amerikanischen Rezepte der Bewältigung des Lebens stoßen bei mir wenigstens auf einen massiven Skeptizismus, und ich glaube nicht, daß man das gewöhnliche Leben in seinem Beruf, in seinem Verhältnis zu anderen Menschen so wunderbar herrlich finden muß; aber ich glaube, daß letztlich eben doch in der Gesamtheit des Lebens und in ganz bestimmten, besonders gesegneten Augenblicken eine Entscheidung über das eigene Leben fällt, in der man, wenn ich einmal so sagen kann, auf der einen Seite alles läßt und alles sich nehmen läßt, und gerade in dieser scheinbar stummen, schrecklichen oder erschreckenden Leere geschieht die Ankunft des unendlichen Gottes und seines ewigen Lebens.

Tod als etwas Positives?

Nun gibt es heute Theologen, die sich die Auffassung der Biologen über den Tod mehr oder weniger zu eigen gemacht haben, die den Tod wiederum nicht als ein Unglück, als eine Katastrophe sehen, sondern als eine Notwendigkeit der Evolution und als etwas Positives. Würde denn, wenn die Theologie diese Sicht des Todes allgemein akzeptieren würde, nicht ein ganz wesentlicher, theologischer Punkt damit wegfallen, nämlich die Auffassung, daß der Tod eine Strafe für die Sünde ist?

Die Lehre des Christentums, die im Tod eine Folge der Sünde sieht, ist eine dialektische, theologische Aussage, die unbedingt – damit sie richtig verstanden und gewürdigt werden kann – mit der anderen Aussage kombiniert werden muß, daß der Tod des Menschen dort, wo er in einem letzten Sinne gläubig ist, ein Mitsterben mit Christus als dem absoluten Sieg des Lebens ist, weil sein und unser Tod in die Auferstehung hinein gestorben wird. Infolgedessen ist die Frage, in welchem Sinne der Tod negativ empfunden werden muß, eine schwierige Sache.

Ich möchte einmal kurz und einfach und mit Vorbehalt aller weiteren Erklärungen sagen: Der Tod wäre negativ zu interpretieren, wenn wir *nicht* mit Jesus, dem Gekreuzigten und Auferstandenen, sterben würden. Diese negative Aussage ist also im Grunde genommen mit einer Bedingung konditioniert, die nach dem Glauben der Christen durch Jesus Christus schon längst überholt ist. Man kann doch sagen, daß eine paradiesische Unsterblichkeit sicherlich schlechter gewesen wäre als der Tod mit Christus; denn zweifellos ist das Christusereignis doch für den Theologen und seine Maßstäbe und für den christlichen Glauben nicht die mühsame Restitution einer paradiesischen Bestimmung des Menschen, sondern überholt sie wesentlich. Von da aus kann man natürlich beruhigt sagen, daß – abgesehen von allen evolutionistischen Theorien und Überlegungen – der Tod durchaus als ein positives Ereignis des Lebens aufgefaßt werden kann, als Sieg des absoluten Lebens in der Dimension der Endlichkeit des Menschen; ein Sieg, der

demonstriert, daß auch noch einmal in der scheinbaren Absurdität des menschlichen Todes Gott und Sein ewiges Leben zum Siege kommen.
Die meisten Menschen sterben natürlich in einer sehr tristen Weise; es sieht wenigstens so aus. Sie sind bewußtlos, sie röcheln, man wartet beinahe ungeduldig, bis alles zu Ende ist; sie werden irgendwo in eine Intensivstation abgeschoben, und den Angehörigen wird vielleicht sogar verboten, überhaupt dabeizusein, und die sind vielleicht, wenn sie ehrlich sind, noch froh, nicht dabeisein zu müssen. All das ist traurig, all das ist vielleicht trist, und es müßte vielleicht anders sein. Aber im allerletzten ist das doch nicht die Hauptsache.
Jeder Mensch stirbt so, daß ihm alles genommen wird, und der Christ hat die Überzeugung im Leben und im Sterben, daß diese Leere, die durch dieses Genommen-Werden entsteht, eben haargenau durch das ausgefüllt wird, was wir Gott nennen. Und wir haben im Grunde genommen Gott überhaupt nur verstanden – als den Unbegreiflichen natürlich –, wenn wir sagen: Er ist der, der in dieser letzten existentiellen Leere, die durch unseren Tod geschaffen wird, als die Erfüllung hineingehört; als die Erfüllung, die endgültig ist; als die Erfüllung, die unbegreiflich ist; als die Erfüllung, die als unbegreifliche – so, wie wir hoffen – die selige ist. Unter dem Jenseits können wir uns nicht viel vorstellen, und wenn wir da bescheidener sind als vielleicht frühere Zeiten, die sich das Jenseits massiver ausmalten, – ist diese Entmythologisierung, die dadurch vielleicht eingetreten ist, durchaus legitim; wir als Christen müssen sie gar nicht wegdisputieren – im Gegenteil, in ihr tritt das wirklich Letzte und Eigentliche des christlichen Jenseitsglaubens, den es immer gab, deutlicher, radikaler, unverschleierter hervor als in früheren Zeiten. Wenn wir dem Tod gegenüber skeptisch sind, ist das noch keine Verleugnung des Christentums, sondern durch diesen scheinbaren Nullpunkt muß das menschliche Leben hindurchgehen, wenn es nicht mit diesem und jenem, sondern mit Gott erfüllt werden soll.

16 Ich sehe keinen absoluten Affront

Gespräch im Nachtstudio von Radio Salzburg zum Konflikt über Küngs Christologie (1980)

Das römische Lehramt hat das Recht, darüber zu befinden, was katholisch gelehrt werden kann

Professor Küng wird die Bezweiflung der päpstlichen Unfehlbarkeit vorgeworfen[1]*. Was sagen Sie dazu?*
Selbstverständlich ist jedem Theologen bis zum strikten Beweis des Gegenteils, der hier sicher nicht erbracht ist, einzuräumen, daß es ihm um die Wahrheit und um nichts sonst geht. Diese löbliche und letztlich selbstverständliche Absicht beweist natürlich noch nicht, daß der betreffende Theologe recht hat. In tausend Streitigkeiten innerhalb der Theologie und der Philosophie geht es immer um die Wahrheit. Jeder, der sich dabei zu Wort meldet, sucht diese Wahrheit zu sagen – und zu vertreten; und es ist beim besten Willen nicht möglich, daß immer alle recht haben. Also muß gefragt werden, wer nun recht hat. Auch bei Einräumung hoher Intelligenz und edelstem Wahrheitsstreben kann ein Theologe nicht nur irren, sondern auch seinen Irrtum mit bestem Wissen und Gewissen vertreten.
Die für mich selbstverständliche katholische Lehre ist, daß das Glaubensbewußtsein der Kirche zu entscheiden hat. Dieses Glaubensbewußtsein der Kirche äußert sich aber – wenn auch in verschiedenem Grad der Verbindlichkeit – auch in den amtlichen Erlassen des kirchlichen römischen Lehramtes. Küng wird nicht so absolut und verbindlich dieser Meinung sein; er wird sagen, auch wenn die römische Glaubensbehörde die absolute Verbindlichkeit des I. Vatikanischen Konzils

[1] Am 18. 12. 1979 wurde *Hans Küng* die Lehrbefugnis entzogen. Die Sachfragen dazu sind behandelt in: Zur Sache. Theologische Streitfragen im »Fall Küng«, im Anhang die Ordnung des römischen und bischöflichen Lehrverfahrens, hrsg. von *L. Bertsch* und *M. Kehl,* Würzburg 1980.

erkläre, sei eben diese Erklärung selber wieder bezweifelbar und deshalb unverbindlich. Wer entscheidet dann eigentlich, was innerhalb der katholischen Kirche als kirchliche Lehre gelehrt werden kann und was nicht? Küng wird (wahrscheinlich) sagen: Das entscheidet sich von selbst durch den Disput, durch die immer weitergehende Geschichte des kirchlichen Glaubensbewußtseins.

Ich bin demgegenüber mit der katholischen Lehre der – sagen wir einmal ganz vorsichtig – letzten Jahrhunderte der absoluten Überzeugung, daß es für eine solche Grenzziehung auch eine kompetente Stelle im römischen Lehramt (Papst und Bischöfe) gibt, an welche ich als katholischer Theologe gehalten bin. Wenn ich in einen absoluten Konflikt mit dieser Grenzziehung käme und mein Wahrheitsgewissen mir gebieten würde, einen entschiedenen Protest zu erheben, dann müßte ich die Konsequenz ziehen und sagen: Gut, ich bin nicht mehr katholisch; ich billige den unendlich vielen Menschen auf der Welt, zumal in der übrigen nicht-katholischen Christenheit, die Überzeugung zu, daß sie guten Wahrheitsgewissens nicht katholisch sein können.

Alle Christen in der Welt, die mit dem römischen Papst nicht in einer Einheit leben, sagen doch, daß der Anspruch des Papstes, wie er vom I. Vatikanum umrissen und vom II. Vatikanum wiederholt wurde, für ihr Wahrheitsgewissen nicht annehmbar ist. Zu einer solchen Meinung kann man verständlicherweise kommen, sonst wären diese unzählig vielen Leute dumm oder böswillig, was ich beides selbstverständlich nicht behaupten kann. Aber ich bleibe bei der Meinung, daß das römische Lehramt das Recht hat, darüber zu befinden, was *katholisch* gelehrt werden kann und was nicht. Der katholische Theologe bleibt nur dann schlechthin ein katholischer Theologe, wenn er diese römische Grenzziehung respektiert.

Die »Nichtorthodoxie« Küngs in der christologischen Frage ist nicht bewiesen

Was sagen Sie zum Vorwurf einer unklaren Umschreibung der »Wesenseinheit« Gottes mit Jesus Christus?

Was die Frage anlangt, ob Jesus der wesensgleiche Sohn Gottes war, so sehe ich bei Küng keinen absoluten Affront. Ich habe das Buch »Christ sein« von Küng[2] wirklich von vorne bis hinten gelesen – vielleicht gibt es gar nicht so furchtbar viele, die das auch getan haben – und muß gestehen, daß ich keinen absoluten Affront gegen ein definiertes Dogma in der Christologie entdecken konnte. Es ist natürlich eine andere Frage, ob Küngs Christologie die kirchenamtliche Lehre ganz »einholt«. Es ist doch so: Wir haben seit dem Konzil von Ephesus und dem Konzil von Chalkedon dogmatisch letztverbindliche christologische Sätze. Es ist aber ebenso selbstverständlich, daß diese Sätze, die letztlich ein unaussprechliches Geheimnis Gottes in seinem Verhältnis zur Welt ausdrücken, immer neu auf ihre Verständlichkeit und Assimilierbarkeit bedacht werden müssen.

In dieser christologischen Frage ist mir jedenfalls die »Nichtorthodoxie« Küngs nicht so deutlich wie in der Frage hinsichtlich des Lehramtes des Papstes. Ich frage mich, warum Küng nicht einfach erklärt: Selbstverständlich bejahe ich die Verbindlichkeit des christologischen Dogmas von Ephesus und Chalkedon; ich denke nur nach bestem Wissen und Gewissen weiter nach, das verständlich zu machen und unter modernen Aspekten auszusagen. Dann könnte ihn das kirchliche Lehramt in der Christologie nicht beanstanden. Ich verstehe nicht, warum Küng der römischen Kongregation – wenn ich so sagen darf – nicht einfach auf diese Weise »den Schneid abkauft«.

Man sollte also die verschiedenen Äußerungen Küngs hinsichtlich der verschiedenen von Rom eingeklagten Themen nicht zu schnell und zu einfach in ein und denselben Topf werfen; sonst könnte man unter Umständen wirklich Rom den Vorwurf

[2] München 1974.

machen, Küng Unrecht zu tun. Für mich ist das chalkedonensische Dogma eine schlechthin verbindliche Größe. Diese Tatsache aber hindert mich in keiner Weise daran, dieses Dogma von anderen Aspekten her neu zu durchdenken und den Zeitgenossen – soweit mir das möglich ist – Überlegungen, Formulierungen, Verständnishilfen anzubieten, die ihnen durch die reine Repetition des alten Dogmas nicht geboten wären. Ein katholischer Theologe muß sie heute für seine Glaubensgenossen suchen.
Ich darf heute unbescheiden sagen, daß ich einmal in der Würzburger Synode gegen Äußerungen von Kardinal Höffner in dieser Hinsicht einen gewissen Protest öffentlich angemeldet habe. Kardinal Höffner sagte: Jesus von Nazaret ist Gott. Ich habe erwidert: Selbstverständlich ist das eine christliche, irreversible, endgültig verbindliche Wahrheit; aber man kann diesen Satz auch mißverstehen. Während andere »Ist-Sätze« eine Identität einfacher Art mit dem Inhalt des Prädikats äußern, ist eine solche Identität zwischen der Menschheit Jesu und Gottes ewigem Logos eben nicht gegeben. Hier besteht eine *Einheit,* nicht eine *Identität.* Ich sage das nur, um deutlich zu machen, daß es hinsichtlich des christologischen Dogmas innerhalb der Kirche und innerhalb ihrer Orthodoxie bleibende Fragen und sogar Meinungsverschiedenheiten gibt und daß hinsichtlich der Christologie die Frage des (bei Küng) Möglichen für mich nicht einfach zu beantworten ist.
Es gibt gegenwärtig Gefahren eines sterilen reaktionären Hinterwäldlertums in der Kirche, Gefahren, die durchaus bis zu einem gewissen Grad real werden können. Der Integralismus, der in den letzten Jahren Pius' X. herrschte, ist ein Beispiel dafür, daß in der Kirche solche reaktionären Strömungen eine Zeitlang mächtig sein können. Aber damit ist noch längst nicht gesagt, daß eine solche reaktionäre Atmosphäre endgültig siegt. Die Kirchengeschichte geht weiter, und sie geht immer in einem gewissen Auf und Ab weiter, in einem Auf und Ab unter der Führung dessen, der die Kirche – und jetzt rede ich einmal mit Küng – in der Wahrheit hält.

17 Glaubenssätze – ihr Gewicht und ihre Grenzen

Gespräch mit dem Redakteur der Münchener Katholischen Kirchenzeitung, *Karl Wagner* (1980)

Glaubenssätze und christliches Leben

Im Fall Küng haben sich die deutschen Bischöfe mit großem Aufwand engagiert. Nicht zuletzt wohl deshalb, weil jene Sätze des Glaubens, die zur Debatte standen, für den Glauben der Gläubigen von eminenter Bedeutung sind. Wie ist dieser Zusammenhang zu bewerten?

Frömmigkeit, christliches Leben einerseits und genau formulierte theologische Glaubenssätze andererseits sind gewiß zwei verschiedene Dinge. Es gibt Christen, die vielleicht sehr wenig von dem wissen, was im Katechismus steht und trotzdem echte und lebendige Christen sind, Menschen, die Gott und den Nächsten lieben und auf Jesus und sein Kreuz vertrauen.

Und es gibt andererseits sicherlich gelehrte Theologen, die sehr genau wissen, was in den Lehrbüchern des Glaubens steht, und trotzdem ist ihr Herz leer von Gott, seiner Gnade und der Liebe zu Jesus. Das ist eine Erfahrung, die wir im Leben immer wieder machen. Aber – und damit kommen wir auf das eigentliche Thema – es gibt eben doch einen wichtigen Zusammenhang zwischen eindeutigen dogmatischen Sätzen und dem wirklichen christlichen Leben aus Gottes Gnade und Liebe. Natürlich kann unter Umständen jemand in seinem Leben sehr richtig handeln und trotzdem theoretisch falsche Sätze behaupten. So hat das Zweite Vatikanische Konzil gesagt, daß ein Mensch in Gottes Gnade sein kann, wenn er seinem Gewissen treu ist, auch wenn er dabei meint, die Existenz Gottes verneinen zu müssen.

Deswegen kann man aber nicht sagen, daß es für das konkrete Leben gleichgültig ist, ob jemand theoretisch das Dasein Gottes bejaht oder verneint. Richtige und klare Sätze über den Menschen, über seine Bestimmung, über sein Verhältnis zu

Gott usw. sind letztlich eben doch von entscheidender Wichtigkeit für den Menschen. Wer zum Beispiel die Existenz Gottes leugnet und wirklich einzig und allein von diesem seinem falschen Satz her – und so schuldhaft – sein Leben gestalten wollte, würde eben auch im Bereich seines konkreten Lebens Fehlleistungen vollbringen, unglücklich werden und sein letztes Ziel verfehlen.

Die Sätze haben verschiedenes Gewicht

Das Konzil hat mit seinem Hinweis auf die Hierarchie der Wahrheiten darauf aufmerksam gemacht, daß es objektive Unterschiede im Gewicht der einzelnen Glaubenswahrheiten gibt. Heute spricht man zudem von einer Kluft zwischen der Lehre der Kirche und dem Glauben einzelner Gläubiger. Wie ist dies zu beurteilen?

Wenn man die verschiedene Wichtigkeit der einzelnen Glaubenssätze betont, ist natürlich klar, daß nicht jeder Satz für jeden Menschen von gleicher Bedeutsamkeit ist. So kann es eine fromme Mutter irgendwo in Südamerika geben, die ihre Kinder in der Liebe Gottes erzieht. Sie betet. Sie trägt ihr hartes Leben in Geduld. Sie hofft auf das ewige Leben und liebt Gott von ganzem Herzen. Würde man sie aber fragen, wieviel Sakramente es gibt, wüßte sie vielleicht nicht, daß es sieben sind.

Wenn aber jemand den Eindruck hat, er könne mit einem Satz herzlich wenig anfangen, der ihm von der Kanzel als Stück der göttlichen Offenbarung und Teil des katholischen Glaubens verkündet wird, dann sollte er deshalb nicht sagen, dieser Satz sei für alle Christen und die Kirche insgesamt von jener geringen Bedeutung, die er ihm für sich selbst zuerkennt. Und er müßte sich darüber hinaus auch noch sagen, daß sein eigenes geringes Verständnis für einen bestimmten dogmatischen Satz eine Ausfallserscheinung bei ihm sein kann.

Es gibt ja viele Dinge bei einem Menschen, die er nützlicherweise wissen, Sätze, aus denen er bewußt leben sollte, die er aber aus geistiger Trägheit als gleichgültig ablehnt oder beiseite legt.
Wenn wir eine Lehre der Kirche als Teil der göttlichen Offenbarung hören, sollten wir immer bedenken, daß sich diese Offenbarung zunächst an die Gesamtheit der Gläubigen richtet und so vielleicht sogar eine sehr große Bedeutung hat, auch wenn man diese selbe Bedeutung für sich persönlich nicht zu behaupten wagt.
Das eigene Unverständnis spricht nicht gegen diese Lehre, sondern zunächst gegen einen selber.
Wenn z. B. ein erwachsener Christ absolut kein Verständnis für die Firmung hat, dann sollte er zunächst einmal überlegen, ob der Fehler nicht bei ihm selber liegt. Würde er merken, daß er eine große Verantwortung für die Kirche und die menschliche Gesellschaft hat und daß er auch in dieser Beziehung einmal vor Gott Rechenschaft ablegen muß, und würde er merken, daß er auch bei diesen Aufgaben der Gnade Gottes bedarf, dann käme er vielleicht darauf, daß die Firmung, für die er sich nicht interessiert, eben doch für ihn eine nicht unerhebliche Bedeutung hat oder doch haben sollte.
In der Theologie gibt es eine sogenannte Dogmenentwicklung – sie ist Hinweis auf einen Glauben, der für weitere Verdeutlichung offen ist. Die Kirchenväter sprachen nicht nur von der Menschwerdung Jesu, des Wortes, sondern auch von jener der Wahrheit. Mit anderen Worten: Auch letzte Wahrheiten werden letztlich »in irdenen Gefäßen« dargeboten.
Selbstverständlich beinhalten auch kirchliche Dogmen eine gewisse Sprachregelung. Spricht man bei der Wandlung in der Eucharistie von der Transsubstantiation, bei Christus von einer Person in zwei Naturen, im Zusammenhang mit dem kirchlichen Lehramt von Unfehlbarkeit – dann sind damit immer auch Sprachformulierungen benützt, die durchaus auch anders lauten könnten. Gibt man aber in gewisser Hinsicht eine gewisse Relativität bei verbindlichen kirchenamtlichen Formu-

lierungen zu, dann sollte man sich auf der anderen Seite auch wieder nicht hochmütig selbst auf das Pferd der eigenen Unfehlbarkeit schwingen und so tun, als ob jene Formulierungen des christlichen Glaubens, die einem selber mehr einleuchten, die einzig richtigen, für jedermann brauchbaren und gegen alle Mißverständnisse gefeiten Formulierungen wären. Dies wäre doch eine Haltung, die ein moderner und von daher mit Recht skeptischer Mensch bei seiner Selbstkritik vermeiden sollte.

Am Sinn der Kernsätze des Glaubens unbedingt und eisern festhalten

Einer der Kernsätze des Glaubens sagt, daß Jesus der Sohn Gottes ist. Wie kann und soll ein Christ von heute einen solchen Satz verstehen?

An dem, was mit diesem Satz gemeint ist, wird ein katholischer Christ unbedingt und, wenn ich so sagen darf, eisern festhalten. Er wird auch nicht sagen, daß eine solche Formulierung mit der damit gegebenen Sprachregulierung heute nicht mehr gebraucht werden könnte. Aber ein katholischer Christ wird selbstverständlich auch wissen – ohne deswegen im mindesten liberal oder unorthodox zu werden –, daß alle Worte in einer solchen Formulierung eine gewisse Unbestimmtheit an sich haben und trotzdem verstanden werden können.

Wenn ich sage: Jesus ist der Sohn Gottes, so ist bei diesem Satz über das Verhältnis des ewigen Wortes Gottes zum Vater selbstverständlich, daß der Begriff der Zeugung und deshalb auch der Sohnschaft ein analoges Wort ist, das mißverstanden werden kann. Ich kann den Satz »Jesus ist der Sohn Gottes« auch – freilich nicht nur – in dem Sinn verstehen, wie wir von uns sagen, daß wir Kinder Gottes sind.

Die heiligmachende Gnade, die uns zu Kindern Gottes macht, war auch in der menschlichen Wirklichkeit Jesu gegeben.

Damit soll nur angedeutet werden, daß ein Satz wie »Jesus ist der Sohn Gottes« im kirchlichen Glaubensbewußtsein einerseits unverrückbar gegeben sein muß, er aber andererseits unvermeidliche Mißverständnisse und Dunkelheiten enthält.
Weil mit endlichen Worten Unendliches ausgesagt werden soll und will, sind sie bei aller Begrenztheit gültig und unverzichtbar. Könnten Sie das verdeutlichen?
Wir kommen so noch einmal zur Grundfrage zurück, warum und wie klare, kirchenamtlich festgelegte und verteidigte Glaubenssätze für die konkrete Frömmigkeit des normalen Christen in seinem Leben von Bedeutung sind. Beantworten wir diese Frage noch einmal mit einem Beispiel. Ich sage kurz und knapp – vielleicht leider ohne viel dabei zu denken –: »Jesus ist der Sohn Gottes.«
Aber wenn ich sage, daß in diesem Jesus, seinem Leben, seinem Wort, seinem Tod und seiner Auferstehung mir, dem armen, sonst so hoffnungslos sterbenden Menschen das letzte, das umfassende, das unüberbietbare Wort zugesagt ist: Gott liebt mich so, daß er sein göttliches Leben selbst in Ewigkeit zu meinem eigenen machen wird – dann meine ich, ist der Satz »Jesus ist der Sohn Gottes«, der eben das Gesagte kurz zusammenfassen will, auch für mein konkretes christliches Leben von einer gar nicht überbietbaren Bedeutung.
Jesus ist der Sohn Gottes, d. h. letztlich eben doch wieder: Der unbegreifliche Gott liebt mich in einer Liebe, die mir Gott selbst mitteilt. Und das ist offenbar und unwiderruflich und unüberbietbar geworden in Jesus von Nazaret, dem Gekreuzigten und Auferstandenen.
Dann meine ich, ist doch eigentlich selbstverständlich, daß ein solcher Satz für das konkrete christliche Leben von fundamentaler Bedeutung ist.
Vielleicht könnte man statt dieses Satzes einen ganz anders formulierten Satz sagen. Die Kirche hat dann die Pflicht und das Recht, diesen anderen Satz, der vielleicht dasselbe sagen will, zu hören, zu prüfen, daraufhin abzuhören, ob das, was die Kirche mit ihrem Satz unverlierbar sagen will, auch gegeben ist,

und u. U. zu sagen: Nein, mit diesem anderen Satz kann ich (die Kirche) nicht zufrieden sein. So wie ich (die Kirche) ihn höre und verstehe, sagt er das nicht mit unerbittlicher Eindeutigkeit, was ich in meinen theologischen Sätzen sage, und deswegen dürfen deine Sätze nicht die einzigen und allein gültigen in der Kirche werden.

18 Der Werdegang eines Theologen

Gespräch mit *Peter Pawlowsky* im FS 1 des ORF, I (1980)

Von Kindheit an zum Priestersein bestimmt?

Herr Professor Rahner, Sie sind in Freiburg im Breisgau auf die Welt gekommen, das ist die südwestlichste Ecke Deutschlands – hinter sich im Osten hat man den Schwarzwald, vor sich die schweizerische und die französische Grenze. Ist die Atmosphäre Ihrer Kindheit das gewesen, was man heute etwas abschätzig manchmal eine »heile« Welt nennt?

Vielleicht könnte man das so sagen; warum sollte man sich darüber schämen, sagen zu können: Man ist in einer normalen, auch christlich frommen, an harte Arbeit gewöhnten Familie zur Welt gekommen, in der eigentlich mehr oder weniger alles in Ordnung ist? Die Kinder sind vielleicht einmal faul oder streiten untereinander, die Eltern schimpfen vielleicht einmal, aber die Mutter muß viel arbeiten, der Vater muß neben seiner Mittelschulprofessur noch Nachhilfestunden geben, damit die sieben Kinder normal aufwachsen können. Aber es gibt am Sonntag einen Kuchen, und man geht in die Berge bei Freiburg zur Großmutter; kurz und gut, die Familie ist eigentlich intakt; die Kinder entwickeln sich alle ganz normal, gehen alle auf die Schule und machen das Abitur, obwohl mindestens vierzehn

Jahre Abstand zwischen dem ältesten und dem jüngsten Kind bestehen. Auf der anderen Seite ist es auch nicht aufregend interessant; ich könnte keine großartigen, aufregenden Anekdoten aus meiner Kindheit erzählen.

Sie sind ja dann auch sehr übergangslos – so schaut es von außen aus – den weiteren Studiengang gegangen. Sie haben sich unmittelbar vor dem Abitur schon entschlossen, in den Jesuitenorden einzutreten?

Mein Bruder, der vier Jahre älter war als ich, hatte sich schon entschlossen und nach einer kurzen Kriegsvorstellung im Januar 1919 in Feldkirch/Vorarlberg war er in das Noviziat der deutschen Jesuiten eingetreten, und insofern kann man also sagen, daß alles, zumindest äußerlich gesehen, normal, regelmäßig und ohne große Aufregungen vonstatten ging. Man darf sich das aber auch wieder nicht zu harmlos vorstellen. Jeder junge Mensch hat seine Probleme, mindestens innerlich, vielleicht schluckt er sie nur hinunter; ich meinetwegen mit meinem Schwarzwälder Temperament, also mit einer gewissen skeptischen Melancholie, bin natürlich nicht gerade jemand gewesen, der sich das Leben von vornherein zu einfach und lustig machte. Aber wie gesagt, wenn Sie sagen, ich sei in einer heilen Welt aufgewachsen, dann würde ich sagen: Ja, das stimmt, Gott sei Dank.

Und was hat damals einen jungen Mann – Sie sind 1922 zu den Jesuiten gegangen – motiviert, Priester und Ordensmann zu werden?

Ich möchte zunächst einmal sagen, das objektiv an und für sich gegebene Problem, ob man nun Priester werden will oder auch Ordensmann, nicht Franziskaner, sondern Jesuit, wurde bei mir faktisch erledigt; ich habe immer Priester werden wollen, ich habe immer auch Jesuit werden wollen – warum, das weiß ich eigentlich nicht mehr so ganz genau. Ich habe schon einmal in einer spanischen Zeitschrift, glaube ich, die mich auch nach meinen Motiven gefragt hat, gesagt: Selbstverständlich muß es vernünftige Motive gegeben haben; es waren sicherlich religiöse Motive, Motive einer gewissen theologischen Problematik, an die man herankommen wollte, dabeigewesen. Aber solche Motive eines jungen Menschen, die verschwinden, sind im späteren Leben nicht mehr so greifbar – das ist ja auch nicht notwendig.

Wenn Sie mich fragen, ob ich wieder Jesuit werden würde, würde ich sagen: Wenn ich jetzt so wäre wie damals, selbstverständlich, und bereue auch nicht die Konsequenzen, die es heute hat. Man entschließt sich, meine ich, gerade in einer heilen Welt zu einem echten Ruf, der einen innerlich in Anspruch nimmt, und man hält eine solche Linie durch, und dann ist man am Schluß ein alter Mann und ist auch zufrieden mit seinem vergangenen Lebenslauf.

Ich bin kein Wissenschaftler und will keiner sein

Da ist das Stichwort »Theologie« zum ersten Mal gefallen. Was hat Sie eigentlich von Anfang an offenbar an der Theologie, an der wissenschaftlichen Theologie fasziniert?

Zunächst einmal war natürlich durch meine Familie – weil mein Vater Mittelschullehrer war, meine anderen Geschwister auch studierten, viel junges Volk mit seinen weltanschaulichen Problemen in der Familie verkehrte – ein gewisses, religiöses, vielleicht auch sogar apologetisches Interesse von vornherein da, und das war nicht etwas, was abseits der Familie lag. Mein Vater las u.a. auch Chamberlain: »Die Grundlagen des Neunzehnten Jahrhunderts«; das Buch ist sicherlich nicht mehr bekannt[1]. Damals diskutierte man dann über den »Untergang des Abendlands« von Spengler usw.; dann war die ganze Jugendbewegung, sowohl Quickborn, bei dem ich war, wie meinetwegen auch Hochland, bei dem meine älteste Schwester war. All' das bildete eine Atmosphäre eines religiösen Interes-

[1] *Houston Stewart Chamberlain,* Die Grundlagen des 19. Jahrhunderts, 2 Bde., 1899; seine Werke enthalten – nicht zuletzt durch den kulturphilosophischen Einfluß seines von ihm verehrten Schwiegervaters, *Richard Wagner* – gewisse Elemente späterer nationalsozialistischer Ideologie.

ses, das gleichsam automatisch in das eigentlich philosophische und theologische Interesse überging.

Sie haben dann zunächst, wie das bei der Ausbildung der Jesuiten üblich ist, Philosophie studiert, und ich glaube, Sie waren ja auch zunächst von Ihren Ordensoberen für die Philosophie vorgesehen. Was sind Sie eigentlich mehr: Philosoph oder Theologe – oder charakterisiert Sie gerade beides zusammen?

Ich würde mir nie den Ehrentitel eines professionellen Philosophen zulegen; dafür habe ich eigentlich zu wenig philosophische Lektüre betrieben, um das behaupten zu können. Ich habe also zunächst einmal in Pullach, wo unsere Philosophie war, normale, neuscholastische Philosophie mit ihren Fächern studiert, mit einiger Intelligenz und Erfolg, und habe damals auch Bekanntschaft gemacht mit Joseph Maréchal, dem belgischen Jesuitenphilosophen, der vielleicht einer der ersten war, die eine positive Begegnung der scholastischen Philosophie mit Kant bewerkstelligten. Das war ein großes Erlebnis, das mich schon ein bißchen aus der philosophischen Schulscholastik herausbrachte. Aber wie gesagt, ich habe zunächst die Bestimmung gehabt, Geschichte der Philosophie in Pullach zu dozieren. Diese Bestimmung begleitete mich auch durch die Theologie hindurch. Nach der Theologie habe ich dann eben auch mit Pater Lotz zusammen deswegen noch einmal zwei Jahre lang in Freiburg Philosophie studiert und dort eine philosophische Doktorarbeit geschrieben.

Die nicht angenommen wurde?

Ja, sie fiel durch. Ich bin heute noch stolz darauf, daß ich einen philosophischen Ehrendoktor in Innsbruck habe, aber mit meiner philosophischen These dort in Freiburg bei Martin Honegger, nicht bei Heidegger, durchgefallen bin. Sie wurde dann trotzdem gedruckt, hat mehrere deutsche Auflagen erlebt und wurde ins Französische, Englische und in andere Sprachen übersetzt.

Dagegen wurde die Doktorarbeit, mit der sie dann tatsächlich Ihren Doktor gemacht haben, glaube ich, nicht veröffentlicht.

Nein, die wurde nicht veröffentlicht. Weil ich plötzlich umdestiniert wurde nach Innsbruck, war mir dann diese ganze philosophische Vergangenheit eigentlich ziemlich gleichgültig geworden; ich kniete mich in die Theologie hinein und bin dann bei diesem Metier mein ganzes Leben lang eigentlich auch geblieben, obwohl ich gleich dazu sagen darf – das habe ich auch immer ausdrücklich erklärt –, daß ich eigentlich kein theologischer Wissenschaftler war und auch gar nicht sein wollte.

Das ist eigentlich eine erstaunliche Aussage für einen Mann, der wissenschaftliche Theologie in großem Umfang geschrieben hat.

Nein, ich habe eigentlich keine wissenschaftliche Theologie, oder besser nur sehr wenig wissenschaftliche Theologie betrieben. Vergleichen Sie mich einmal mit meinem beinahe gleichaltrigen Jesuitenkollegen Pater Alois Grillmeier, der sein ganzes Leben lang Geschichte der Christologie vom Neuen Testament durch die Väter hindurch betrieben und entsetzlich gelehrte, dogmengeschichtliche Arbeiten geschrieben hat. Ich habe eigentlich, wenn man einmal von meinem sehr spät erst geschriebenen »Grundkurs des Glaubens. Einführung in den Begriff des Christentums« (1976) absieht, eigentlich immer Einzelfragen behandelt, und zwar nur, um einzelne Fragen, die einen Menschen von heute interessieren, etwas besser zu deuten, zu erklären. Ich möchte sagen: Ich habe immer Theologie betrieben um der Verkündigung, um der Predigt, um der Seelsorge willen. Ich habe deswegen relativ viele im typischen Sinn fromme Bücher geschrieben, wie »Von der Not und dem Segen des Gebetes« (1949), »Heilige Stunde und Passionsandacht« (1949) und solche ähnlichen Dinge, habe ein kleines Buch »Maria, Mutter des Herrn«, das biblische Predigten enthält, von meinem Freund Herbert Furtwängler herausgeben lassen (1956); kurz und gut, ich bin kein Wissenschaftler und will auch keiner sein, sondern ich möchte ein Christ sein, dem das Christentum ernst ist, der unbefangen in der heutigen Zeit lebt und von da aus sich dann dieses und jenes und ein drittes und ein zwanzigstes Problem geben läßt, über das er dann nachdenkt; wenn man das dann »Theologie« nennen will, ist das ja gut.

Der einzige große Meister, vor dem ich Respekt hatte

Aber um das zu machen, gerade um so verschiedene Einzelprobleme aufzuarbeiten, bedarf es, glaube ich, einer Grundlage, und das war für Sie sicher auch die Philosophie. Da greife ich noch einmal zurück. Inwieweit hat da Martin Heidegger eine Rolle für Sie gespielt? Seine Seminare waren ja damals schon berühmt, und Sie haben sie ja in Freiburg auch besucht?

Ich war zwei Jahre in Seminaren bei Heidegger und habe dann wie jeder andere Student mitgearbeitet und ab und zu so ein Protokoll, wie man das bei Heidegger nannte, von der letzten Seminarsitzung machen müssen, dieses dann zitternd vorgelesen und war glücklich, wenn der große Meister das gelobt hatte. Ich möchte in diesem Zusammenhang etwas unterscheiden: Erstens einmal hatte ich wirklich inhaltliche Theologie betrieben über das Fegfeuer oder über das Wesen des Sakramentes oder über die Heiligste Dreifaltigkeit usw., also lauter Dinge behandelt, bei denen man ja inhaltlich bei Heidegger nichts an Material holen konnte. Und ich würde zweitens sagen, daß die eigentliche Philosophie Heideggers ja 1934–36 immer noch etwas ganz anderes war als der spätere Heidegger. Dieser Heidegger, den ich mitbekommen habe, das war der Heidegger von »Sein und Zeit«, war der Heidegger meinetwegen des Kampfrufs, vielleicht gerade noch der der Metaphysik. Das war doch ein Heidegger, bei dem ich – und dafür bin ich ihm dankbar – ein bißchen denken gelernt habe. Es handelt sich sicher nicht so sehr in meiner Theologie, soweit sie philosophisch ist, um eine systematische, inhaltliche Beeinflußtheit von Heidegger, sondern das eigentümliche Denken-Wollen und -Können, das Heidegger einem eigentlich doch beibrachte. Dann studierte ich natürlich bis zu einem gewissen Grad – aber das war natürlich bei meiner Herkunft von Maréchal gegeben –

das, was man Existentialphilosophie oder Existentialtheologie in einem ganz vagen und allgemeinen Sinne nennt, was aber in einem engeren Sinn nicht notwendig etwas mit Heidegger zu tun hatte. Ich würde sagen, Martin Heidegger war der einzige Lehrer, vor dem ich den Respekt eines Schülers vor dem großen Meister hatte. Dies hatte mit den Einzelfragen, den Einzelaussagen seiner Theologie wenig zu tun, und insofern möchte ich sagen, daß meine Philosophie nur wenig, meine Theologie auch wenig mit Heidegger zu tun hat, obwohl ich wirklich Heidegger von ganzem Herzen dankbar bin. Ich hatte später keine großen Beziehungen mehr zu ihm; ich habe ihn einmal in Innsbruck getroffen, und wir haben miteinander Kaffee getrunken, sonst habe ich aber weniger Beziehungen zu Heidegger in seiner späteren Zeit gehabt als etwa meine Mitbrüder Johann Baptist Lotz und Gerd Haeffner, von dem Heidegger sagte, er sei einer der wenigen, die ihn wirklich verstanden hätten.

Neue Atmosphäre des theologischen Denkens

Herr Professor, ist es möglich, die kirchliche und die theologische Situation zu umreißen, die vor dem Zweiten Weltkrieg geherrscht hat? Was die theologische Situation betrifft, haben Sie ein paar Jahre nach Kriegsausbruch wohl selbst geschrieben, daß wir keine zusammenfassende, biblische Theologie besitzen, keine Geschichte der scholastischen Theologie, keine Geschichte der neueren Theologie, keine große, katholische Religionsgeschichte, keine Geschichte der Moraltheologie und in Deutschland weder für das Alte noch für das Neue Testament irgendwelche großen, wissenschaftlichen Kommentare haben, die uns erst wissenschaftlich von der protestantischen Exegese unabhängig machen könnten, keine neutestamentliche Theologie, kein theologisches Wörterbuch zum Neuen Testament, keine Handkonkordanz. Wenn man das so liest, drängt sich die Frage auf: Auf welchem Stand hat sich die Theologie damals befunden?

Wir müssen da sehr vorsichtig sein, ich würde nicht gerade für jeden Satz, den Sie mir vorgelesen haben und der aus einer Zeit vor 30 oder 40 Jahren stammt, heute noch die Hand ins Feuer legen. Sicherlich ist vieles von dem, was da als Lücke notiert wird, heute ganz anders. Wir haben auch theologisch große, katholisch große, biblische Kommentare von Schlier, von Pesch, von Schnackenburg usw. Wir sind auch im Alten Testament allmählich doch auf einem Niveau, das sich neben der evangelischen Exegese sehen lassen kann. Es ist auch viel in Dogmengeschichte gearbeitet worden.

Aber damals waren das doch anstehende Fragen, mit denen sich eine junge Theologengeneration zu beschäftigen begonnen hatte?

Wir müssen natürlich folgendes bedenken: Zwischen den zwei Weltkriegen gab es vielleicht noch keine Zäsur zu einer wirklich neuen, modernen Theologie, aber eine sehr wesentliche Zäsur zu einer freieren katholischen, durchaus echt katholischen Denkweise, die sich von der traditionellen Neuscholastik absetzte und trotzdem kirchlich war. Wir hatten in den Jahren vor dem Ersten Weltkrieg eine Periode des sogenannten Integralismus und doch einer irgendwie verhärteten Neuscholastik. Und wenn Sie an die Periode nach dem Ersten Weltkrieg denken, in der Guardini, Przywara und ähnliche Leute wirkten, da gab es dann schon eine ganz andere Atmosphäre des Denkens. Man hatte nicht mehr Angst, jeden Augenblick von Rom zensiert zu werden. Das hat sich dann, meine ich, weiter ausgewirkt in eine eigentlich neue Theologie. Natürlich waren in Frankreich de Lubac, Boillard, meinetwegen auch der spätere Kardinal Daniélou, dann erst recht Congar usw., Theologen, die mit Rom gewisse Konflikte hatten, aber im großen und ganzen doch in der unterschiedlichsten Weise eine Theologie gedacht und entwickelt haben, die die traditionelle Neuscholastik hinter sich ließ. Und so etwas gab es dann natürlich auch in Deutschland, und ich meine, sagen zu können, daß ich dieser Kategorie von Theologen auch angehöre.

19 Die Prüfstrecke – oder der Weg zur befreienden Gelassenheit

Gespräch mit *Peter Pawlowsky* im FS1 des ORF, II (1980)

Der Krieg und die neue Aufbruchstimmung

In welchem geistesgeschichtlichen Rahmen hat sich die Theologie der Vorkriegszeit bewegt? Wenn man so zurückschaut, hat man als einer, der das nicht mehr erlebt hat, oft den Eindruck, daß sie sich relativ unpolitisch gegeben hat, während gleichzeitig ja große politische Veränderungen im Gang waren.
Und dann meine Frage, wie sind Sie dem Nationalsozialismus begegnet, den Sie spätestens erlebt haben müssen, wie er die Innsbrucker Fakultät aufgelöst hat. Auf welche Weise ist der Nationalsozialismus von Ihnen empfunden, erlebt, erfahren worden?
Ich würde dabei, wenn ich ganz ehrlich sein soll, unterscheiden. Für Leute wie mich, die schon Priester waren, die also in einer deutschen Kirche, mit einer Zentrumspartei usw. aufgewachsen waren, war natürlich der Nationalsozialismus insofern – wie wir schon gleich am Anfang merkten –, als er eine absolut unchristliche und wirklich greifbar unkirchliche Tendenz verfolgte, von vornherein eine unmögliche Sache. Es gab, glaube ich, unter dem eigentlich kirchlichen Katholizismus, soweit er eben doch in hohem Maße an der Kirche und an ihrer Freiheit interessiert war, wirklich kaum Nazis. Aber es ist eine ganz andere Frage, ob wir damals das Undemokratische und andere Dinge schon so empfunden haben, daß wir auch von dieser Seite her den Nationalsozialismus abgelehnt hätten. Nehmen Sie einen Bischof wie Gröber, auch in gewissem Sinn Faulhaber, Galen, die durchaus mutige Kämpfer gegen den Nationalsozialismus waren insofern, als er eben antichristlich und antikirchlich war und natürlich praktisch die kirchlichen Verbände usw. verboten hat. Aber auch diese Bischöfe, meine ich, haben eigentlich im allgemein-menschlichen, demokrati-

schen Bereich zu wenig Klarsicht und Entschiedenheit gegen den Nationalsozialismus aufgebracht. Natürlich können sie sagen: Wir Pfarrer von damals haben schon genug zu tun gehabt, um uns unserer eigenen Haut zu wehren, aber wir hätten uns damals viel mehr auch der Haut anderer Leute, der Juden, der Nicht-Christen, usw. wehren sollen, als wir es de facto getan haben.

Ein Mann, der mit Ihnen bekannt und befreundet war, der Jesuit Alfred Delp, ist ja effektiv in diesen Widerstand gekommen und dann 1945 in Berlin gehängt worden. Haben Sie eine Erinnerung an Alfred Delp?

Aber natürlich, ich habe nach meinem Philosophiestudium damals zwei Jahre als Präfekt in der Stella Matutina zu tun gehabt; in dieser Zeit war ich Schulmeister für Latein und Griechisch im Noviziat, und da habe ich zum ersten Mal Alfred Delp erlebt. Wir waren später, wenn auch nicht im selben Jahr, in der Theologie in Valkenburg zusammen und blieben von dieser Zeit an befreundet, so daß ich ihn auch während des Krieges besuchte, als er nach Aufhebung unserer Häuser als Kaplan in Bogenhausen tätig war. Ich wußte von seiner Zusammenarbeit mit dem Kreisauer Kreis, ehrlich gesagt, nichts, aber dann, als er verhaftet war und in Berlin saß, da wußte ich natürlich von seinem Schicksal. Solche Priester wie Alfred Delp hat es auch gegeben, aber daß sie sehr charakteristisch für den Normaltyp des damaligen Geistlichen waren, das kann man, glaube ich, nicht sagen.

Springen wir ein Stück weiter. Sie sind dann nach Wien gekommen; was erwartete Sie da für eine Arbeit? Und vor allem: Welche Menschen sind Ihnen da in Erinnerung geblieben?

Zunächst war es eben so, daß die Fakultät in Innsbruck schon gleich am Anfang des Dritten Reichs in Österreich aufgehoben wurde und dann auch das Jesuitenkolleg, also unser eigenes Haus, enteignet wurde. Deswegen kam ich nach Wien. Da haben wir am Anfang des Krieges – soweit unsere jungen Leute nicht eingezogen waren – zunächst noch zum Teil im Schottenstift und zum Teil in Lainz Theologie für unsere Leute vorgetragen. Aber als das dann aufhörte, rutschte ich mehr und mehr, wenn ich das so sagen darf, in die Arbeit des damaligen Seelsorgsinstituts hinein, das dann vom späteren Prälaten Rudolph geleitet wurde; dann war da der Benediktiner Leopold von Suckow, Mauer und solche Leute, mit denen ich dann in bester Freundschaft und intimem Gedankenaustausch stand. Der damalige Erzbischof Gröber machte damals einmal ein Elaborat gegen die modernen Strömungen in der Frömmigkeit.

Der Erzbischof von Freiburg?

Ja. Dagegen habe ich dann im Seelsorgsinstitut ein Gegenmemorandum verfassen müssen; ich habe gepredigt und Vorträge gehalten. Damals gab es eine regelrechte Aufbruchstimmung in der Kirche.

Ließ sich daran nach dem Krieg anknüpfen?

Das kann ich nicht so eindeutig sagen.

Amtliche Behinderung der Dialogbereitschaft

Eine besondere Richtung Ihrer Tätigkeit scheint mir dort gelegen zu haben, wo Sie ins Gespräch eingetreten sind – mit der Naturwissenschaft etwa, mit der Paulusgesellschaft, mit dem Marxismus. Ist das bzw. scheint Ihnen das etwas Wichtiges in dieser Zeit zu sein? Vor allem: Scheint es Ihnen möglich, dieses Gespräch mit dem Marxismus, das damals begonnen hat, heute noch fortzusetzen?

Zunächst ist das – wieder einmal – so gewesen, daß einem ein Angebot gemacht wurde oder daß eine konkrete Notsituation vorhanden war, in der man sich dafür hergab und so gleichsam ziemlich von Arbeit zu Arbeit wurstelte. Die Sache war dann die, daß zum Beispiel Kellner, der die Paulusgesellschaft gründete – er war unser Schüler in Brieg gewesen während des Kriegs –, sich an Jesuiten wandte, die er kannte; so kam er zu mir, und dann fing diese Paulusgesellschaft an. Da war zuerst der Dialog mit Naturwissenschaftlern, und dann schaltete

Kellner in der Paulusgesellschaft um auf den Dialog mit den Marxisten. Das lief eine Zeitlang gut und war ganz interessant, da kamen Leute wie Garaudy, der damals ja in der Kommunistischen Partei Frankreichs führend war. Furtwängler und ich haben dann die Dialogzeitschrift gegründet – das war, glaube ich, schon nach dem Konzil, als man den Dialog mit Marxisten förderte. Aber das hat sich dann alles deswegen verlaufen, weil man nach Meinung der amtlichen, parteimäßig streng gebundenen Kommunisten nicht wirklich miteinander reden konnte. In der Dialogzeitschrift war das so: Lud man so einen parteiamtlichen Kommunisten ein, dann bekam man die längst zitierten Formeln vorgesetzt. Lud man dagegen einen anderen freieren, selbst etwas denkenden Kommunisten ein, um ihn in der Dialogzeitschrift etwas schreiben zu lassen, dann schrien die richtigen Kommunisten: Das ist ja gar kein Kommunist.

Halten Sie trotzdem das Gespräch zwischen Christen und Marxisten heute für eine notwendige und wesentliche Sache?

Da der Marxismus, wenn auch in den verschiedensten Formen, auf der ganzen Welt eine große und breite geistesgeschichtliche Bedeutung hat, die noch gar nicht genügend absehbar ist, ist es eigentlich selbstverständlich, daß das Christentum mit einer solchen geistigen Macht so oder so immer im Gespräch sein muß. Wenn die anderen nicht zuhören wollen, muß man es trotzdem immer wieder probieren. Natürlich ist die ganze Auseinandersetzung mit dem Atheismus, auch in dem marxistischen Sinn des Atheismus, eine der fundamentalsten Aufgaben, die die Kirche und das Christentum heute überhaupt haben. Wie der einzelne nun sich da einschaltet und mitmacht, das ist natürlich wieder eine ganz andere Frage.

Herr Professor Rahner, Sie haben selbst – mir ist das jetzt eingefallen, weil Sie von den Parteikommunisten geredet haben – mit dem Amt, mit dem Kirchenamt Schwierigkeiten gehabt. Sie haben, soviel ich weiß, 1950 zum Mariendogma etwas geschrieben, das der Ordenszensur verfallen ist usw. Sie haben z. B. mit Ihrer Rede am österreichischen Katholikentag 1962 »Löscht den Geist nicht aus« Ärger bekommen. Unmittelbar in der

Vorphase des Konzils hat man Ihnen also Schwierigkeiten gemacht. Wie hat das ausgeschaut, und wie sind Sie damit fertig geworden?
Zunächst muß man einmal sagen, daß solche Schwierigkeiten im Grunde genommen keine aufregende Sache sind, sondern mehr oder minder eine Selbstverständlichkeit. Daß ich meistens der Meinung war, daß ich recht hatte, das ist noch einmal eine andere Frage. Wenn der Pater soundso – von der Gregoriana – als Zensor mein Buch über die Assumptio in der Zensur durchfallen läßt, dann war ich natürlich trotzdem der Meinung und kann es heute noch viel mehr sein, daß ich recht hatte und nicht er. Ich hatte außerdem einige weitere Schwierigkeiten: Ich mußte ermahnt werden, daß ich meine Vorlesungen in Innsbruck in Lateinisch halten soll; ich habe einmal Redeverbot erteilt bekommen, das mir (wahrscheinlich) der spätere Kardinal Bea eingebrockt hat; ich bekam dann kurz vor dem Konzil vom Heiligen Offizium die Verfügung, ich dürfe nur noch etwas Theologisches schreiben, wenn es durch eine römische Vorzensur gegangen ist. Daraufhin habe ich erklärt, daß ich dann eben nichts mehr schreibe. Aus dieser ganzen Sache ist deswegen nichts geworden, weil dann das Konzil kam, und ich während des Konzils mit Kardinal Ottaviani, dem Chef des Heiligen Offiziums, ganz gut ausgekommen bin. Und wie das dann in Rom so geht, werden diese Sachen nicht feierlich zurückgenommen, sondern nicht mehr beachtet. Und so habe ich tatsächlich immer geschrieben und nie an einer römischen Vorzensur zu leiden gehabt.

Grundimpulse des Konzils wurden zur Selbstverständlichkeit

Wir sind damit beim Konzil. Sie sind von Kardinal König als Konzilsberater mit zum Konzil genommen worden. Ist dies ein großer Eindruck in Ihrem Leben gewesen? Was haben Sie von dieser ganzen Zeit des Konzils mitgenommen? War das auch nicht für Sie persönlich ein gewisser Durchbruch, weil vieles, was Sie schon früher gedacht hatten, jetzt eine offizielle Anerkennung gefunden hat?

Da würde ich vorsichtig sein. Grillmeier, Semmelroth und ähnliche Leute haben ja eine gewisse gemeinsame theologische Mentalität gehabt, die sich in solchen Konstitutionen wie *Lumen Gentium* widerspiegelt. Aber daß ich jetzt gerade da eine besondere Rolle gespielt habe, daran erinnere ich mich eigentlich nicht. Ganz am Anfang war das vielleicht ein wenig anders.

Ganz am Anfang haben Ratzinger und ich unter der Ägide von Kardinal Frings einen theologischen Entwurf der Konstitution verfaßt, der dann von den deutschen Bischöfen vervielfältigt wurde und an alle Bischofskonferenzen gesandt wurde. Das ist dann aber sehr rasch unter den Tisch gefallen, aber es hat nicht unerheblich dazu beigetragen, daß praktisch sämtliche vorkonziliaren Schemata unter den Tisch gefallen sind und das Konzil mit allen Dekreten und Konstitutionen neu angefangen hat. Die Schemata präkonziliarer Art, die von den römischen Theologen vor dem Konzil für das Konzil verfaßt wurden, enthielten in hohem Maße Neuscholastik, so daß man bei manchen Punkten wirklich Gott danken kann, daß das unter den Tisch fiel. Aber von diesem Anstoß vielleicht abgesehen, der dann eigentlich durch Johannes XXIII. unter dem Einfluß von Kardinal Döpfner, Frings usw. diese Wendung gebracht hat, vom Abschied von den präkonziliaren Schemata und vom Zugang zu neuen, die von ganz anderen Theologen gemacht wurden, abgesehen, würde ich jetzt nicht gerade meinen, daß ich da greifbar besondere Verdienste hätte. Ich habe schon fleißig mitgearbeitet; das war eine fürchterlich mühsame Sache – ich kann jetzt nicht schildern, wie so ein Dekret nach unter Umständen Hunderten von Verbesserungsanträgen der Bischöfe und anderer eine Fassung gefunden hatte, die dann vom Konzil angenommen wurde.

Der Schluß des Konzils ist jetzt schon fünfzehn Jahre vorbei, und

man hat oft den Eindruck, daß wir uns wieder auf einem Weg nach rückwärts befinden. Teilen Sie den Eindruck?
Da würde ich etwas vorsichtig sein – nicht nur weil ich in Wien bin und eine diesbezügliche Äußerung Kardinal Königs respektiere. Ich meine, daß die letzten Grundimpulse des Konzils ganz bestimmt bleiben, und zwar schon deswegen, weil das gar keine Dinge mehr sind, die im Gesamtbewußtsein der Kirche noch ein Problem wären und auch nicht im Bewußtsein der Konservativen. Nehmen Sie z. B. die Auffassung der Glaubens- und Gewissensfreiheit, so wie sie durch Murphy und andere Amerikaner durchgesetzt wurde: Diese Auffassung ist heute schon so selbstverständlich, daß auch die Konservativsten da gar kein Problem mehr sehen. Auch am konservativen Flügel der Kirche sind schon außerordentliche Veränderungen eingetreten. Natürlich gibt es in dieser oder jener Hinsicht rückläufige Bewegungen; das kann schon sein. Wenn der Bischof von Augsburg meinetwegen zur Auflage macht, daß jeden Monat einmal ein lateinisches Hochamt in der Kirche gefeiert wird, dann sind das vielleicht Dinge, von denen man sagen kann: Das ist eine gewisse Rückläufigkeit; aber man kann trotzdem noch fragen, ob das nicht ganz vernünftig ist.
Ich darf eine kleine Geschichte hier noch erzählen, die da ganz gut paßt: Ich hatte einmal eine Privataudienz bei Papst Paul VI. und sagte ihm damals: »Sehen Sie, Heiliger Vater, vor zehn Jahren hat mir das Heilige Offizium verboten, noch ein Wort über Konzelebration zu schreiben – und heute konzelebrieren Sie selber.« Diese Dinge also, die damals für das Heilige Offizium ein Problem waren, gibt es heute auch in den Köpfen der Konservativen nicht mehr; und so könnte man Dinge ähnlicher Art aufzählen, wo das Konzil, ohne daß die Leute das merken, eine erhebliche Zäsur bildet. Daß es natürlich manche rückläufige Dinge gibt, ist anzunehmen. Ich war beim neuen Heiligen Vater, bei Johannes Paul II., in einem dunklen Anzug mit Krawatte; er hat nichts gesagt. Aber ich weiß nicht, es könnte trotzdem sein, daß über die Kleidung der Kleriker noch

einmal irgendwelche Dekrete von Rom kommen. Solche Rückläufigkeiten sind möglich, und es gibt auch solche[1].

In Auseinandersetzungen: Gelassenheit

Noch etwas anderes. Das Konzil fand ja merkwürdigerweise in einer Aufbruchstimmung statt, die auch politisch und geistesgeschichtlich zu spüren war. Wie war das für Sie als langjähriger Universitätsprofessor? Sie waren ja dann einige Jahre in München, zuletzt in Münster. Wie haben sich die Fragestellungen der Studenten für Sie im Laufe dieser langen Zeit verändert, und insbesondere wie haben Sie die achtundsechziger Jahre erlebt?

Um damit gleich anzufangen, ich war 1968 in Münster. Da habe ich so ein klein wenig von den Studentengeschichten mitbekommen. Es kamen einmal Studenten, nicht meine Zuhörer, in den Hörsaal und machten großen Krach und wollten eine Diskussion über, ich weiß nicht, einen Kindergarten des Bischofs von Münster oder so etwas ähnliches. Aber sonst hat man innerhalb der theologischen Fakultät – abgesehen von den juristischen Veränderungen, Universitätsgesetzen – eigentlich nicht so viel gemerkt.

Natürlich gibt es jetzt Dinge, die bei der heutigen Studentenschaft ganz anders sind als meinetwegen vor zwanzig Jahren in Innsbruck. Die Frage der politischen Theologie, die Frage der Befreiungstheologie und ähnliche Dinge gab es natürlich vor zwanzig Jahren noch nicht, und mit ihnen muß sich natürlich ein heutiger Theologiedozent auch auseinandersetzen.

Einer derjenigen, der heute politische Theologie schreibt, Professor Metz, ist ein Schüler von Ihnen. Haben Sie den

[1] Vgl. dazu: Die Priesterkleidung – ein Zeugnis. Brief des Papstes an den Generalvikar der Diözese Rom, Kardinal Ugo Poletti, vom 8. Sept. 1982, in: L'Osservatore Romano (deutsch), Nr. 46 vom 12. 11. 1982, 11: »... den Gebrauch des Priester- und Ordenskleides fördern, indem Sie die diesbezüglich notwendigen Verfügungen treffen und für ihre Einhaltung sorgen«.

Eindruck, daß seine Theologie sozusagen auf der Ihren steht? Ist sie ein Kind oder Enkelkind Ihres Denkens?
Das müssen Sie vielleicht Metz selber fragen, ich weiß es nicht so ganz genau. Jedenfalls ist Metz mit Recht davon überzeugt, daß die eigentliche politische Theologie, ich möchte sagen, von ihm erfunden wurde und nicht von mir und er in diesem strengeren Sinne der politischen Theologie von mir nicht viel erben konnte, obwohl ich nichts dagegen habe. Ob und in welchem Sinne Metz seine Theologie nicht mit einem gewissen Erbe von mir, sagen wir einmal, gegenüber einer alten Neuscholastik betreibt, darüber könnte man natürlich reden, und das wird er vielleicht auch gerne zugeben.
Herr Professor, zum Schluß noch ein paar persönliche Fragen. Sie sind in Freiburg auf die Welt gekommen, Sie haben jahrelang in Österreich gelehrt und dann in Deutschland, als was empfinden Sie sich eigentlich?
Mein Ur-ur-urgroßvater stammt aus Kössen in Tirol, und ich bin, wenn man so will, in Vorderösterreich aufgewachsen. Ich war im Noviziat in Österreich und dann, als die Nazis uns vertrieben hatten, wieder in Österreich; ich war während des Kriegs in Wien und dann von achtundvierzig bis vierundsechzig Professor in Innsbruck; daß das alles damals hoffentlich abgefärbt hat, das würde ich meinen, und ich wäre froh, wenn das so wäre.
Wenn Sie so in Ihr Leben zurückblicken – können Sie sagen, was Sie besonders erfüllt und beglückt hat in diesem Leben und was Ihnen besonders zuwider war?
Das ist eine Frage, auf die man nur schwer eine Antwort geben kann. So furchtbar zuwider, wie man, glaube ich, in Österreich sagt, war mir eigentlich wenig. Die großen Ereignisse von zwei Weltkriegen, das Dritte Reich usw., das ist natürlich etwas anderes.
Es fällt dabei auf, daß Sie selbst die Einschränkungen, denen Sie zeitweise unterworfen waren, viel gelassener hingenommen haben, als das heutige Theologen tun, wie man aus den Affären der letzten Zeit weiß. Aber Sie selbst haben sich auch in den

letzten Jahren sehr stark engagiert, wenn es um die innerkirchlichen Auseinandersetzungen gegangen ist, stärker eigentlich als früher, wenn ich das so sehe.

Ach ja, man streitet mit Bischof Hengsbach, ich habe auch Metz gegen Kardinal Ratzinger verteidigt und solche Geschichten. Ich war bei der Gründung von Publik-Forum und dabei als Publik von den deutschen Bischöfen »umgebracht« wurde. Ich habe manchen Disput in der Würzburger Synode gehabt, auch mit Kardinal Höffner, zu meinem fünfundsiebzigsten Geburtstag jedoch haben die deutschen Bischöfe mir sehr feierlich und herzlich gratuliert.

Ich möchte ein »altmodischer« Jesuit sein, dem es im Grunde genommen gar nichts ausmachen darf, ob er nun in Innsbruck Theologie doziert oder vielleicht in Brasilien sich um kleine Lausbuben kümmert oder in Indien sich aufarbeitet. Ich habe mich doch der Kirche und dem Evangelium zur Verfügung gestellt, nicht damit ich ein berühmter Professor werde, sondern damit man seine Pflicht tut und für die anderen Menschen einigermaßen da ist, bei allem Egoismus, den man natürlich auch hat.

IV Gelehrte Unwissenheit – an der Schwelle zum dritten Jahrtausend

20 Christentum an der Schwelle zum dritten Jahrtausend

Gespräch mit *Hans Schöpfer,* Freiburg/Schweiz (1981)

Gott und die Menschen lieben – darauf kommt es an

Wir stehen an der Schwelle zum dritten christlichen Jahrtausend, das uns ebensowenig von Problemen verschonen wird wie die Vergangenheit. Diese geschichtliche Nüchternheit fordert uns heutige Christen mehr denn je heraus, uns Rechenschaft über begangene Irrtümer und bevorstehende Aufgaben zu geben. – Welche Probleme erachten Sie zur Zeit für das Christentum als besonders schwerwiegend, und welche Verpflichtungen ergeben sich daraus?

Nun fragen Sie mich – und damit komme ich schon in die schrecklichste Verlegenheit –, welche Probleme ich heute für die wichtigsten halte. Es gibt unendlich viele, möchte ich sagen. Von der Ölkrise angefangen bis in die eigentliche Politik und darüber hinaus Probleme der eigentlichen Weltanschauung, also alle die Dinge, mit denen sich die Philosophie und die Theologie beschäftigen. Von da aus würde ich gar nicht behaupten, daß ein Problem sicher das allerwichtigste ist, und selbst wenn ich jetzt bestimmte Probleme als wichtig erkläre, weiß ich nicht, wenn ich mir das wieder neu überlege, ob ich

nicht andere Probleme für viel wichtiger und vordringlicher halten möchte. Für den Moment würde ich einmal sagen: Die wichtigsten Probleme sind vielleicht die, die die Menschen von heute gar nicht für besonders wichtig halten.
Nehmen Sie zum Beispiel die Grundfrage der Theologie nach Gott. Die meisten Menschen von heute würden mindestens an der Oberfläche ihres Alltagsbewußtseins der Meinung sein, daß das erstens einmal gar keine wichtige Frage ist, und zweitens – wenn und insofern es eine Frage ist – höchstens die Frage gestellt werden kann, ob und warum und in welcher Hinsicht Gott für den *Menschen* wichtig ist. Ich halte diese anthropozentrische Frage nach Gott letztlich für verkehrt und bin der Meinung, daß diese merkwürdige Art von Gottvergessenheit vielleicht die fundamentalste Problematik von heute ist. Ich sage nicht: Die Menschen reden nicht genug von Gott; und ich sage nicht: Es werden nicht genug philosophische und theologische Bücher gedruckt. Aber ich meine: Es gibt zu wenig Menschen, die daran denken, daß im letzten Verstand nicht Gott für sie, sondern sie für Gott da sind. So im allgemeinen theologischen Geschwätz des Alltags gehöre ich gerade zu den »anthropozentrischen« Theologen. Das ist *letztlich* ein absoluter Unsinn. Ich möchte ein Theologe sein, der sagt, daß *Gott* das Wichtigste ist, daß wir dazu da sind, in einer uns selbst vergessenden Weise ihn zu lieben, ihn anzubeten, für ihn da zu sein, aus unserem eigenen Daseinsbereich in den Abgrund der Unbegreiflichkeit Gottes zu springen. Daß eine Theologie sagen muß, daß der *Mensch* der ist, welcher, letztlich auf Gott bezogen, sich über Gott vergessen muß, das ist natürlich selbstverständlich. In diesem Sinne kann man nicht genug eine anthropozentrische Theologie treiben. Schon einfach deswegen, weil selbstverständlich Gott nicht irgendeinen Einzelgegenstand *in* unserer Welt, auch nicht den höchsten Abschlußstein eines Weltgebäudes darstellt. Sondern Gott ist der Absolute, der Unbedingte, auf den wir, aber nicht so im selben Sinne er auf uns, bezogen sind; der Anzubetende, in den, bedingungslos sich hineinkapitulierend, man sich mit

Jesus dem Gekreuzigten weggeben muß. Das ist das eigentliche, das fundamentalste Problem der Menschen, und die Tatsache, daß man das so im Durchschnitt nicht empfindet, das, meine ich, ist das fundamentalste Problem auch *heute*.

Natürlich ist die Sache etwas komplizierter, als ich es eben darstellte, weil dieser Vorgang des Verschwindens der Welt in Gott hinein natürlich primär nicht dort geschieht, wo die Theologen darüber reden, nicht einmal dort, wo die Pfarrer und Päpste darüber predigen. Dieser fundamentalste Vorgang kann natürlich auch in einer ganz unausdrücklichen, ja fast anonymen Weise geschehen. Dort, wo in einer letzten Weise es doch einem Menschen gelingt, selbstlos zu sein, selbstlos zu lieben, treu zu sein, wo die Treue nicht mehr belohnt wird, den Tod gelassen und willig anzunehmen in einem steril anonymen Krankenhaus von heute, dort, wo ein Mensch eben doch an irgendeinem Eck aus dem verschlossenen Kerker seines Egoismus ausbricht, dort geschieht das, was ich als die letzte fundamentale Aufgabe des Menschen betrachte. Natürlich ist es gut, daß darüber auch geredet und gepredigt wird, daß es sogar Leute gibt, die irgendwie versuchen, eine solche letzte Lebensaufgabe, ich möchte fast sagen, zu ihrem profanen Beruf zu machen.

Aber letztlich geschieht all das, worauf es im Grunde ankommt, hoffentlich in der erbärmlichen Alltäglichkeit des menschlichen Lebens bei uns. Vielleicht dort, wo die Kinder in Vietnam starben, oder dort, wo auf beiden Seiten hinter menschlichen Barrikaden die Menschen sterben, geschieht es, daß wider alles Erwarten, wider allen Anschein bei den Menschen durch die Gnade Gottes und dessen unbegreifliche Kunstgriffe, wenn ich so sagen darf, in einem unabsehbaren Maße Glück, vielleicht immer Glück – wer weiß – das Ende ist. So könnte man sagen: Das letzte und eigentlichste Problem, das gar nicht beachtet wird, ist diese absolute Souveränität des unendlichen unbegreiflichen Gottes *und* dabei die Hoffnung, daß wider allen Anschein der gräßlichen Menschheit, die an alles andere zu denken scheint als an Gott und die in einer fürchterlichen

Weise auch gegenüber sich selber sündigt, das letzte Glück doch gelingt. In dieser Richtung ist also meine Theorie, die meinetwegen von Hans Urs von Balthasar und von Hans Küng in souveräner Verachtung abgelehnt wird, von den anonymen Christen zu verstehen und zu würdigen.
Natürlich ist es jetzt so, daß es neben diesem einen und einzigen fundamentalen Problem noch 1000 konkrete Probleme gibt, die dem Menschen aufgelastet sind. Und zwar so, daß nur in und dank der Bemühung, mit diesen Problemen fertig zu werden, auch das große und einzige absolute Problem gelöst werden kann. Theologisch und simpler gesagt: Nur dann, wenn die Menschen auch die Menschen lieben, können sie Gott lieben. Weil die Nächstenliebe nicht nur eines von den verschiedenen Geboten Gottes ist, sondern die konkrete Weise, in der letztlich der Mensch Gott begegnen kann. Nun klingt das zwar auch sehr abstrakt, aber ich meine: In dem Augenblick, wo man begreift, daß diese sogenannte christliche Nächstenliebe als die Weise des Wirkens des Heiles heute eine soziale, politische Dimension hat und nicht nur das Gebot einer privaten Intimität oder eines privaten Lebens ist, wird dieses alte Gebot auch eine politische Aufgabe. Ich habe nie politische Theologie entwickelt, ich vermute, daß ich nicht einmal recht weiß, was das ist, was mein Freund und ehemaliger Schüler Metz entwickelt und verteidigt, aber daß heute der wahre Christ nicht nur auf dem Gebiet des Sexuellen und auf dem Gebiet seines Geldkontos ein anständiger Mensch sein soll, sondern entsetzliche Aufgaben gesellschaftlicher und gesellschaftspolitischer Art hat, von denen er vielleicht gar nichts merkt, vor denen er sich vielleicht sogar in eine private Sphäre verdrückt, von denen viele Pfarrer auf der Kanzel mit ihrem moralischen Salbader nicht reden, davon bin ich wirklich überzeugt; und daß in dieser Beziehung auch die kirchliche Verkündigung von unten bis oben noch sehr viel anders strukturiert werden müßte, davon bin ich wirklich auch überzeugt. Ich bin indiskutabel der Meinung der deutschen Bischöfe in ihrem Kampf gegen den Paragraphen 218 in

Deutschland (Schwangerschaftsabbruch usw.), aber ich gestehe, ich wünschte, daß der Episkopat oder überhaupt die amtliche Kirche, sich auch für sehr viele andere Dinge mit gleichem Gewicht einsetzen würde.

Von Gott reden, nachdem man die Luft des Unglaubens geatmet hat

Wir leben heute in einer sehr manipulierten und manipulierbaren Welt. Die moderne Technik bewältigt immer mehr Probleme, die noch vor kurzem als kaum überwindbar galten. Das gibt dem Menschen eine gewisse Selbstsicherheit. Wie wirkt sich Ihrer Meinung nach diese Entwicklung auf den christlichen Glauben aus?

Daß ein Mensch von heute in einer gewissen Hinsicht sehr viel schwerer Christ sein kann als früher, das finde ich selbstverständlich. Ich würde zunächst ganz simpel sagen: Ein Mensch von heute hat unvermeidlich und pflichtmäßig (oder mindestens faktisch) unvergleichlich viel mehr zu tun als ein Mensch von früher, so daß er wirklich schwer die Zeit findet, die er früher selbstverständlich zur Verfügung hatte und zu religiösen Zwecken verwenden konnte. Wenn ein holländischer Calvinist vor 200 Jahren mit Vergnügen drei Stunden am Sonntag eine Predigt des Pastors anhörte und sogar den Eindruck hatte, dieser Pastor sei faul, wenn er nicht so lange predige, so sehen wir, daß schon von da aus eine Glaubensschwierigkeit gegeben ist, die es früher nicht gab. Das ist natürlich etwas einfach und simpel, müßte aber von der Amtskirche mehr einkalkuliert werden, als es tatsächlich geschieht. Dann kommen alle die Schwierigkeiten hinzu, die heute zwangsläufig gegeben sind. Ein Mensch von heute hat nicht dasselbe einfache, ungebrochene Verhältnis zur Geschichte wie die früheren Menschen. Frühere Entscheidungen (zum Beispiel seiner eigenen Stadtväter), die vor 200 Jahren getroffen wurden, sind ihm fremd und gleichgültig. Das hat auch wieder seine Gründe, auf die wir jetzt nicht eingehen können. Aber wie soll man sich dann darüber besonders wundern, daß es ihm schwer fällt anzunehmen, daß er im Jahre 33 in Jerusalem erlöst worden ist. Zur Schwierigkeit eines Verhältnisses zur Geschichte kommen grundsätzliche Schwierigkeiten hinzu, dann natürlich alle die Dinge einer Welt, die ungeheuer groß geworden ist, wie sie früher nicht gekannt wurde: eine Welt auch zeitlich und räumlich fast nicht mehr abschätzbarer Art, eine Welt, die sich entwickelt hat. Also diese Welt, in der heute ein Mensch, auch wenn er nicht viel weiß, beinahe selbstverständlich lebt, mit der er experimentiert, ist eine Welt, in der ein Verhältnis zu Gott in einer ganz anderen, neuen Weise entwickelt werden muß, als es früher der Fall war und der Fall sein mußte.

Ich meine, die Kirche – auch in ihren höchsten Vertretern – bemüht sich noch nicht in einer wirklich radikalen Weise, jene mystische Gotteserfahrung im einzelnen Menschen zu entwickeln und sie gleichsam wieder gesellschaftsfähig, für große Massen selbstverständlich zu machen, wie das notwendig wäre. Und man darf, wenn ich das ehrlich sagen darf, die Lehre von der Inkarnation, von der ich so felsenfest überzeugt zu sein hoffe wie der jetzige Heilige Vater, doch nicht so ohne Blick auf die Schwierigkeiten, die ein heutiger Mensch einer solchen Wahrheit gegenüber hat, darstellen und vortragen, wie das (ich sage das ehrlich) auch in der Antritts-Enzyklika des jetzigen Papstes geschehen ist. Alle die Probleme, die Hans Küng da hat, muß man vielleicht in einer solchen lehramtlichen Erklärung nicht vortragen, aber man müßte sie im Hinterkopf haben; man müßte die alte, ewige, bleibende, fundamental christliche Wahrheit doch so vortragen, daß man merkt, man redet nicht nur zu denen, die sowieso glauben, sondern man redet zu den Menschen von heute.

Es ist nun einmal einfach so – man muß das nüchtern, radikal sehen –: Die Wahrheit, die wahre, die fundamentale, die heilsame, notwendige Wahrheit von der Inkarnation des göttlichen Wortes klingt doch für einen, der nicht schon von vornherein katholisch aufgewachsen ist, ungefähr so, wie wenn er heute hört, der Dalai Lama sei die Inkarnation Gottes. Wenn er so etwas hört, denkt er gar nicht viel darüber nach, ob das wahr sein könnte oder nicht; man findet das von vornherein so unwahrscheinlich, daß man, ohne überhaupt etwas zu überlegen, zur Tagesordnung übergeht. Wir müssen doch mit dem Bewußtsein predigen, daß wir auch solche »ungläubigen« Leute vor uns haben. Wenn wir das nicht tun, dann treiben wir eben eine Theologie, die sehr wahr ist, aber bei den Menschen, so wie sie heute nun einmal sind, gar nicht ankommt. Natürlich meine ich so etwas nicht als Tadel einer einzelnen Enzyklika, die auch nicht alles auf einmal sagen kann, aber man müßte, so meine ich, auch in Rom noch etwas mehr Luft des Unglaubens von heute geatmet haben, um wirklich mit Mut und mit Selbstbewußtsein, aber auch modern, für heutzutage das Evangelium zu predigen.

Es gibt vieles in der Kirche, das mich mit Sorge erfüllt

Sie werden schon zu Lebzeiten als »Kirchenvater« bezeichnet. Diese Ehre verdienen Sie zweifellos, haben Sie doch das theologische Denken unseres Jahrhunderts entscheidend mitgeprägt. Als Theologieprofessor sind Sie innerhalb der gleichen Kirche, die Ihnen heute Ehre erweist, aber auch nicht vor Verdächtigungen verschont geblieben. Aus einigen Äußerungen, die Sie in den letzten Jahren gemacht haben, darf man sogar schließen, daß Sie unter gewissen innerkirchlichen Entwicklungen leiden. – Ich möchte Sie nun fragen, was Sie an der offiziellen katholischen Kirche, vielleicht auch an der heutigen Theologie besonders bedauern – was Sie sich im kirchlichen Leben der Gegenwart noch besser vorstellen könnten.

Tatsächlich gibt es vieles in der Kirche, das mich mit Sorge und Schmerz erfüllt. Ich meine da zum Beispiel den römischen Zentralismus.

Die Kirche, die wirklich durch das Zweite Vatikanum nicht nur potentiell, sondern auch aktuell eine Weltkirche geworden ist, kann und darf nicht eine Kirche sein, die von einem europäischen und lateinischen Export allein lebt. Die neuen Kirchen in Afrika, in Asien, in Australien und Südamerika brauchen ihre historische Herkunft aus dem westeuropäischen, italienischen Abendland nicht zu verleugnen, sie können auch in ihrer weiteren Geschichte manches davon behalten, auch wenn es nicht »juris divini« ist, aber sie können auch dort, wo etwas nicht göttlichen Rechtes ist und nicht zum eigentlichen Wesen der Kirche gehört, verschiedenes abstoßen, verändern usw., ohne daß ihnen Rom das verbieten sollte.

Nach dem Zweiten Vatikanischen Konzil war ich, wenn ich das gestehen darf, jemand, der mit ehrlicher Überzeugung den Zölibat verteidigt hat und dafür merkwürdigerweise einen Lobesbrief vom damaligen Kardinal Ottaviani bekam. Aber ich frage trotzdem, warum der afrikanische Episkopat nicht selber die Frage prüfen und mit dem Segen Roms entscheiden kann, ob in der kulturellen Situation Afrikas der Zölibat des Weltpriesters eine verpflichtende Größe sein und bleiben muß. Wenn es Kirchen, heilige, katholische Kirchen gibt, die keine lateinischen Kirchen, sondern östliche Kirchen sind, bei denen der Zölibat nicht gilt, so sehe ich nicht ein, warum die Frage nach einem afrikanischen Zölibat oder Nicht-Zölibat nicht eine mögliche, zuzulassende Frage ist, die vom afrikanischen Episkopat selber entschieden werden müßte. Natürlich steht diese Kirche unter Oberaufsicht Roms. Aber Rom braucht nicht eine uniformierte Kirche durchzudrücken, wie sie das heute, meine ich, noch in einem zu großen Maße tut. Man muß kein Lateiner sein, um katholisch zu sein.

Sie haben damit bereits eine Frage beantwortet, die ich Ihnen stellen wollte, nämlich die nach dem Zwangszölibat für die Priester. Es gibt noch andere Fragen, die in der innerkirchlichen Diskussion ähnlich viel Staub aufwirbeln. – Wie beurteilen Sie beispielsweise die Forderung nach einer besseren Integration der Frau in die Dienst- und Führungsaufgaben der Kirche?

Ja, sehen Sie, da bin ich von Ihnen in eine unangenehme Situation hineinmanövriert worden. Als die römische Erklärung kam, daß die Frauen auch in Zukunft nicht geweiht werden können, habe ich in einem Aufsatz[1] vor ein paar Jahren gesagt, daß mich diese römische Erklärung, die selbstverständlich keine unfehlbare Definition ist, nicht überzeugt. Ich meine, daß Rom sich hier gegen Entwicklungen sperrt, die man ruhig als offen eingestehen könnte. Es gibt sicher sehr viele Gegenden in der Kirche, wo aus der konkreten gesellschaftlichen Situation und Mentalität heraus, die die Kirche auch nicht ändern kann, die Ordination der Frau keine konkrete Frage ist, keine Opportunität für sich hat. Aber ob das in anderen Gegenden (sagen wir einmal: Nordamerika) nicht eine ernstzunehmende Frage ist, das ist ein anderes Problem. Wenn und insofern die Entwicklung des Verhältnisses von Mann und Frau, die offen und vielleicht auf lange Sicht gar nicht abzusehen ist, doch zum Beispiel in Nordamerika so wäre (was ich nicht beurteilen kann und auch nicht will), daß vom Menschlichen her die Ordination einer Frau durchaus naheläge und eigentlich keine Schwierigkeiten machen würde, dann würde ich aus meinem Prinzip, daß die Kirche kein uniformierter, homogener, heiliger Staat ist, folgern, daß man den Amerikanern das ruhig überlassen könnte. Die Tatsache der Verschiedenheit der unierten Ost-Kirchen gegenüber der lateinisch-westlichen Kirche zeigt doch, daß es Bedingungen geben kann, unter denen das Recht verschieden ist und trotzdem beide Rechte in der nötigen und möglichen Weise durchaus gleichzeitig funktionieren. Ich sehe nicht ein, daß man behaupten könnte, wenn es in Afrika keinen Zölibat gebe, dann könnte er auch bei uns nicht mehr sein.
Es gibt vieles, was bei uns nicht sein muß und trotzdem in Südamerika gut und nützlich ist, und umgekehrt auch. Ich habe auch damals ausdrücklich erklärt, daß die Pflicht der Kirche,

[1] Priestertum der Frau?, in: Schriften zur Theologie, Bd. XIV, a.a.O., 208–223.

für einen ausreichenden Klerus zu sorgen, göttliches Recht ist und die Prävalenz vor dem kirchlich sinnvollen Recht des Zölibates hat, so daß, wenn in einer bestimmten Kultur ein genügend großer Klerus praktisch nicht erzielt werden kann ohne Aufgabe des Zölibatsgesetzes, die Kirche mindestens dort dieses Zölibatsgesetz aufheben müsse. Daß eine solche Entwicklung vielleicht nicht wünschenswert ist, vielleicht nicht zwingend notwendig ist, gebe ich gerne zu, nicht aber, daß sie »a priori« aus theologischen Gründen nicht sein kann. Diese Entwicklung oder diese kulturelle Situation hat es in den Ost-Kirchen gegeben; woher wollen wir wissen, daß es eine kulturell ähnliche Situation in der Zukunft in irgendeinem Teil der Kirche nicht auch wieder geben könnte? Es gibt keine theologischen Argumente, daß so etwas schlechterdings nicht möglich ist; wir können vielleicht hoffen, daß es nicht der Fall ist, aber wissen können wir das nicht.
Ich hoffe, daß der Papst auch in aller weiteren Zukunft in Rom residieren kann, aber eine göttliche Offenbarung, daß das so sein wird, haben wir nicht. Also kann ich sagen oder darüber nachdenken: Was macht die Kirche, wenn der Papst vielleicht auf den Philippinen residieren muß, um dort ungestört seines Amtes zu walten, wenn die Kommunisten ihn aus Rom vertreiben sollten? Solche Dinge sind möglich, und so etwas Ähnliches ist, was den Zölibat angeht, für den Weltpriester denkbar.

Wenn ich in Südamerika wäre, wäre ich eher links

Trotz aller Krisen gibt es immer wieder beeindruckende Christen, die den Zeichen der Zeit entsprechend neue Wege suchen, um ihren Verpflichtungen als Christ und Bürger nachzukommen. Sie sind Pioniere, die auch vor eigenen Nachteilen wie Diskriminierung, Verfolgung und manchmal sogar Tod nicht zurückschrecken, wenn sie ihren vom Evangelium inspirierten

Idealen besser zum Durchbruch verhelfen können. – Was würden Sie so mutigen Menschen vom christlichen Standpunkt aus besonders ans Herz legen?

Das ist eine Frage, bei der ich schlechterdings überfragt bin, weil die konkreten Situationen der einzelnen Menschen so verschieden sind, daß dazu schwer etwas Genaues gesagt werden kann. Ich habe einmal gegen gewisse Theologen der politischen Theologie und der Theologie der Befreiung gesagt: Alles schön und recht, aber meine Mutter war eine authentische Christin, obwohl sie sich niemals politisch engagiert hat.

Auf der anderen Seite würde ich meinen, daß die jungen Christen von heute einen größeren Willen zur Veränderung der Gesellschaft haben sollten, als sie ihn faktisch haben und als er de facto doch auch – wenn auch manchmal in den merkwürdigsten und sogar verwerflichsten Gestalten – bei einer nichtchristlichen Jugend gegeben ist. Ich sehe im Grunde genommen nicht ein, warum in Deutschland doch eigentlich die kirchlich engagierten Jugendlichen, die frommen, die praktizierenden jungen Christen mehr oder minder identisch sinl mit den konservativen Leuten. Das steht doch nicht in den Sternen des katholischen Glaubenshimmels geschrieben, daß ein katholischer Christ für Tradition, für Geschichte, für das Erprobte, Alte ein offenes, liebendes Verständnis haben soll und es damit vielleicht leichter hat als ein säkularisierter Mensch von heute. Warum aber ist der Großteil der Christen bei uns dort, wo sie im eigentlichen Sinne kirchlich sind, so selbstverständlich im konservativen Lager? Daß das so sein muß, sehe ich nicht ein. Wenn die faktisch unmittelbar angebotenen Alternativen wirklich so wären, daß man *entweder* nur ein konservativer Christ und ein Katholik sein *oder* gesellschaftlich schlechthin einer nicht-christlichen Richtung angehören müßte, dann bliebe ich ein Katholik und würde hoffen, daß ich vor Gottes Gericht auf diese Weise bestehen und meine Seele retten kann. Aber dann würde ich mich doch bemühen, eine dritte Alternative auszudenken, bei der man katholisch und doch

nicht in diesem bürgerlich verhockten Sinn konservativ sein muß.
In der zweiten Hälfte des 19. Jahrhunderts, dessen Leute ich noch erlebt habe, da war's doch so, daß man, wenn man ganz fromm katholisch sein wollte, für den Dreizehnlinden-Weber schwärmen und Goethe für einen suspekten Dichter halten mußte. Daß es da nicht *nur* solche Leute gegeben hat, auch nicht unter den frommen Katholiken, will ich nicht bestreiten, aber das war so das Typische. Das mußte doch nicht sein. So, meine ich, gibt es auch bei uns im heutigen Katholizismus eine merkwürdige, prinzipiell suspekte Identifikation zwischen einem nur das Heutige bewahren wollenden Konservativismus und einem soliden Christentum. Dafür habe ich also nichts übrig. Natürlich weiß ich, was man dagegen sagen kann. Man kann behaupten, daß die wahren, echten Konservativen die Leute wären, die sehr viel mehr für eine wahre Zukunft offen sind als die, die so üblicherweise als Linke abgestempelt werden. Aber lassen wir für einen Augenblick Deutschland auf der Seite. Wenn ich in Südamerika wäre, wäre ich eben nicht für die dortigen Kapitalisten, sondern im Namen meiner christlichen Überzeugung – dafür, daß ich vor Gottes Gericht bestehen könnte – eher links; das scheint mir doch selbstverständlich zu sein!
Soll man hinter bestimmte Äußerungen von Rom, sofern sie einen völligen »Rückzug der Priester in die Sakristei« vermuten lassen, nicht ein Fragezeichen setzen?
Ob jetzt die Priester unmittelbar politische Funktionäre sein müssen, das würde ich als eine Frage bezeichnen, die man auch negativ beantworten kann. Aber wenn Oscar Romero so predigt, daß er am Schluß umgebracht wird, dann dürfte man einen solchen Bischof etwas mehr ehren und loben, als es faktisch getan worden ist. Wenn er wegen einer Predigt gegen die Abtreibung umgebracht worden wäre: Die Lobeshymnen, die dann für ihn gesungen worden wären, die möchte ich mal hören! Wenn er aber gegen soziale Mißstände predigte, wo vielleicht viel mehr Kinder verelenden und verhungern als

abgetrieben werden – mindestens in Südamerika, wo das ja nicht das Übliche ist –, dann wird er als unbequemer »Stänkerer« im besten Fall mit Schweigen übergangen.

Am Ende geht man mit leeren Händen fort

Trotz aller menschlichen Erfolge und trotz allen theologischen Wissens hat der Christ die Einkehr bei sich selbst notwendig. – Darf ich Sie nach besonderen Erfahrungen mit dem Gebet fragen?

Ich will nicht von meiner Erfahrung reden; aber es ist selbstverständlich, daß der ganze kirchliche Apparat, beim Papst angefangen und allen römischen Behörden, mit allen Bischöfen und Kirchen, von den Sakramenten bis zu den Kirchensteuern usw. nur dazu da ist, daß ein ganz klein bißchen Glaube, Hoffnung und Liebe im Herzen der Menschen geweckt wird.

Ich habe in einer Rede am Schluß des Konzils gesagt, daß dieser ganze Apparat der Kirche und des Konzils mit all den Bischöfen usw. so etwas wie eine ungeheure Menge von Uranblende ist, aus der dann ein paar Gramm wirkliches Uran gewonnen werden muß. Wenn das gewonnen wird, ist dieser ganze Aufwand berechtigt, und wenn das nicht herauskommt, so ist alles andere vergeblich. Daß ein Mensch letztlich sich, sein Leben in Verantwortung und in Nächstenliebe Gott restlos ausliefert, das ist die Hauptsache; alles andere ist nur Mittel zu diesem Zweck.

Beschließen wir das Gespräch mit einer persönlichen Frage: Müßten Sie über Ihr Leben als Christ, Priester und Theologe eine Art Bilanz ziehen, was würden Sie sagen? Hätten Sie suchenden Christen vielleicht auch ein Wort aus Ihrer ganz persönlichen Lebenserfahrung mitzugeben?

Nein, ich würde vielleicht den Spieß eher umkehren und sagen, daß mein Leben im Grunde genommen eine sehr nüchterne Geschichte war, worin nicht sehr viel Aufregendes passiert ist, wo man Tag für Tag schlecht und recht seine Pflicht (wenigstens) im allgemeinen zu tun versuchte, wo es gar keine so spektakulären Höhepunkte gab. Ich würde sagen, das ist anzunehmen, so wie eine Waschfrau, die mühsam ihre Kinder großzieht und sich immer plagen muß, zusehen muß, ob die Kinder geraten oder auch nicht und so lebt, bis sie am Ende ist. So ähnlich, meine ich, ist das normale Christenleben, und so ist es auch mir zugemutet worden.

Ich habe nie spektakuläre Krankheiten gehabt, ich bin in einer fast unanständig harmonischen Weise durch zwei Weltkriege durchgekommen. Ich war nie am Rand des Verhungerns. In meinem Jesuiten- und Priesterleben sind eigentlich auch keine besonders aufregenden Dinge passiert. Ich hätte nicht die geringste Lust, Lebenserinnerungen, eine Selbstbiographie oder Confessiones à la Augustinus zu verfassen.

Vor einem Jahr im März hatte ich eine Privataudienz bei Papst Johannes Paul II. Ich kannte ihn schon von Krakau her. Er sagte am Anfang: »Wie geht es Ihnen?« Ich sagte auf Deutsch: »Ich bin emeritiert, lebe in München und warte auf den Tod.« Da war er vielleicht etwas überrascht. Aber es ist doch eigentlich richtig, was ich sagte; ich habe ein Schulmeisterleben hinter mich gebracht, das weder heroische Gipfel noch ungeheure Stürme erlebt hat. Das ist etwas, wofür ich auch nichts kann; das war eben so; das habe ich angenommen. Wie sagt man da à la Goethe: »Saure Wochen, frohe Feste«? Das hat es natürlich auch bis zu einem gewissen Grad gegeben.

Das Letzte, Persönliche in all diesen Dingen geht niemanden etwas an. Da ist also nicht mehr zu sagen als: Nimm den Augenblick an; schau, daß du das tust, was man ganz nüchtern auch deine Pflicht nennen kann! Erfahre allerdings immer wieder auch aufs Neue, daß das unsagbare Geheimnis, das wir Gott nennen, nicht nur waltet und lebt, sondern die unwahrscheinliche Idee gehabt hat, sich dir ganz persönlich liebend zu nahen; blicke auf Jesus Christus, den Gekreuzigten; von Ihm her kannst du schließlich dein Leben, mag kommen, was will, annehmen. Mehr als diese ganz schlichte Binsenwahrheiten christlicher Maximen kann ich eigentlich nicht sagen. Ich frage mich: Wie lange dauert es noch, bis es für immer Abend ist? Ich weiß es nicht. So macht man weiter, solange noch Tag ist. Am Ende geht man mit leeren Händen fort, ich weiß es; aber so ist es gut. Dann schaut man auf den Gekreuzigten und geht. Was kommt, ist die ewige Unbegreiflichkeit Gottes.

21 Die Kirche in Einheit und Vielfalt

Gespräch mit *Gwendoline Jarczyk,* Paris (1981)

Das Konzil und die Ortskirchen

Papst Paul VI. und Papst Johannes Paul II. haben beide ihr Handeln unter den Gesichtspunkt einer Verwirklichung des Zweiten Vatikanischen Konzils gestellt: Das ganze Konzil, aber nicht mehr als das Konzil. Was denken Sie über seine Durchführung und über die zwanzig Jahre, die seit seinem Abschluß vergangen sind?

Selbstverständlich bezweifle ich nicht, daß Papst Paul VI. sowie heute Papst Johannes Paul II. die Absicht hatten bzw. haben, die Beschlüsse des Zweiten Vatikanischen Konzils zu Ende zu führen. Aber es ist trotzdem damit nicht gesagt, daß deren Umsetzung in die Tat sehr weit gediehen wäre.

Viele Dinge hängen tatsächlich von einer genauen Interpretation der Konzilstexte ab, und was dies anbetrifft, so ist es normal, daß es unterschiedliche Ansichten darüber gibt. Manche Leute sind überzeugt, daß ihre Interpretation sowohl vom theoretischen wie vom praktischen Standpunkt aus den Konzilstexten entspricht, andere hingegen bedauern, daß dieser oder jener Text nicht genügend in Erwägung gezogen wird.

Ganz unbezweifelbar behielt in Rom selbst – ich rede hier nicht von den Päpsten – im allgemeinen eine eher konservative Atmosphäre die Oberhand; das führte letztlich zu der Befürchtung, man habe im Inneren der Kirche Aktionen und Initiativen durchgeführt, die nicht in Einklang mit dem ursprünglichen Geist und Buchstaben des Konzils stünden. Man soll ebenso nicht verkennen, daß es dort eine Haltung der Vorsicht gibt, eine Art Bremse, die sich sogar durch bestimmte Rückwärtsbewegungen übertragen könnte. Was nun die Päpste selbst angeht, so erwiesen sie sich abwechselnd entweder als deutlich aufgeschlossen oder als mehr zurückhaltend, so daß man sie auf keinen gemeinsamen Nenner bringen kann. Ich für meinen Teil bin von der Möglichkeit überzeugt, daß man sich in Rom für bestimmte Wünsche Gehör verschaffen kann, sowohl was den Geist als auch was die Buchstaben des Konzils anbetrifft.

Können Sie bitte Beispiele nennen?

Was die Ortskirchen anbetrifft, so hat das Konzil sehr schöne Worte zu diesem Thema gefunden. Es erkannte ihnen eine gewisse Autonomie zu, indem sie nicht als reine administrative Umschreibungen einer kirchlich universalen Regierung angesehen wurden, deren einzige Sorge der Homogenität der Kirche gilt. Man hatte einen Schwerpunkt auf den Umstand gelegt, daß die Kirchen der unterschiedlichen Regionen nicht nur ihre eigene Prägung und infolgedessen ihre Besonderheiten haben könnten, sondern auch haben sollten. Ich glaube nicht, daß auf eine solche Konzilserklärung genügend Rücksicht genommen worden ist. In vielen konkreten Fragen des Kirchenrechts, in denen es sich um die Liturgie oder um die Form der Ämter handelt, pocht Rom nach meinem Eindruck mehr auf die Einheit der Kirche als auf die legitime Pluralität, die diese Einheit gestattet; eine Pluralität, die sich schon aus der Existenz verschiedener großer Ortskirchen rechtfertigt.

Außerdem hat das II. Vatikanum eine Wiederentdeckung der Kollegialität herbeigeführt, indem es den ganzen Episkopat um den Papst vereinigt. Für Paul VI. war dies Veranlassung zur Einberufung der Bischofssynode. Gleich zu Beginn seines

Pontifikats hat Johannes Paul II. seine Absicht unterstrichen, den Sinn dieser Einrichtung zu vertiefen und zu aktualisieren. Hier, so mein Eindruck, sind die Dinge noch nicht bis zu dem Punkt gediehen, den sie verheißen haben. Ich bedauere, daß der Bischofssynode bis zum heutigen Tag noch keine eigene schöpferische Initiative überlassen worden ist.

Was die Ortskirchen anbetrifft, an die Sie schon erinnert haben...

Sie haben ihre Besonderheiten und eine relative Autonomie, die sich daraus ergibt; und diese müssen sie auch haben.

Nun, wir wissen von den Anstrengungen, die in Rom unternommen werden hinsichtlich der Verkündigung eines neuen Kirchenrechts. Der Codex Iuris Canonici ist seit Papst Benedikt XV. in Kraft; dieses Gesetzbuch muß zweifelsohne modifiziert und der Aufgabe angepaßt werden, die sich aus der späteren Fortentwicklung der Kirche ergibt. Trotzdem befürchte ich, daß das neue Kirchenrecht in demselben Stil verfaßt wird, der bisher gegolten hat: ein Recht, das einheitlich in der ganzen Kirche angewandt werden muß, ohne daß den Ortskirchen in den verschiedenen Teilen der Welt die Möglichkeit zuerkannt würde, sich entsprechend ihrer eigenen Mentalität zu äußern.

Auch unter einer anderen Rücksicht ist dies von Bedeutung: Man darf nämlich nicht auf einen Fortschritt in Richtung einer Einheit der unterschiedlichen christlichen Kirchen hoffen, wenn man nicht bereit ist, ihre legitimen Besonderheiten anzuerkennen, die zu ihnen gehören und die auch in dieser Hinsicht respektiert werden müssen. Wie kann man dann annehmen, man könnte eine konkrete, praktische Einheit zwischen der römisch-katholischen Kirche und den Kirchen, die aus der Reformation hervorgegangen sind, bewerkstelligen nach der Art einer schlichten und einfachen »Rückkehr« gegenüber all dem, was Recht, Liturgie und Spiritualität anbetrifft?

Welche konkreten ökumenischen Möglichkeiten sehen Sie?

Nehmen Sie die Ernennung der Bischöfe. Sie wird von Rom

durchgeführt. Aber ist dies nicht einer der Punkte, in denen die römisch-katholische Kirche beweisen könnte, daß sie sich nicht damit begnügt, die Gebräuche der Sonderkirchen dort zu tolerieren, wo die Geschichte sie angesiedelt hat (zum Beispiel in den katholischen Kirchen des Orients), sondern daß sie die Vielheit als völlig normal empfindet und als verträglich mit ihrer eigenen Einheit und der des Dogmas, und daß sie es auch so praktiziert? Ohne dies darf man nicht hoffen, zu einer Einheit der anderen christlichen Kirchen mit Rom zu gelangen.

Schwieriges Verhältnis der zentralistischen Kirche zur kirchlichen Vielfalt

Warum erweist es sich in der römisch-katholischen Kirche als so schwierig, eine Vielfalt zu favorisieren?
Hier laufen mehrere Gründe zusammen. Zunächst einmal steht fest, daß die Homogenität der abendländischen Kirche aus einem historischen Prozeß resultiert. Nachdem die Kirchen des Orients von der römisch-katholischen Kirche getrennt worden waren, wurde das europäische Abendland zum weltlichen und natürlichen Lebensraum der Kirche. Diesem kulturell einheitlichen Raum verdankt die Kirche zu einem Teil die Homogenität ihres kirchlichen Gebiets. Zu solchen historischen Bedingtheiten darf man ferner zählen: die lateinische Sprache, die zur Sprache der Kirche wurde; die Römische Liturgie, die die Liturgie für alle war und es schließlich vollständig wurde, wobei bestimmte Besonderheiten gänzlich zweitrangiger Natur – etwa die Mailändische Liturgie, um nur ein Beispiel zu nennen – noch gar nicht mit inbegriffen sind.
Diese Kirche, die spätestens seit der Aufklärung in dieser Weise konstituiert war, mußte sich auf eine äußerst harte Weise, so wie es eben üblich war, gegen die Strömungen der Zeit und die Säkularisierungstendenzen verteidigen.
Sie hat sich auch die Frage nach dem Primat des Heiligen Stuhls gestellt. Eine solche Konzeption der Einheit, die im Laufe der

Jahrhunderte nun einmal so und nicht anders gestaltet worden ist, konnte sich ganz selbstverständlich nur langsam vom römischen Mittelpunkt aus weiterentwickeln. Auf der Ebene bloßer Theorien zum Beispiel wußte man genau, daß sich das Kirchenrecht der unierten Kirchen des Vorderen Orients vom römischen Kirchenrecht unterscheidet; das gleiche betrifft die Liturgie und den Regierungsstil dieser Sonderkirchen und ihrer Diözesen. All dies verblieb jedoch gleichsam lediglich im Bereich bloßer Randphänomene, die die globale Einstellung weder tatsächlich zu berühren, geschweige denn sie in Frage zu stellen vermochte.
Allein die römische Kirche zeigte sich als die Kirche in ihrer Einheit und ihrer Gleichartigkeit. Daß diese Kirche verschiedene Phänomene liturgischer, kirchenrechtsähnlicher Art etc. tatsächlich gekannt hat – ich denke hier an bestimmte, wenn auch relativ unbedeutende Differenzen, die sich in den Kirchen Irlands, Nordamerikas und in Westspanien durchgesetzt haben –, wurde nicht seiner wahren Bedeutung nach empfunden; es wurde sogar bagatellisiert zugunsten einer stets größeren Konzentration auf Rom und auf den Papst als Repräsentanten und Symbol dieser Einheit.
Unsere Ehrfurcht vor dem Papst geht in Wahrheit auf die Zeit Pius' IX. zurück; in früheren Zeiten hatte sie sich nicht in dieser Weise gezeigt. Eine ähnliche Konzentration des kirchlichen Gemütslebens auf Rom ist gänzlich legitim und verständlich, selbst dann, wenn sie zeitbedingt ist; trotzdem darf sie nicht gleichgestellt werden mit einer dogmatischen, für alle Zeit geltenden Gegebenheit. Ein Mann wie Ambrosius von Mailand z. B. war sicherlich vom Willen zur Einheit mit dem römischen Stuhl beseelt; aber ohne jeden Zweifel dachte er nicht an Rom wie an einen Brennpunkt, von dem her und auf den hin sich alles kirchliche Leben konzentrierte, etwa so, wie es *uns* zur Gewohnheit geworden ist. Gewiß, man könnte umgekehrt sagen: Die Vergangenheit ist eben nur Vergangenheit, und sie kann nicht die Gegenwart oder das darauffolgende Zeitalter in jeder Weise determinieren. Dies ist richtig. Aber warum sollte

dies nicht gleichermaßen von der Kirche des 19. Jahrhunderts gelten? In ihrer Gesamtheit hat sie sicherlich auf eine sehr legitime Weise das konkretisiert, was man gewöhnlich das Wesen der Kirche zu nennen pflegt. Dies reicht aber nicht aus, um daraus ein Modell der Kirche abzuleiten, das für alle Zeiten gilt.

Daß eine Institution dazu neigt, sich zu verewigen und sich in einer etwas übertriebenen Weise zu verteidigen, daß sie folglich dazu neigt, ihr Wesen mit dem konkreten Bild ihrer selbst zu identifizieren – was könnte verständlicher sein als dies?

Aber letzten Endes kann dies keine absolute Richtschnur für die Wahrheit sein ...

Die Spannung zwischen der Introvertiertheit und der politisch-sozialen Frage

Aber welches sind dann letztlich die wirklichen Gründe für den Blick nach Rom?

Ich bin zutiefst davon überzeugt, daß eine gewisse Neigung zur Introvertiertheit in der Kirche ganz eng verknüpft ist mit einem Vergessen der sozio-politischen Probleme der Welt, obwohl sie mit diesen spätestens seit der Französischen Revolution konfrontiert war. Diese Neigung, sich gegen die politischen Entscheidungen und gegen die Strömungen der Zeit zur Wehr zu setzen, kann selbstverständlich nicht isoliert von der Art und Weise betrachtet werden, in der diese sich der Kirche darboten. Nehmen Sie zum Beispiel die liberale, antiklerikale Bourgeoisie des 19. und 20. Jahrhunderts, die, wie Sie wohl wissen, die Kirche bekämpft hat, indem sie sie in ihrem Freiheitsraum einschränkte. In dieser Hinsicht ist es nicht erstaunlich und bis zu einem gewissen Punkt unvermeidlich, daß die Kirche – da sie sich nun einmal zur Selbstverteidigung gezwungen sah – viel von ihrer Energie eingebüßt hat in ihrem Bemühen, sich zu behaupten. Hier wiederum gilt: In dem Maße, in dem ihre Erfahrungswelt nicht bestimmt wird durch die dauernde

Inanspruchnahme von seiten einer solch antiklerikalen bzw. antikirchlichen Mentalität, wird es der Kirche viel leichter fallen, sich den Problemen zu öffnen, die heute zum Beispiel in der Dritten Welt, der Verteidigung der Umwelt und in ähnlichen Dingen bestehen.

Dies soll nicht heißen, daß nicht Irrtümer begangen worden seien und es nicht historische Situationen gegeben habe, die nicht rechtzeitig erkannt wurden.

Wenn beispielsweise einer unserer letzten Päpste erklären konnte, daß die Kirche die Arbeiterklasse verloren hatte, dann hat dies nichts anderes erwiesen als eine zu sehr verzögerte Aufmerksamkeit gegenüber soziopolitischen Fragen, die seit der Mitte des 19. Jahrhunderts zum Vorschein gekommen waren. Nehmen Sie Papst Leo XIII., der sich die Fragen zum Thema »moderne Industriegesellschaft« lange nach Marx und seinem »Kapital« gestellt hat, oder denken Sie an Menschen wie etwa Bischof Ketteler, die in der Kirche ihrer Zeit keinen Widerhall fanden – alles dies erklärt sich bis zu einem gewissen Punkt aus den Schwierigkeiten, denen die Kirche damals ausgesetzt war und für die sie nicht wirklich verantwortlich war.

Welche Punkte propagieren Sie, um einen gewissen Pluralismus in der Kirche zu rechtfertigen und einzurichten?

Nicht jeder Pluralismus ist gleichermaßen richtig. Wir kennen Fälle eines falschen Pluralismus, sei es in der Theologie, im Kirchenrecht, in der Liturgie oder anderswo. Aber dies ändert nichts daran, daß in der Kirche ein legitimer Pluralismus nicht genügend gefördert worden ist.

Es gibt ungezählte Möglichkeiten für einen authentischen Pluralismus. Möglichkeiten, die noch nicht in der Kirche ihren Ausdruck haben finden können, ohne daß man deswegen – und dies ist wohl selbstverständlich – einen jeden theologischen Versuch, jedes Unternehmen »legitim« nennen könnte, das im Verdacht steht, nationalistisch angehaucht zu sein und sich mit dem Deckmantel des Pluralismus lediglich zu kaschieren.

Was sagen Sie zum Thema: Dialog, Gegenüberstellung und Austausch, zu Themen also, deren Notwendigkeit viele Christen in der Kirche nachempfinden?

Jede Gegenüberstellung und sogar jeder Dialog knüpft unweigerlich an Schwierigkeiten an, die zwischen den mehr oder weniger gegensätzlichen Gruppen vorhanden sind. Die Kirche in Frankreich nach der Revolution war stets durchdrungen von unterschiedlichen Tendenzen. Eine äußerliche Einheitlichkeit in der Weise, wie sie sich in der Kirche Deutschlands präsentiert – und zwar sowohl vor wie nach dem Konzil – stellt ohne jeden Zweifel kein Ideal dar. In Frankreich sind die Unterschiede, selbst die Gegensätze – hierbei ist auch das Zentrum des Episkopats mitinbegriffen –, viel leichter aufzuspüren, als dies bei uns der Fall ist. Ich scheue mich nicht zu behaupten, es wäre gut, wenn unsere Bischöfe in Deutschland nicht immer so täten, als ob sie stets ein und derselben Ansicht wären. Es ist klar, daß ein solches Verhalten der Wahrheit nicht entspricht. Die Schwierigkeiten finden sich dann hinter die Kulissen gezogen, und was mich anbetrifft, so kann ich darin keinen Vorteil erkennen. Es wäre besser, man könnte sowohl im Inneren der Kirche wie im Inneren des Episkopats bei einer offenen und freien Diskussion zugegen sein.

In Frankreich findet man die Divergenzen inmitten der katholischen Presse artikuliert, wohingegen unsere religiösen Publikationen ziemlich der gleichen Meinung sind. Der »Rheinische Merkur« beispielsweise erhebt den Anspruch, Repräsentant des einzig wahren Katholizismus zu sein; das gleiche gilt vom Zentralkomitee der deutschen Katholiken. Der einzige Ort, an dem sich mancher kritisch äußert, ist »Publik-Forum«. Dies alles ist keine beneidenswerte Situation.

Könnte sich eine solche Einstellung aus einer gewissen Angst vor der Bedrohung erklären, die der sozialistische Osten darstellt. Ist die Situation ein wenig ähnlich der, wie sie sich in Polen darstellt?

Eine solche Angst vor dem sozialistischen Osten – verstanden als fundamentale Bedrohung für die abendländische Kultur und folglich auch für die Kirche – ist möglicherweise ein Element, das zur Mentalität des offiziellen deutschen Katholizismus hinzukommt. Aber diese war vorher schon so. Versetzen Sie sich fünfzig Jahre zurück: Während der französische Katholizismus mit seinen Differenzen lebte – auf der einen Seite mit der »Action française« und auf der anderen Seite mit völlig entgegengesetzten Gruppen –, dominierte bei uns eine gewisse offizielle Gleichförmigkeit und eine parteiartige Disziplin, ohne daß irgendeine Angst vor Rußland dies gerechtfertigt hätte...
Hinzu kommen Gründe, die aus einer bestimmten Lage herrühren, die eben darin bestand, daß der deutsche Katholizismus im Kaiserreich nach 1870 deutlich benachteiligt war. Es gelang ihm nur unter großen Schwierigkeiten, angesichts einer protestantischen, vom Geist der Aufklärung abhängigen Geisteshaltung zu einer bedeutenden Stellung zu gelangen. Unter diesen Umständen setzte sich natürlich ein Korpsgeist durch, eine parteiengleiche Disziplin, eine einmütige Haltung, ein wenig ähnlich derjenigen, die wir heutzutage tatsächlich im polnischen Katholizismus feststellen, angesichts der Bedrohung, die für ihn der sozialistische Osten darstellt. In einer solchen Situation scheint man sich gewisse, wie auch immer geartete Meinungsverschiedenheiten im Inneren der Kirche nicht gestatten zu können. Nach all dem könnte dieser neue Grund heutzutage jenen Begründungen hinzugefügt werden, die bei uns schon seit langem diesen Typ einer äußeren Einheit nahelegen.

Der Papstbesuch und die Ökumene

Der Besuch von Johannes Paul II. in Deutschland im November 1980 gab Gelegenheit, sich der Lebendigkeit dieser Kirche bewußt zu werden; aber auch Probleme, die sich ihr stellen, kamen ins Bild. Wir würden uns gerne mit Ihnen über die Perspektiven unterhalten, die sich dort auf dem Gebiet der Ökumene ergeben.

Es ist schwierig, eine genaue Beurteilung abzugeben. Das alte scholastische Axiom könnte hier zur Anwendung kommen: Was auch immer erkannt wird, wird nach Art und Weise des Erkennenden erkannt (Quidquid recipitur, ad modum recipientis recipitur). Die unterschiedlichen Bevölkerungsschichten, die im deutschen Katholizismus vertreten sind – sei es unter gesellschaftlicher oder unter geistiger Rücksicht – haben auf dieses Ereignis gewiß sehr unterschiedlich reagiert.

Trotzdem kann man sagen, daß die Person des Papstes allen sehr sympathisch gewesen ist; übrigens nicht nur den Katholiken, sondern weit über sie hinaus. Was bestimmte Punkte politischer oder moralischer Auffassung anbetrifft, die in der deutschen Gesellschaft gelten, so ging der Großteil der Meinung dahin, daß der Papst Klugheit und Zurückhaltung bewiesen habe. Besonders was die Frage der Empfängnisverhütung anbetrifft – genauso bei bestimmten anderen Fragen –, bei alledem hat Johannes Paul II. alles vermieden, was Anstoß erregend oder beleidigend hätte wirken können. Der Eindruck, den er bei den Intellektuellen hinterlassen hat – auch bei den nichtkatholischen Christen –, war insgesamt sehr positiv.

Desgleichen waren auch unüberlegte Ansichten zu hören, einige Anschuldigungen besonders zum Thema Reisekosten. All das ist unvermeidlich und stellt nichts mehr dar als eine Begleitmusik. Sogar vor seiner Ankunft gab es einige Disharmonien zwischen den evangelischen Kirchen und dem katholischen Episkopat ...

Ich glaube, heute ist alles in Ordnung.

Die Möglichkeiten für ökumenische Begegnungen zwischen dem Papst und den Repräsentanten der evangelischen Kirchen waren zeitlich begrenzt; es war kaum möglich, sich mehr als freundschaftliche Gesten zu erweisen. Folglich wurde die Gründung einer Kommission beschlossen, deren Aufgabe in der Behandlung ökumenischer Fragen bestehen wird. Ich

möchte keinen defätistischen Beitrag zu einer ohnehin schon skeptischen Einstellung solchen Bemühungen gegenüber abgeben; noch viel weniger möchte ich den Stillstand in der Ökumene rechtfertigen, der im Augenblick die Oberhand zu gewinnen scheint. Ich meine jedoch, daß von dieser Kommission nicht viel zu erwarten ist.
Es gibt in Deutschland bereits derartige Kommissionen; auch finden gemeinsame Sitzungen, Kolloquien und Diskussionen über Fragen der Ökumene statt. Dies hat im Laufe von dreißig oder vierzig Jahren zu beachtlichen Ergebnissen geführt. Es gibt bereits Theologen – sowohl katholische wie protestantische –, die der Ansicht sind, daß die Kontroversthemen aus der Zeit vor der Reformation – auch die Frage nach dem Primat des Papstes – keine unüberwindlichen Schwierigkeiten mehr darstellen. Aber was die Begegnung der Bischöfe beider Konfessionen anbetrifft, so hat sich wenig geändert oder gebessert. Schauen Sie: Wenn Bischof Lohse, der Vorsitzende der evangelischen Kirche Deutschlands erklärt, daß der Jurisdiktionsprimat des Römischen Stuhles für die evangelischen Kirchen Deutschlands in keiner Weise in Frage kommen kann, und wenn man andererseits weiß, daß für Rom eine solche Lehre ganz selbstverständlich unveräußerlich ist, dann fällt es schwer, sich vorzustellen, zu welchen Ergebnissen die beiden Kirchen gerade in der Frage des Amtes kommen könnten. Die evangelischen Kirchen haben deshalb erklärt, sie wünschten eher Diskussionen über praktische und konkrete Fragen: über die Frage der Kommuniongemeinschaft zum Beispiel und andere Dinge mehr. Dahingegen haben sie nur geringes Interesse für dogmatische und fundamentale ekklesiologische Themen bewiesen. Was nun Rom anbetrifft, so äußert es im Gegensatz dazu nicht den Wunsch, zu einer Änderung seiner jetzigen Position bezüglich dieser Fragen zu gelangen.
Und was Sie anbetrifft, wie ist Ihre Meinung angesichts dieser Punkte?
Ich meine, die anscheinend unüberwindbaren dogmatischen Gegensätze müßten noch mehr aufgefaßt werden als ein

Notwendiges-aufeinander-zugehen-Müssen auf der Ebene der Theologie wie auf der Basis der Ämter im eigentlichen Sinne. Könnten die beiden Kirchen nicht – mit einem echt ökumenischen und christlichen Mut – einige besondere Fragen auswählen, die dann nacheinander gelöst würden, ohne daß dabei die eine oder andere Seite notwendigerweise den Eindruck erhielte, ihren Glauben zu verraten?

Nehmen wir ein Beispiel, das ich schon einmal erwähnt habe: Die Art und Weise, auf die die Bischöfe in der römisch-katholischen Kirche ernannt werden, ist gewiß nicht die einzig mögliche aus der Sicht der katholischen Dogmatik. Gerade in dieser Sache hat Rom bisweilen bedeutende Konzessionen gemacht, indem man den örtlichen Gegebenheiten oder dem politischen Druck Rechnung getragen hat; folglich ist es auch nicht verboten, sich darüber Gedanken zu machen, daß die Ernennung eines Bischofs in einer evangelischen Kirche, die mit Rom uniert wäre, auf eine andere als die heute geltende Weise vollzogen würde.

Über diese oder andere Sachen könnte man sich Gedanken machen, vorausgesetzt, es existieren konkrete Vorschläge von der einen oder der anderen Seite; solche Vorschläge würden uns natürlich nicht von heute auf morgen die wahre Einheit der Kirche bescheren, nichtsdestoweniger könnten sie förderlich sein für eine echte Aussöhnung, die aus etwas anderem besteht als aus bloßen Worten.

Wenn Rom bisher keine diesbezüglichen Zugeständnisse gemacht hat, so gilt dies gleichermaßen von der protestantischen Seite. Wir haben in Deutschland oft den Eindruck, als erwarteten die Kirchen lediglich das Zugeständnis Roms, ohne von sich selbst etwas preisgeben zu wollen. Einer der ganz großen protestantischen Theologen der Gegenwart hat mir dennoch gesagt, daß die evangelischen Kirchen gekennzeichnet sind durch eine sowohl theologisch wie religiös bestimmte Unterschätzung des Heiligen Abendmahles. Möglicherweise läßt sich dies geschichtlich erklären, besonders durch den starken Einfluß des Geistes der Aufklärung in den evangeli-

schen Kirchen; aber dies kann im Grunde mit dem Wesen des Christentums und der in ihm verwurzelten Lehre nicht übereinstimmen.
Ich kann hier nicht in ausreichender Weise die Möglichkeiten darstellen, die auf der einen und der anderen Seite bestehen, und die weit davon entfernt sind, ausgeschöpft zu sein. Ich möchte nicht noch einmal das Problem einer eventuellen ›Wiederanerkennung‹ der Ämter seitens der katholischen Kirche ansprechen – und zwar der Ämter, so wie sie verstanden und in der evangelischen Kirche ausgeübt werden. Ich kann mich einfach nicht des Gedankens erwehren, daß weder von Rom noch von den deutschen Bischöfen her dieses Problem unter all seinen Rücksichten geprüft worden ist[1].
Wenn die äußeren Beziehungen der Kirchen so verbleiben, wie sie sind, kann man leider kaum hoffen, in Kürze zu einer Einheit der Kirche zu gelangen. Aber man darf nicht darauf verzichten, danach hinzustreben. Alle Kirchen, alle Bischöfe, von allen Seiten erklären sie, man anerkenne dies als Aufgabe; aber diese Absichtserklärung zeitigt nur wenige praktische Konsequenzen.
Man hat eigentlich einen raschen Fortschritt im Einigungsgeschehen mit den Orthodoxen Kirchen erhoffen können; tatsächlich aber erweist sich ein solcher Optimismus tagtäglich als übertrieben. Aber wenn die Schwierigkeiten hier schon viel größer sind, als man hat voraussehen können, so werden sie sich als um ein Vielfaches größer erweisen hinsichtlich der Ökumene mit den Protestanten.

Atheismus und pastorale Verantwortung

Sie haben jüngst in Rom den Wunsch geäußert, man müsse eine Enzyklika zum Phänomen des modernen Atheismus ausarbei-

[1] Vgl. dazu neuerdings: *Gemeinsame römisch-katholische/evangelisch-lutherische Kommission* (Hrsg.). Das geistliche Amt in der Kirche, Paderborn/Frankfurt/M. 1981.

ten. Könnten Sie uns sagen, wie Ihrer Meinung nach eine Reflexion auf ein solches Thema vonstatten gehen müßte?
Folgender Gedanke steckt dahinter: Mir scheint, die Kirche macht sich zu wenig Sorgen um das fundamentale und weltweite Problem des Atheismus in Ost und West. Besteht nicht eines der konkreten Anzeichen für diesen Sachverhalt – ich würde ihn eine praktische Unterschätzung des Problems nennen – schlicht im Fehlen einer Enzyklika zum Atheismus als solchem? Freilich, die Kirche gab uns Anzeichen ihrer Sorge in diesem Punkt, besonders zum Zeitpunkt des II. Vatikanums: Die Konstitution »Gaudium et spes« enthält in dieser Hinsicht gute und wichtige Dinge. Aber das Ganze verdiente, vertieft und weiter vorangetrieben zu werden. Und sehr viele Fragen sind noch ganz in der Schwebe. Ich denke hier gar nicht einmal an Erklärungen über Gott, sein Wesen, seine Existenz etc., sondern an Darlegungen im eigentlich theologischen Verstand, die sich präzis auf das Phänomen des Atheismus beziehen.
Wenn es Gott gibt, wenn er das Heil der ganzen Menschheit will, wenn er alle Dinge trägt und durchdringt, dann ist es schon erstaunlich, daß ein solch weltweiter Atheismus möglich ist; dies ist ein Phänomen, das bis heute niemals in der Geschichte der Menschheit ein solches Ausmaß angenommen hat. Wir erleben nämlich einen Atheismus, der im Begriff ist, zur offiziellen Lehre vieler Staaten zu werden. Folglich drängen sich Tausende von Fragen auf, die den Atheismus als solchen betreffen. Wie steht es mit dem Heil dieser Atheisten? Das II. Vatikanum hat darüber sehr tiefsinnige Erklärungen abgegeben; aber das Alltagsgewissen der Gläubigen ist weit davon entfernt, diese auch verarbeitet zu haben. Folglich müßte die Kirche diesem Phänomen mehr Aufmerksamkeit schenken; wir müßten mit Predigten auf dieses Thema eingehen, und da, wo der Predigende von Gott spricht, müßte er diese Probleme, diese Schwierigkeiten und Dunkelheiten im Hinterkopf haben, so daß die notwendigen Konsequenzen daraus gezogen werden können. Es geht ganz wesentlich um Fragen, wie die folgende:

Wie teile ich einem Menschen von heute das mit, was man »Gotteserfahrung« nennt?

Ich habe es bereits anderswo gesagt: Man brauchte hierzu eine »Mystagogie«, um in diese Gotteserfahrung einzuführen. Gott kann man nämlich nicht simpel von außen kommend »indoktrinieren«, so wie man jemanden von der Existenz Australiens unterrichtet. Ein Lehren Gottes muß mit der eigenen, unverzichtbaren Erfahrung in Verbindung treten. Ein Handbuch ist selbstverständlich nicht absolut erforderlich; vielleicht wäre das sogar eine zu schwierige Angelegenheit. Auf jeden Fall aber müßte die Kirche eine gründliche Überlegung vorantreiben, die das Gewissen der Gesamtheit auch bestimmt.

Diese Art von Fragen gehört zu den schwierigsten, und sie fallen vornehmlich in die Zuständigkeit von Theologen ...

Das Seltsame besteht darin, daß die wirklich große Theologie zu diesem Thema Besseres gesagt hat als das, was man auf dem Gebiet der Pastoral tatsächlich realisiert. Aber dies müßte nicht so sein. Die theologischen Reflexionen angesichts der Kritiken eines Feuerbach, eines Marx, eines Nietzsche oder eines Camus sind leider noch nicht in das Normalbewußtsein der Kirche – ich möchte sagen in das Bewußtsein des Pfarrers wie des Gläubigen – gedrungen. Einer der Gründe für diesen Umstand liegt darin, daß die offizielle Kirche sich relativ wenig zu diesem Thema geäußert hat. Es würde mich interessieren, welche Aufmerksamkeit die vier oder fünf letzten Päpste diesem Thema gewidmet haben ...

Wie kommt es, daß in dieser Richtung so wenig geschehen ist?

Sicherlich, weil die Reflexion auf theoretische, historische und sozio-kulturelle Gründe einer gewissen Gottesverleugnung noch vertieft werden müßte; dann würde jedem Christen klar, worin seine pastorale Verantwortung besteht, die vom Evangelium her verkündet wird ...

Sie sagen also, das Faktum, daß die Atheisten so zahlreich geworden sind, hängt zum Teil von der Kirche ab, die bestimmte Anstrengungen nicht unternommen hat?

Sicherlich kann man weder die wirklichen Ursachen des

Atheismus, insofern sie in das Gebiet reiner Theorie fallen oder in die Domäne der Ideengeschichte, als theologische bezeichnen, noch kann man jene, die strikt an sozio-politische Bedingungen geknüpft sind, identifizieren mit einer Unfähigkeit der Kirche und ihrer Verkündigung vom lebendigen Gott. Trotzdem bin ich davon überzeugt, daß angesichts eines theoretischen und praktischen Atheismus von weltweitem Ausmaß entschiedenere Anstrengungen hätten unternommen werden müssen.

Sehen Sie eine mögliche Antwort auf das Phänomen des Atheismus in folgender, schlichter Feststellung von Gläubigen der Kirche von Lateinamerika: Wir können Jesus Christus nicht wirklich verkündigen, ohne Partei für die Armen zu ergreifen?

Wir müssen endlich begreifen, daß der große Atheismus sich nicht bei den Armen findet, sondern daß er immer eine Tatsache der begüterten Klassen Europas gewesen ist. Die Reichen, die überdrüssige Bourgeoisie, stellte dort die ersten Atheisten.

Es ist ganz gewiß, daß die Verkündigung des Gottesglaubens seitens der Kirche auf ein Hindernis stößt, sobald diese den Verdacht erweckt, sie kümmere sich nicht um das Elend der Armen. Diese werden dahingeführt, eines Tages zu sagen: Wir wollen nichts mit einer Kirche gemein haben, die bei der Errichtung ungerechter sozialer Strukturen mithilft. Von hier aus kann man sich leicht zu einem Entschluß auch in bezug auf Gott selbst durchringen, denn diese Wirklichkeiten sind zutiefst miteinander verknüpft.

Vielleicht gelingt es der latein-amerikanischen Kirche dadurch, daß sie sich der Sache und der Partei der sozialen Gerechtigkeit annimmt, zu vermeiden, daß die Armen sich ihres Glaubens entledigen, wie es bei uns in Europa der Fall gewesen ist. Es wäre eine gleichsam vorherbestimmte und wunderbare Aufgabe für die Kirche Lateinamerikas, daß die Armen die Verkündigung der Existenz Gottes erhalten in der Weise einer *wirklichen* Verehrung dieses lebendigen und ewigen Gottes.

22 Der Papst könnte dazulernen

Gespräch mit *Siegfried von Kortzfleisch* in den Lutherischen Monatsheften (1981)

Noch eine ökumenische Selbsttäuschung?

Wieder einmal wird demnächst eine neue evangelisch-katholische Kommission zusammentreten. Sie ist nur etwas bischöflicher zusammengesetzt als die früheren. Ist die Bildung einer neuen Kommission nicht nur eine Selbsttäuschung, eine Vertröstung jener, die über die Stagnation des ökumenischen Dialoges klagen?

Ich würde den Vorwurf der Selbsttäuschung als subjektiv zu verantwortende nicht machen. Aber der Sache nach meine ich auch: Man kann im Grunde genommen leider nicht sehen, wie es dabei ernsthaft mit Resultaten weitergehen sollte. Man fühlt sich natürlich in seinem christlichen Gewissen für ökumenische Bewegung und Tat verantwortlich, und dann bildet man eben eine Kommission, die da weiterreden soll, obwohl es doch schon solche Kommissionen genug gibt. Man hat den Eindruck, daß es so wirklich nicht weitergeht. Für mich stellt sich die Frage: Können die Kirchen, ohne daß eine der »Parteien« ihre bisherige grundsätzliche Überzeugung opfern müßte, ökumenische Fortschritte machen? Ich meine, das wäre möglich.

In allen Punkten, wo es praktisch werden sollte, blocken aber die katholischen Bischöfe ab: Interkommunion, Mischehen-Seelsorge, ökumenischer Religionsunterricht. Was kann den ökumenischen Optimismus noch nähren?

Man müßte untersuchen, ob man von einem de facto gegebenen Kirchenverständnis der katholischen Kirche aus gerade an *diesen* Punkten sehr viel weitergehen kann. Da kann man ja ein Fragezeichen machen. Zur Interkommunion allerdings meine ich, daß man da auch nach traditionell katholischen Konzepten etwas weiterkommen könnte. Vor allem aber wäre darüber nachzudenken, ob die katholische Kirche nicht in einem viel größeren Rahmen ekklesiologischer Überlegungen eine mutige ökumenische Offensive ergreifen könnte. Konkret: Könnte die katholische Kirche nicht mit irgendeinem Grad von Verbindlichkeit von Rom aus erklären, diese und jene Dinge brauchen auf dem Wege zu einer Kircheneinigung kein Hindernis mehr zu sein. Ohnehin ist es doch unter allen Ökumenikern aller Konfessionen selbstverständlich, daß die Einheit, die wir erstreben, nicht einfach in einer Vereinnahmung der evangelischen, reformatorischen Kirchen in die im übrigen unverändert bleibende römisch-katholische Kirche bestehen kann. Warum sollte also nicht Rom, ohne das Gesicht zu verlieren und ohne irgendeine dogmatische Position aufgeben zu müssen, erklären können: Die Einheit der Kirchen hebt eine (genauer zu beschreibende) Pluralität der »Vereinigten Kirchen« nicht auf.

Worin zum Beispiel könnte man verschieden bleiben?

Es ist zum Beispiel klar, daß die Weise, wie die römisch-katholische Kirche nach ihrem allgemeinen Kirchenrecht und der faktischen Praxis die Bischöfe bestellt, kein Dogma der Kirche ist. Bischofswahl und Bischofsbestellung könnten auch in anderen rechtlichen Formen geschehen. Wenn nun ein evangelischer Christ oder Bischof oder Ökumeniker sagt: Eine Bischofsernennung, wie sie bei euch praktiziert wird, kommt für uns schlechterdings nicht in Frage – warum kann dann Rom nicht klar und rechtlich faßbar erklären: Selbstverständlich, diese Art von Bischofsernennung oder auch andere Bestimmungen des bisherigen römisch-katholischen Kirchenrechts sind keine Dinge, die die ökumenische Einigung verhindern müßten.

Aber ist der Papst, der vor allem von seiner polnischen Heimat geprägt ist, wo man sich um andere Kirchen überhaupt nicht kümmert, sie gar nicht erst wahrnimmt, für ein solches aggressiv-ökumenisches Denken überhaupt vorbereitet?

Wenn der Papst es von seiner polnischen Heimat her nicht gewohnt ist, weil andere Kirchen bisher in seinem Gesichtsfeld gleichsam nicht vorkamen, dann kann er in Gottes Namen doch dazulernen! Warum soll er denn das schlechterdings nicht können? Jedermann weiß, daß er, wenn er auf die Philippinen geht, sich vorher genauer informieren muß, ob er da vorsichtig sein muß, damit er nicht mehr zerstört, als er aufbaut. So gibt es auch Dinge, die er auch in ökumenischen Fragen durchaus neu dazulernen könnte, wenn er sie noch nicht wissen sollte.

Aber wir erleben ihn doch eher als einen Papst, der sich zunehmend kompromißlos zeigt.

Ich weiß nicht, ob das, was für moraltheologische Fragen gelten mag, auch für ökumenische Fragen gelten müsse. Er hat doch etwa erklärt, daß in diesem Jahrtausend die Union mit der Ostkirche noch erreicht werden könne und müsse. Da muß er sich doch irgendwelche Gedanken gemacht haben, wie das möglich sein solle. Und dann sehe ich nicht ein, daß – trotz der viel größeren Gemeinsamkeiten, die wir Katholiken mit der Ostkirche haben – das Grundsätzliche und die Substanz der Schwierigkeiten zwischen Rom und der orthodoxen Kirche leichter zu bereinigen seien als zwischen Rom und den reformatorischen Kirchen.

Vereinigung ohne Verwandlung der Kirchen?

Können die Kirchen einander näherkommen, ohne sich zuvor zu verwandeln? Oder werden die Kirchen sich wandeln, wenn sie einander näherkommen?

Ich glaube, man kann da keine echte Alternative aufstellen. Wenn die Kirchen wirklich den echten Willen haben, zueinanderzukommen, dann müßten sie sich ja überlegen, was dazu notwendig sei. Und deswegen müßten sie sich natürlich auch überlegen, worin sie sich jeweils selber ändern könnten, um den anderen in einer richtigen Weise entgegenzukommen.

Aber die katholische Kirche, so will es scheinen, hat vor zuviel Wandel in der nachkonziliaren Zeit Angst. Mit guten Gründen?

Man kann die Probleme, die mit Ihrer Frage zusammenhängen, nicht pauschal lösen. Es gibt so viele Dinge, bei denen ein katholischer Christ auch in der nachkonziliaren Kirche, bei allem Mut zur Progressivität, seine Bedenken haben kann und bei denen er einen Fortschritt in dieser oder jener Richtung gar nicht wünschen wird. Was ist in dieser oder jener Sache das wirklich Wünschenswerte, das Vernünftige, das echt Christliche, das, was uns gegenseitig wirklich näherbringt? Das müßte im *einzelnen* gefragt werden.

In der Praxis beobachten wir seit etlichen Jahren, daß die deutschen katholischen Bischöfe dort, wo bereits Zusammenarbeit zwischen evangelischen Gruppen und Organisationen und katholischen Gruppen und Organisationen bestanden hatte, diese wieder zurückgepfiffen haben. Es sieht aus wie eine Politik der Abgrenzung. Man könnte diesen Vorgang fast mit Entwicklungen zur Zeit der Gegenreformation vergleichen. Ist das eine Strategie oder nur die kirchliche Spielart eines allgemeinen konservativen Zeitgeistes?

Zur Zeit des Konzils herrschte natürlich eine gewisse Euphorie des Verändern-Könnens und vielleicht auch des Verändern-Müssens. Eine Euphorie, der gegenüber die bischöflichen Kirchenleitungen sich ängstlich und nachgiebig zeigten. Dann kam es zu einer Phase, in der man den Eindruck hatte, da und dort bleibe einem katholischen Bischof gar nichts anderes übrig, als nein zu sagen und auch den Mut dazu zu haben, auch wenn gewisse Gruppen und Kreise im Kirchenvolk anderer Meinung wären. Das kommt natürlich jetzt, in einer Zeit, da eine konservativ-ängstliche Restaurationsmentalität auch im gesellschaftlichen Bereich weit verbreitet ist, voll zum Tragen. Und da hinterlassen die Bischöfe natürlich den Eindruck, daß sie mehr bremsen, als es berechtigt ist. Vor fünfzehn Jahren hätten zum Beispiel die deutschen Bischöfe nicht so selbstverständlich in die Berufungspolitik der katholischen Fakultäten eingegriffen, wie sie das heute tun. Es sieht langsam so aus, als ob die katholischen Professoren an deutschen Universitäten in der Theologie im Grunde genommen von den Bischöfen ernannt werden. Und solche Vorfälle gibt es natürlich nicht nur vereinzelt.

Besteht nicht die Gefahr, daß Teile des Zweiten Vatikanums in aller Stille »unschädlich« gemacht werden?
Einerseits muß man sagen, daß der jetzige Papst mindestens in seinen offiziellen Reden und Enzykliken das Licht des Zweiten Vatikanums nicht unter einen Scheffel stellt. Wieweit in praktischen Dingen da und dort nicht doch gegen den Geist des Zweiten Vatikanums gesteuert wird, ist allerdings eine andere Frage. Zu fragen ist zunächst so: Gibt es viele Vorgänge, bei denen *nachweislich* gegen den Buchstaben des Konzils gehandelt wird? Ich denke dabei nicht so sehr an Einzelfälle, sondern an Maßnahmen größeren Stils. Das wird wohl gar nicht so leicht nachweisbar sein. Denn in einer katholischen Kirche, bei der das Kirchenrecht und der geschriebene Buchstabe ein größeres Gewicht haben als bei den Evangelischen, ist die Sache ein bißchen schwierig: Wenn der Buchstabe nicht verletzt ist, dann können zwar viele Leute schreien, der Geist sei verletzt, aber das läßt sich schwer nachweisen; deshalb hat solch ein »Schrei« nur wenig Wirkung. Gleichwohl, und das sagt ja der Papst selber, wurde mit dem Zweiten Vatikanum doch eine neue Phase für das Selbstverständnis der katholischen Kirche eingeleitet. Und auf die Dauer setzt sich das, langsamer oder schneller, durch.
Viele Jahre lang haben die Theologen die Punkte untersucht, in denen sie übereinstimmen können. Die verbleibenden harten Streitpunkte wurden gleichsam eingeklammert. Würde es nicht das Klima klären, wenn nunmehr einmal für eine Weile aller theologische Witz darauf verwandt würde zu definieren, worin der Dissensus besteht?
Prinzipiell wäre das sehr gut. Nur ist auch der Dissensus gar nicht so leicht festzulegen. Nehmen Sie einmal an, Sie oder ein anderer evangelischer Theologe formulierten eine These über die Lehrfunktion des Papstes in der katholischen Kirche mit dem Zusatz, so etwas sei für den evangelischen Theologen unannehmbar. Im selben Augenblick, wo Sie das getan hätten, würden wir katholischen Theologen vielleicht überzeugt erwidern: Du hast uns im Grunde mißverstanden. Ich sage nicht,

daß ich damit recht hätte, aber formal gesehen würde diese von Ihnen vorgeschlagene und grundsätzlich durchaus sinnvolle und nützliche Methode, im ökumenischen Gespräch weiterzukommen, doch auf so etwas hinauslaufen.

Aber gilt das denn für alle Streitpunkte?

Es gibt auch andere Dissense – ich will das gar nicht leugnen. Über die Primatialgewalt des Papstes zum Beispiel könnten wir einen Dissens feststellen. Und ich würde vielleicht auch zugeben: Sie haben die katholische Position verstanden und verwerfen sie als die richtig verstandene. Ein anderes Beispiel: 1950, bei der Definition der Assumptio der seligen Jungfrau, haben die evangelischen Theologen einhellig – ich sage das jetzt etwas boshaft – ein entsetzliches, entrüstetes Geschrei ausgestoßen, wie unchristlich und unbiblisch das wäre. Wenn Sie heute als evangelischer Theologe überhaupt darüber spekulieren wollen und sagen würden, daß selbstverständlich mit dem Tod bei jedem Christen und Menschen, der gerettet wird, jene totale Vollendung gegeben ist, die die sogenannte leibliche Auferstehung impliziert, dann würde kein evangelischer Theologe, also keiner unter den Kollegen Theologieprofessoren, sagen, das sei unchristlich und müßte mit einem Anathema bedacht werden.

Aber Sie ebnen doch die Mariologie jetzt ein.

Nein, das sieht bloß so aus. Die katholische Kirche hat bei Maria – durchaus legitim angesichts ihrer besonderen heilsgeschichtlichen Funktion – einen Grund, in ihrem schon gereiften Glaubensverständnis so etwas wie die Assumptio auszusagen, während sie es von anderen noch gar nicht aussagen kann.

Ohne in das apologetische Gespräch über Maria einzutreten: Es ist doch sicher so, daß es nicht schwieriger ist, einen Dissensus zu ermitteln als einen Konsensus?

An sich könnten Sie das natürlich durchaus sagen. Aber ich könnte mir denken, daß zum Beispiel ein Moltmann oder ein Jüngel mit mir derselben Meinung sind, daß die Definition von Chalkedon richtig ist und eine unaufgebbare Wahrheit ausspricht. Trotzdem kann man, wenn wir jetzt genauer hinsehen, bei diesem Konsens, der da ist und der kirchlich genügt, theologische Meinungsverschiedenheiten feststellen, die sehr tief gehen. Ich würde Verschiedenes, das Moltmann zur Trinität und Christologie sagt, für falsch halten. Auch unter der Voraussetzung, daß Moltmann und ich gewisse kirchenlehramtliche Sätze durchaus ernsthaft bejahen. Insofern ist es schwierig zu entscheiden, ob ein Konsens oder ein Dissens leichter festzustellen ist.

Modelle und Zeiträume für die Einheit der Christen

Was ist Ihr Strukturmodell für die Einheit der Christen?
Ich würde am liebsten sagen, die Kirchenleitungen sollten sich darüber Gedanken machen.
Genügt es, im Glauben übereinzustimmen?
Wie stelle ich fest, daß ich zum Beispiel eines Glaubens bin mit meinem Kollegen Heinrich Fries. Zunächst habe ich nicht die geringste Schwierigkeit, das zu bejahen. Er ist katholisch getauft. Er will durch seine ganze Lebensführung und Äußerung katholisch sein. Er erkennt das kirchliche Lehramt an. Und ich auch. Wenn ich dann genauer hinschauen würde, dann würde ich vielleicht Unterschiede in vielen Auffassungen feststellen, die ich nicht als kirchenspaltend ansehen darf, denn wir sind in derselben Kirche und desselben Glaubens. Wie unterscheidet man solche die Kirchenglaubenseinheit nicht aufhebenden Meinungsverschiedenheiten von solchen, die die Einheit aufheben? Mein evangelischer Kollege Steck in Münster etwa war, wenn ich ihn recht verstanden habe, der Meinung, daß der Unterschied zwischen evangelischen und katholischen Christen wirklich so tief und radikal ist, daß wir nicht ein und denselben Gott haben. Das würde ich so nicht sagen. Aber das zeigt doch, wie schwierig es ist, auf der einen Seite theologische Meinungsverschiedenheiten zu sehen und zu akzeptieren und sie auf der anderen Seite nicht als kirchenspaltend zu werten.

Die katholische Kirche hat doch nicht nur mit der Spaltung, sondern auch mit der Nichtspaltung Erfahrungen gesammelt.
Es gab in der katholischen Kirche zu allen Zeiten – bei Ihnen natürlich auch – immer Meinungsverschiedenheiten, bei denen man festgestellt hat, sie seien nicht kirchenspaltend. Die Jesuiten und die Dominikaner haben sich im 16. und 17. Jahrhundert erbittert gestritten um das Verhältnis von göttlicher Souveränität und Macht und der menschlichen Freiheit. Sie haben durchaus so argumentiert, als ob diese Meinungsverschiedenheit eine glaubenstrennende sei; denn die Dominikaner haben gesagt, die Jesuiten seien im Grunde genommen Semipelagianer; und die Jesuiten haben gesagt, die Dominikaner seien im Grunde genommen Calviner. Doch die Amtskirche hat erklärt: Jetzt seid still und bringt euch nicht gegenseitig um. Die Amtskirche verwarf keines der beiden Konzepte. Ich könnte mir somit auch heute unter katholischen Theologen durchaus sehr tiefgehende Meinungsverschiedenheiten denken, die greifbar gemacht werden könnten, bei denen die Kirche ebenso handeln sollte, obwohl beide Parteien eigentlich auf eine Unterscheidung im Glauben hin argumentieren. Das wird jedoch nicht gemacht, zumal die ganze Erkenntnistheorie, die hinter solcher Praxis stünde, theologisch noch überhaupt nicht reflektiert ist.
Wenn Sie so viele Unterschiede innerhalb einer Kirche vor Augen haben, könnte man sich für die Einheit unter den Kirchen ein Einheitsmodell vorstellen, auch ehe es eine doktrinale Übereinstimmung gibt?
Ich könnte mir dies dort nicht vorstellen, wo eine dieser streitenden »Parteien« eine feierlich amtliche Erklärung der anderen »Partei« als schlechterdings unchristlich und gegen Gott gerichtet erklärt und empfindet.
Aber wenn man solche Verwerfungen aufhebt, eröffnet das Gemeinsamkeit, auch ohne vollen Konsens?
Ja, das offenbar. Um wieder ein konkretes Beispiel zu nennen: Ich bin in gewissen theologischen Fragen von sehr ernsthafter Art entschieden gegen die Theologie von Hans Urs von

Balthasar und er umgekehrt noch viel mehr. Vorläufig, glaube ich, hat er mich in Rom nicht als Häretiker angeklagt; ich habe das auch nicht gemacht. Die Amtskirche schweigt darüber, Gott sei Dank. Das grundsätzliche Bestreben, auf den Glauben der einen Kirche hin zu denken, ist bei beiden gegeben. Also können wir miteinander Eucharistie feiern und brauchen uns nicht gegenseitig auf den Scheiterhaufen zu bringen. Aber, wie gesagt, diese Dinge sind schlechterdings erkenntnistheoretisch noch nicht genau durchgedacht. Statt dessen wird mit einem gewissen praktischen Augenmaß in die Geschichte hineingewurstelt, ohne daß man recht weiß, warum man es in dem einen Fall so und in dem anderen Fall so macht. Warum toleriert man etwa hier sehr fundamentale Differenzen und ist dann in anderen Fragen, die viel sekundärer sind, so empfindlich?

Wie repräsentativ sind Bischöfe für den Glauben ihrer Gläubigen?

Auf beiden Seiten tun die Kirchenamtsträger bis auf den heutigen Tag so, als ob das, was sie als ihren Glauben verkünden, der Glaube der von ihnen geweideten Schafe Gottes sei. Das stimmt im großen und ganzen gar nicht. Nun sage ich nicht, daß, wenn die Herde mit der Lehre des Amtes nicht übereinstimmt, deswegen das Amt automatisch unrecht hat. Die umfassende Frage der Bedeutsamkeit des faktischen Glaubens und seiner Differenz mit dem offiziellen Glauben der Amtskirche ist jedoch noch nicht zu Ende gedacht. Wenn ein katholischer Bischof sagt, der evangelische Christ glaube nicht an die Unfehlbarkeit des Papstes, so hat er ja wahrscheinlich recht; aber das Seltsame ist doch, daß ihm die Tatsache, daß wahrscheinlich ein großer Teil seiner eigenen Gläubigen das auch nicht glaubt, kein Kopfzerbrechen bereitet. Es fehlt eine Theologie der Sozialität des erkennenden Geistes. Da wäre noch einiges – zumal für ökumenische Zwecke – zu tun.

In welchen Zeiträumen ist zu rechnen, wenn es um die Mehrung der Einheit der Christen geht? Können wir uns überhaupt noch viel Zeit leisten, angesichts der Erosionserscheinungen in den sogenannten christlichen Ländern?

Leisten können wir uns das nicht. Was wir de facto tun, ist eine andere Frage. Und wie Gott darauf reagiert in seiner Vorsehung, das ist noch einmal eine ganz andere Frage. Die Kirche hat sich in allen Konfessionen schon Verschiedenes geleistet, was sie sich nicht leisten durfte. Und merkwürdigerweise ist das Christentum dadurch doch nicht untergegangen, und das wird, trotz allem, auch so bleiben.

Herr Rahner, Sie sind Jesuit. Ist reformatorisches Denken, ist Luthers theologischer Impuls Ihnen von Ihrer geistigen Prägung her nicht zwangsläufig fern oder fremd?

Ich bin kein Lutherexperte, ich kann also nicht sagen, daß ich die lutherische Theologie unmittelbar von Haus aus, von meiner Jugend und theologischen Bildungszeit her, als meine Heimat erlebt hätte. Ich möchte gleichwohl drei Sachen bei Luther unterscheiden. Erstens: Das, was einfach eindeutig seiner subjektiven Art und dem Zeitgeist zuzuschreiben ist, würde heute kein evangelischer Christ als besonders schön, erfreulich oder gar für unsere Zeit nachahmbar empfinden. Solche Dinge sind auf beiden Seiten stillschweigend der Vergessenheit anheimzustellen. Mich interessiert ja auch nicht, ob, wenn ich Nietzsche lese, er an einer Paralyse gestorben ist oder nicht; das ist seine private Angelegenheit; und von daher viel abzuleiten für das, was er sagt, ist schlechterdings unsinnig.

Zweitens: Es gibt unter den großen Gestalten der Kirchengeschichte, zu denen selbstverständlich Luther gehört, eine spezifische Mentalität, die einerseits nicht einfach identisch ist mit dem Gesamtbewußtsein der Kirche, die aber einen positiven Beitrag für das Gesamtkirchliche bedeutet. Zum Beispiel bin ich davon überzeugt, daß Ignatius von Loyola in seiner eigentlichen Theologie eine große, noch gar nicht ausgeschöpfte Bedeutung für das Glaubensleben der Christen, zumindest einmal der katholischen Christen, haben könnte. Und so billige ich Luther eine große, immer noch lebendig sein könnende und hoffentlich bleibende Bedeutung zu.

Auch unausgeschöpft für Katholiken?

Ja, sicher. Das bedeutet aber nicht, daß jeder Christ aus dem charismatischen Spezifikum eines anderen großen Christen leben müsse. Und der dritte Punkt zu Luther: Es gibt bei allen großen Leuten der Kirchen- und Theologiegeschichte und des Glaubensbewußtseins der Kirche immer auch die lebendige Bezeugung des wirklich gemeinsamen Christlichen. Das ist bei Luther natürlich auch vorhanden.

An welchen Stellen würden Sie selbst gerade heute reformatorische Theologen und reformatorische Kirchen kritisch herausfordern?

Vor allem darin: Am Anfang haben sie uns mit Recht vorgehalten, daß bei uns die ökumenische Bewegung stagniert. Ich denke, es ist nötig, nun dieselbe Feststellung auch an die Adresse der evangelischen Amtsträger zu richten.

Sie haben über fünfzig Jahre Theologie betrieben und gelehrt. Was ist jenseits der Theologie? Wenn es gar nicht mehr mit Worten geht, wenn man aufhört Theologie zu reden – was ist dann der für Ihren Glauben wichtigste Gedanke?

Für mich ist die Unbegreiflichkeit Gottes nicht nur irgendein Satz, sondern sie ist sehr fundamental. Eigentlich enthalten alle christlichen und auch kirchlichen Dogmen im Grunde genommen das Verbot eines endgültigen Abschlusses und das Verbot, überzeugt zu sein, jetzt habe man die Sache klar.

Wenn man alt ist, dann denkt man an den Tod und hofft, daß dies ein Sturz ist in die Unbegreiflichkeit eines zu uns ja sagenden Gottes. Von daher sollten – natürlich ohne dabei einzelne Dogmen aufzugeben – doch die Perspektiven und die Gewichtungen der amtlichen Kirchenlehren oft ganz anders als üblich ausfallen.

23 Zur Spiritualität gehört eine gelehrte Unwissenheit

Gespräch mit *Louis Ter Steeg* im Radio KRO Hilversum, Holland (1981)

Noch einmal zum »theologischen Atomphysiker«

Welche Bekümmernis steckt hinter dieser Zeichnung[1]*?*
Ja, es steckt natürlich die Bekümmernis dahinter, daß sich die Fachtheologie in ihrer Begrifflichkeit, in der Sublimität ihrer Fragen, in der Komplexheit ihrer Probleme so weit von dem normalen Christen entfernt, daß dieser von der Theologie im Grunde genommen nichts mehr hat. Die Voraussetzung davon ist natürlich, daß dieser Christ letztlich mindestens von der Theologie etwas haben müßte, und diese Voraussetzung ist ganz richtig. Eine Theologie, die sich grundsätzlich davon dispensieren würde, im Dienste der Verkündigung der Kirche, im Dienste des Lebens der Christen zu stehen, wäre keine christliche und keine katholische Theologie mehr. Nun ist natürlich die Frage, wie groß der Abstand einer eigentlichen Fachtheologie zu den Bedürfnissen des Christen unmittelbar in seinem Leben sein darf. Ein gewisser Abstand ist natürlich notwendig.
Wenn man heute Atomkraftwerke konstruiert – ob mit Recht oder nicht, das wollen wir jetzt nicht untersuchen –, dann steht natürlich letztlich die Atomphysik, die diese Atomkraftwerke ermöglicht hat, auch im Dienst der Leute, die an ihrem elektrischen Stecker Licht machen und ihren Kühlschrank laufen lassen. Aber trotzdem ist natürlich klar, daß die unmittelbare wissenschaftliche Atomphysik von diesem Mann, der das elektrische Licht anknipst, nicht verstanden werden kann. Dieser Abstand ist legitim und dient ja gerade letztlich dem Normalverbraucher unten. So etwas gibt es natürlich auch in der Theologie.

[1] Siehe S. 72.

Was muß ich dem Christen von heute sagen, wenn ich ihm etwas von der wirklichen Gegenwart des Herrn im Abendmahl sagen will? Das kann vielleicht sehr einfach sein, vielleicht sogar einfacher, als man es bisher ausgesagt hat. Aber man muß natürlich über diese Dinge dogmengeschichtlich, exegetisch, systematisch sehr genau nachdenken, damit dem Normalchristen über diese Glaubenswirklichkeit etwas Sinnvolles und von ihm auch Assimilierbares gesagt werden kann. Die sublime Theologie ist vielleicht für ihn unverständlich, aber sie dient eben doch dem Gläubigen. Mit anderen Worten: Ich glaube, es darf ruhig theologische Atomphysiker geben, und diese Dinge sollten dann in angemessener Weise weitergegeben werden. Der Begriff der Simplifikatoren ist da, glaube ich, nicht ganz gerecht, denn es kann unter Umständen eine sehr tiefsinnige und schwierige Sache sein, etwas sehr einfach zu sagen. Zum Beispiel müßte derjenige, der am Dreifaltigkeitssonntag über die Trinität und nicht über die Dritte Welt predigt, auf der einen Seite sehr einfach, sehr schlicht reden können über dieses unsagbare Mysterium. Aber gerade dazu bedarf es nicht nur der Anstrengung der spekulativen Theologie, sondern auch der sehr schwierigen Anstrengung der Übersetzung dieser Theologie. Das geht nicht einfach nur durch simplifizieren, sondern benötigt noch einmal eine besondere theologische Reflexion. Der Simplifikator ist nicht der simple, dumme, primitive Pfarrer, sondern der richtige Simplifikator ist derjenige, der mit größter geistiger Anstrengung das christliche Dogma zu durchdenken versucht und sich dann fragt: Was bedeutet es – nicht nur für den »Dummen da unten«, unter der Kanzel, sondern für mich selber? Und in dem Augenblick, wo er nun gleichsam selber sich aus dem Theologen zu dem verwandelt, der beten muß, der sein eigenes Heil in Furcht und Zittern zu wirken hat, wird seine Theologie bei aller notwendigen, vorausgehenden Spekulation selber noch einmal demütig und schlicht. Und das kann er dann auch predigen. Atomphysiker in der Theologie muß es geben, aber sie müssen ihre eigene Funktion richtig erkennen und wissen, daß schließlich und endlich das Letzte, was sie sagen können, wieder das Einfache ist, das auch der Zuhörer unter der Kanzel verstehen kann; und da müßte dann Jesus zuhören können und sagen: »I understand«.

Sie haben einmal über die Unvermeidlichkeit der Häresien bei den Gläubigen in der Kirche geschrieben: Viele Christen und Katholiken, die in ihrer Kirche leben und darauf Wert legen, können bei dem geistigen Pluralismus und dem Überangebot von Bewußtseinsinhalten heute gar nicht völlig davor bewahrt werden, Meinungen zu vertreten, die objektiv gesehen Häresien sind.

Ja, ich würde sagen, mit je mehr Bällen man gewissermaßen spielen muß als Jongleur, um so größer ist natürlich die Gefahr, daß einem ein Ball herunterfällt. Und so etwas gibt es auch in der Theologie, wenn man es ganz einfach macht; das heißt: Wenn man nur mit zwei oder drei Bällen spielt, dann kann man natürlich relativ leicht dafür sorgen, daß keiner herunterfällt. Aber bei der ungeheuren Differenziertheit des heutigen Wissens der Anthropologie, der Exegese, der Geschichte, der Kulturgeschichte und aller anthropologischen Fächer von heute ist es außerordentlich schwer, all das so zu sagen, daß es wirklich ganz zusammenpaßt; man fängt den einen Ball auf, und plötzlich ist einem der andere Ball heruntergefallen, ohne daß man es merkte. Und so etwas gibt es natürlich ebenfalls in der Theologie.

Nehmen wir einmal an, ein Theologe sagte: Pius XII. erklärte feierlich, daß die menschliche Seele von Gott geschaffen ist; schön, ich bin auch davon überzeugt. Aber was heißt das jetzt angesichts der heutigen Evolutionstheorie, der heutigen Möglichkeiten, durch Computer Bewußtsein zu simulieren, vielleicht aber auch irgendwann zu produzieren; welcher Übergang oder Nicht-Übergang ist zwischen tierischem und menschlichem Bewußtsein gegeben etc.? Wenn ich von all diesen Dingen gar nicht alles wissen kann, was man heute an und für sich wissen könnte und sollte, dann passiert es vielleicht dem Theologen, der lehrt, die menschliche Seele sei von Gott

9 *Mit seiner 100jährigen Mutter und dem Chef des Hauses Herder, Theophil Herder-Dorneich, in Freiburg*

10 *Als Novize des Jesuitenordens (1922)*

11 *Die Eltern Luise Rahner geb. Trescher (1875–1934) und Karl Rahner (1868–1976)*

12 *Als Zweijähriger zu Fastnacht 1906 (Mitte) mit Geschwistern (von links) Anna, Georg, Hugo und einer Kusine*

geschaffen, etwas zu sagen, was vielleicht schon in seinem eigentlichen, absichtlichen Kern richtig ist, aber gleichzeitig verschiedenes Dummes und Falsches aussagt.
Wenn ich heute als Theologe noch mit dem Trienter Konzil sagen will: Die Substanz des Brotes ist nach der Konsekration nicht mehr gegeben – dann möchte ich einmal wissen, was da heute noch »Substanz des Brotes« bedeuten soll; und wenn ich die moderne Physik hier irgendwie voraussetze, kann es mir schon passieren, daß ich über die reale Gegenwart Jesu im Sakrament etwas sage, das objektiv falsch ist. Und so geht es natürlich erst recht dem normalen Gläubigen, der hört, was er von der Kanzel vorgetragen bekommt; und jetzt wird, ich möchte sagen, das, was der Prediger sagt, nicht in eine leere Scheuer seines Bewußtseins hineingefahren, sondern in eine mit tausend und abertausend Meinungen und Erkenntnissen vollgestopfte Scheuer, und wie dann nun alles miteinander zusammenpassen soll, das ist eine außerordentlich schwierige Angelegenheit.
Zum Beispiel: Ich möchte mich anheischig machen, einen frommen, orthodoxen, katholischen Bischof über die Realgegenwart Christi mit Fragen von der modernen Physik her so zu examinieren, daß er entweder nichts mehr zu sagen weiß oder einen theologisch oder philosophisch falschen Satz sagt, das läßt sich heute nicht mehr ganz vermeiden. Man soll Irrtümer vermeiden, würde ich sagen, die man erkennt, die man erkennen kann, die man bei einiger Mühe durchaus einsehen kann, die man auch bei einer richtigen Respektierung des gesamtkirchlichen Bewußtseins vermeiden kann; aber man muß auch mit Geduld mit sich selber und auch mit Geduld mit den Theologen unter Umständen mit Irrtümern in einer friedlichen Koexistenz zu überleben versuchen, mit Irrtümern, die man nicht vermeiden kann.
Sahen Sie damals, als Sie 1932 zum Priester geweiht wurden, das Theologiestudium schon als Ihre eigentliche, priesterliche Aufgabe an, oder hätten Sie vielleicht lieber in der direkten Seelsorge gearbeitet?

Auch von außen her gesehen war es so, daß ich damals schon eine sogenannte Bestimmung durch die Oberen hatte, die ich mir nicht ausgesucht hatte und die lautete, ich solle in Pullach bei München in der Philosophischen Fakultät Geschichte der Philosophie dozieren. Dazu ist es dann faktisch nicht gekommen, weil ich dann wieder umbeordert wurde auf den Dogmatik-Lehrstuhl in Innsbruck. Aber an sich war ich all diesen Dingen gegenüber, wie sich das damals eben für einen guten Jesuiten geziemte, doch sehr indifferent, man hätte mich zu dem oder zu jenem machen können, was die konkrete Arbeit angeht. Eine letzte, gemeinsame Intention seelsorglicher Art war bei all diesen Dingen doch immer gegeben und war das Gemeinsame an all den verschiedenen Möglichkeiten, vor denen ich damals stand.

Priestermangel – und wie es weiter gehen soll

Es gibt heute einen großen Priestermangel. Was könnte getan werden, um diesen Priestermangel zu beheben?

Das ist natürlich eine Frage, die schwer zu beantworten ist, und zwar einfach deswegen, weil zu diesem Priestermangel sehr viele und sehr verschiedenartige Gründe beitragen. Ein äußerer, nicht unbedeutender, aber längst nicht der einzige Grund ist natürlich das Festhalten der Kirche am Zölibat des lateinischen Klerus. Es gibt natürlich aber sehr viele andere Gründe, die dazukommen: die ganze Veränderung des geistlichen Klimas; der viel deutlichere Pluralismus in der Mentalität der heutigen Menschen; der Schwund einer geschlossenen, katholischen Gesellschaft, in der gerade auch der Weltpriester leichter leben konnte als in der heutigen Zeit. In der heutigen Gesellschaft ist er natürlich sehr stark isoliert; größere Probleme als früher kommen in der Theologie auf ihn zu; es gibt mehr Möglichkeiten, auch einen theologischen oder kirchlichen, seelsorgerischen Beruf außerhalb des Priestertums zu ergreifen. Alle diese und viele andere Gründe wirken zusammen und

bringen diesen Priestermangel hervor. Wie man das ändern könnte, ist eine andere Frage.
Gestern abend erzählte mir ein Professor aus Budapest, daß in der Diözese Eger in Ungarn sich nur ein einziger gemeldet hat. Man sagte mir aber auch, in Österreich gäbe es in dem Stift Kremsmünster mehr junge Leute, die Benediktiner-Priester werden wollen als in der großen Diözese Wien. Das hängt vielleicht mit dem zusammen, was ich vorhin sagte, daß man in der Gemeinschaft eines Klosters eher die behütende, stärkende, abschirmende Atmosphäre hat, um leben zu können, als ein einsam lebender Weltpriester in der Großstadt, wo es vielleicht noch sechs oder acht Prozent praktizierender Katholiken gibt.
Das Priesterzölibat könnte geändert werden; könnten auch Frauen die Priesterweihe empfangen?
Sie wissen ja, daß Rom gegen eine solche Weihe ist und – nicht definierend, aber dozierend – erklärt hat, dieser Ausschluß der Frau vom Priestertum sei dogmatisch begründet und könne von der Kirche nicht geändert werden; aber ich bleibe trotzdem bei der unmaßgeblichen Meinung, daß das kein Prinzip göttlichen Rechts ist und von der Kirche geändert werden könnte. Ob und wann eine solche Änderung möglich und praktisch opportun ist, wo und wann die gesellschaftlichen Verhältnisse in Beziehung zu Mann und Frau so sind, daß unmittelbar gar kein Problem mehr besteht, Leitungsfunktionen der Kirche auch der Frau anzuvertrauen, das sind natürlich Fragen, auf die auch ich keine Antwort habe. Ich hoffe, daß für europäische und nordamerikanische Verhältnisse eine solche Änderung des Gesamtklimas im Verhältnis von Mann und Frau in der Welt und in der Kirche so bald eintritt, daß man auch Frauen ein solches Amt in der Kirche anvertraut.

»Mystik des Alltags« und »winterliche Frömmigkeit«

Würden Sie die Spiritualität des Ignatius von Loyola als das einheitstiftende Element in Ihrem Leben ansehen?

Ich hoffe, daß es so ist, Spiritualität will ja ein Verhältnis zu Gott sein. Ein Verhältnis zu Gott – da weiß man nicht so genau, ob man es hat, wie man es hat, was das Entscheidende daran ist ... Es gibt für mich eine auch eben zur Spiritualität gehörende »docta ignorantia« über sich selber.

Das müssen Sie übersetzen.

Eine weise, gelehrte Unwissenheit über sich selber, die man Gott anvertrauen muß, ohne zu wissen, wie es ist. Der hl. Paulus hat schon gesagt: Ich richte mich nicht selber. Ich bin mir zwar keiner Schuld bewußt, aber der, der mich richtet, ist Gott allein.

Und so gehört zum Wesen des Menschen, trotz aller Psychologie und Psychoanalyse und all dieser Dinge eine letzte Unreflektiertheit auf sich selber, die gar nicht überwindbar ist. Und der Mensch, der *das* weiß und der auch weiß, daß er von sich nichts weiß, der vertraut sich Gott an und hofft, ein – wie wir in altchristlicher Terminologie sagen würden – gnädiges Gericht bei Gott zu finden. Wir müssen im Alltag unseren Tod einüben und da so zu leben versuchen, wie wir im Tod zu sterben wünschen, ruhig und gelassen. Im Alltag ist Gott und seine befreiende Gnade. Es gibt die Mystik des Alltags, das Gottfinden in allen Dingen, die nüchterne Trunkenheit des Geistes, von der die Kirchenväter und die alte Liturgie sprechen, die wir nicht ablehnen oder verachten dürfen, weil sie nüchtern ist.

Sie haben in diesem Zusammenhang auch einmal von »winterlicher Frömmigkeit« gesprochen?

Wir brauchen nicht die entsetzlich Entzückten, die furchtbar Begeisterten als Richtschnur zu nehmen, wenn wir es in Wirklichkeit nicht sind. Wir müssen gewissermaßen eher unsere Skepsis als Erfahrung von Gnade verstehen. Wir leben in einer nüchternen, in dem Sinn winterlichen Zeit, wo es im religiösen Leben nicht sehr viele Blüten gibt, über die man entzückt sein könnte. Aber auch eine winterliche Zeit, meine ich, kann durchaus eine Zeit der Gnade sein. Sterben wir, wenn wir krebskrank auf dem Sterbebett liegen, mit einer großen charismatischen Begeisterung oder mühevoll und trotzdem über alle Hoffnung hinaus hoffend: »Herr, in Deine Hände lege ich meinen Geist«? Wenn das Zweite der Stil unseres Sterbens ist, dann – so meine ich – gibt es auch einen legitimen, diesem analogen Stil des Lebens, auch des Lebens der Gnade; denn Gnade kann auch die nüchterne Hoffnung wider alle Hoffnung sein.

Diese nüchterne Hoffnung wäre auch mehr Ihre persönliche Frömmigkeit?

Ich reflektiere nicht sehr auf meine eigene persönliche Frömmigkeit, denn das weiß man ja im Grunde genommen so gar nicht. Wenn Sie schon so wollen, dann würde ich sagen: Die Nüchternheit des Alltags als eine wahre Gegenwart des befreienden Geistes ist das, was ich mir für meine Frömmigkeit wünsche.

Erinnerungen: eine Zeit zum Lachen – eine Zeit zum Weinen

Sie haben mir erlaubt, in Ihren Fotoalben zu blättern. Können Sie mir auch manche Fotos näher erklären?

Das sind meine Eltern, so wie ich sie in Erinnerung meiner Kindheit habe[2], und hier auf dem anderen Foto sind noch: mein Bruder Hugo, mein Bruder Georg, meine letzte noch lebende Schwester, und dieser mit der Zipfelmütze und dem Horn, das bin ich – dies war so eine Fastnachtkostümierung[3]. Ich würde sagen, im großen und ganzen ist mein Leben, wenn man einmal von den äußeren, politischen, gesellschaftlichen Ereignissen absieht, eigentlich in einer unauffälligen, kontinuierlichen Weise verlaufen. Ich habe ein normales Familienleben mitbekommen, mit guten Eltern und sechs Geschwistern. Ich bin dann nach meinem Gymnasium sofort in den Orden der

[2] Siehe das Foto Nr. 11 in diesem Band, gegenüber S. 209: Luise Rahner, geb. Trescher (1875–1976) und Karl Rahner (1868–1934).
[3] Siehe das Foto Nr. 12 ebd.

Gesellschaft Jesu eingetreten[4], und damit war natürlich eine Kontinuität gegeben bis auf den heutigen Tag, denn ich bin immer noch Jesuit.

Wie kam es dazu, daß Sie Jesuit wurden?

Ich war – sagen wir einmal etwas formal und abstrakt – religiös interessiert und wollte Priester werden. Aber eigentlich – warum, weiß ich nicht von vornherein – selbstverständlich in einem Orden; und da kamen für mich – ich weiß auch nicht so genau, warum – eigentlich nur die Jesuiten in Frage. Ich wollte nicht in einen beschaulichen Orden eintreten, denn ich hatte kein furchtbar intensives Verhältnis zur Liturgie, wie sich das etwa für einen Benediktiner geziemt; und ich war wissenschaftlich und apologetisch interessiert. So kam es eigentlich, daß ich Jesuit wurde, ohne daß ich jetzt genauere, entscheidende Einzelgründe angeben kann. Ich habe zum Beispiel nie, bevor ich im Orden war, Exerzitien gemacht. Ich war eigentlich in der links gerichteten, wenn man so sagen kann, katholischen Jugendbewegung des Quickborns Mitglied und nicht in dem mehr legal organisierten Neudeutschland. Das waren damals die zwei katholischen Jugendverbände für die studierende Gymnasialjugend. Ich war also beim Quickborn und bin trotzdem Jesuit geworden. Andere Leute, junge Leute damals hatten vielleicht die Jesuiten sehr intensiv als relativ reaktionäre Kampftruppe des Papstes erlebt oder empfunden, doch das war bei mir nicht so – warum, das weiß ich nicht.

Vielleicht deswegen, weil Sie von Anfang an intellektuell sehr aktiv waren und die Erneuerung der Theologie sowie der Kirche mit Hilfe der intensiven theologischen und besonders patristischen Arbeit, die z. B. Ihr Bruder Hugo mit anderen Jesuiten später in Gang gesetzt hat, sehr früh vorgeahnt haben?

Ich würde sagen: Zunächst war ich und blieb ein ordentlicher Schulmeister, der seine Pflichten tat und eigentlich nicht so furchtbar viel erlebt hat. Die großen Erlebnisse kamen selbstverständlich im Umkreis vor und nach dem Zweiten

[4] Vgl. dazu das Foto Nr. 10 in diesem Band, gegenüber S. 208.

Vatikanischen Konzil. Die Möglichkeit einer echten Erneuerung schien näher und realistischer zu sein, und meine theologischen Aktivitäten wurden intensiver. Sehen Sie sich z. B. dieses Foto an: Hier kniet demütig und devot Prälat Höfer, da ist der Chefredakteur Remigius Bäumer, und da bin ich in so einer größeren Papstaudienz, wo wir aber durchaus eine gewisse Rolle gespielt haben. Prälat Höfer und ich haben ja ein großes theologisches Lexikon zusammen herausgegeben, Lexikon für Theologie und Kirche, elf oder vierzehn Bände – je nachdem, wie man zählt – mit mehr als zweitausend Mitarbeitern; hier überreichen wir gerade Papst Johannes XXIII. einen der Bände[5]. Dieses hier ist auch ein schönes Bild, weil es bei dem internationalen Theologenkongreß kurz nach dem Konzil aufgenommen wurde. Auch Karl Barth war in Rom; er hatte damals mit dem Sekretariat von Willebrands zu tun; in diesem Rahmen gab es eine Unterredung und eine Feierlichkeit, an der Barth, ich und Eduard Dhanis, auch ein Jesuit, teilnahmen[6]. Hier, auf diesem Foto sieht man einen meiner Schüler und Freunde Professor Metz, Kardinal Döpfner und mich[7], und hier sehen sie mehrere Fotos auf der Synode von Würzburg[8]. Hier sind wiederum Bilder aus der Versammlung des Ordens »Pour le mérite« in der Villa Hammerschmid des damaligen Bundespräsidenten Scheel[9]. Dieses Foto entstand bei einer Preisverleihung in Wien durch Kardinal König[10].

Haben Sie mit Ihrer Theologie hauptsächlich über ihre Schüler Einfluß auf die Kirche und Gesellschaft ausgeübt oder auch über das kirchliche Lehramt, z. B. als Berater der Bischöfe?

Ich meine, daß es mit der Zeit doch eine ganz nette Anzahl von Theologen gab, die meine Schüler waren und noch irgendetwas davon mitgenommen haben in ihre spätere Tätigkeit. Aber der

[5] Siehe das Foto Nr. 1 im Band 1, gegenüber S. 128.
[6] Siehe das Foto Nr. 2 ebd.
[7] Siehe das Foto Nr. 11 im Band 1, gegenüber S. 240.
[8] Siehe die Fotos Nr. 12–14, ebd. gegenüber S. 240 und S. 241.
[9] Siehe die Fotos Nr. 5 und 6 in diesem Band, gegenüber S. 128.
[10] Siehe das Foto Nr. 4 im Band 1, gegenüber S. 129.

größere Einfluß entstand natürlich einfach durch die »Schriften zur Theologie«, diese vierzehn Bände[11], die ins Italienische, Englische und Spanische übersetzt wurden; diese haben den größeren Anteil an einem gewissen Einfluß meiner Theologie in der Welt gehabt. Dazu kam natürlich schon ein gewisser Einfluß durch das Konzil, zu dem ich von Kardinal König mitgenommen wurde und während dessen ich dann auch einen näheren Kontakt mit Kardinal Döpfner hatte, weil er im selben Haus mit mir wohnte[12]; da hatte ich natürlich schon eine Möglichkeit, einen gewissen Einfluß auf die Theologie des Zweiten Vatikanischen Konzils zu nehmen.

Dazu muß ich nun eine kleine Geschichte erzählen. Der damals in Rom bekannte, wichtige holländische Theologe Sebastian Thromb, der der Sekretär der theologischen Kommission war, zu der ich gehörte, hat einmal gesagt: »Dieser Rahner ist doch merkwürdig – wenn er *lateinisch* zu reden anfängt, dann kann man ihn ja verstehen ...«

Besser, als wenn Sie auf Deutsch reden würden?

Besser, als wenn ich auf Deutsch schreibe oder schreiben würde – denn er mochte mich nicht in seiner neuscholastisch konservativen Mentalität.

Haben Sie auch den Eindruck, daß das Verhältnis zwischen Theologen und kirchlichem Lehramt damals viel besser war als jetzt?

Im großen und ganzen glaube ich, war – zumindest für unsere mitteleuropäischen Verhältnisse – das Verhältnis damals während des Konzils wirklich besser. Es gab einen unmittelbaren Kontakt: Man sah sich, man hielt unter Umständen vor deutschen, brasilianischen, österreichischen Bischofskonferenzen am Abend über bestimmte theologische Fragen des Konzils einen Vortrag, man kannte sich, man konnte vor und nach den Sitzungen, in denen ja Bischöfe und Theologen in der theologischen Kommission beieinander waren, miteinander

[11] Band XV erscheint im Frühjahr 1983, Band XVI im Früjahr 1984.
[12] Vgl. dazu das Foto Nr. 3 im Band 1, gegenüber S. 129.

vernünftig reden. Ich habe damals ein ganz gutes Verhältnis mit Kardinal Ottaviani und mit dem irischen Kardinal Brown gehabt.

Und auch mit Papst Paul VI.?

Papst Paul VI. war nicht in unserer Kommission, aber ich habe ihn näher kennengelernt durch eine Privataudienz nach dem Konzil, als er also schon Papst war und mich empfing[13].

Darf man auch fragen, worüber Sie damals mit ihm gesprochen haben?

Wir haben uns lateinisch unterhalten, weil ich kein Italienisch kann. Er hat sich dann sehr flüssig und vernünftig mit mir auf Latein über alles Mögliche, nicht sehr Wichtiges unterhalten: daß die Theologie zwar pluralistisch sein darf, aber doch nicht chaotisch werden dürfe, wie der Papst sagte. Ich habe ihm einmal gesagt: »Sehen Sie, Heiliger Vater, vor zehn Jahren hat mir das Heilige Offizium verboten, noch ein Wort über Konzelebration zu sprechen, und heute konzelebrieren Sie auch.« Dann hat er so milde gelächelt und hat gesagt: *Est tempus flendi, est tempus ridendi* –, Es gibt eine Zeit zum Weinen und eine Zeit zum Lachen. Was es in dem Zusammenhang bedeuten soll, ist mir nicht so ganz klar geworden, aber er wollte wahrscheinlich sagen, es sei nun überall und auch in der Kirche Gottes so, daß sich die Zeiten und die Mentalitäten abwechseln; und dagegen ist kein Kraut gewachsen.

Letztlich kommt es weder auf Konservatismus noch auf Progressismus, sondern auf die Nähe Gottes an

Nach dem Konzil wurden Sie zum Mitglied der Internationalen Theologenkommission ernannt. Ihre Erfahrungen in dieser Kommission waren nicht sehr positiv?

Nein, das muß ich ehrlich sagen. Das war eine Kommission, in der in einer sehr demokratischen Art Theologen aus der ganzen

[13] Siehe dazu das Foto Nr. 1 in diesem Band, gegenüber S. 112.

Welt und von allen Richtungen vertreten waren, gelehrte und friedliche Leute – insofern war das eine ganz gute theologische Sache; aber was bedeutet es, wenn gescheite Theologen sich wohlwollend über x-beliebige theologische Themen unterhalten, die dann für die kirchliche Leitung von gar keiner Bedeutung sind? Das Heilige Offizium oder die Glaubenskongregation haben uns nie in irgendeiner Sache um Rat gefragt; mit anderen Worten: Diese ganze römische Theologenkommission war eine Unterhaltung von Theologen in genau derselben Weise, wie man auch sonst theologische Meetings macht, sich zusammensetzt und über theologische Dinge gescheit redet; es waren zwar Kardinal Séper und sein Sekretär dabei und hörten zu, aber das war auch alles. Ich habe ausdrücklich einmal gesagt: »Warum ich hierherkomme, sehe ich nicht ein, denn wir sind zu nichts nütze.« Darauf sagte Kardinal Séper: »Wir geben oder fragen Euch nichts, weil wir Euch Freiheit lassen wollen. Wir fragen selbstverständlich in der Glaubenskongregation Theologen außerhalb Roms; aber wen wir da fragen, das ist unsere Sache und nichts, was mit dieser römischen Kommission etwas zu tun hat.« Doch das leuchtete mir nicht ein.

Sind Sie dann zurückgetreten?

Ich bin dann aus dieser Kommission ausgetreten, weil ich mich gerne mit Theologen unterhalte, aber nicht einsehe, warum ich zu diesem Zweck nach Rom fahren soll, wenn dabei gar nichts herauskommt, das einen Zweck hat. Wenn ich nun nach Rom fahre, dann unterhalte ich mich doch gerne aus verschiedenen Anlässen mit den dortigen Amtsträgern, die mit mir reden wollen[14].

Hans Urs von Balthasar hat einmal über Ihre theologische Arbeit gesagt: »Karl Rahner ist wie ein Ochse, der nicht aus dem Geschirr springt, bevor der Karren der Tradition, vor den er gespannt ist, einen Ruck nach vorn gemacht hat.« Haben Sie

[14] Siehe dazu z. B. das Foto Nr. 2 in diesem Band, gegenüber S. 112: Bei *Pedro Arrupe,* dem Generaloberen des Jesuitenordens.

tatsächlich dazu beitragen können, daß der Karren der Tradition diesen Ruck nach vorn gemacht hat, oder hätten Sie mehr erwartet?

Letztlich kann ich das natürlich nicht beurteilen, aber ich meine, daß ich nicht nur gezwungenermaßen, sondern frei und gerne dauernd mit der kirchlichen Tradition in einem positiven Zusammenhang geblieben bin. Insofern ist natürlich eine theologische Arbeit immer das Bemühen, aus der Tradition heraus und mit ihr in einer bestimmten Zeit weiterzukommen. Ob und in welchem Umfang mir dies gelungen ist, das läßt sich natürlich schwer sagen. Ich glaube schon, daß in dieser oder jener Weise ein Beitrag von mir geleistet wurde. Wenn ich es einmal etwas anspruchsvoll formulieren darf: Heute gibt es nirgends in der katholischen Welt mehr die Neuscholastik, die es im 19. und der ersten Hälfte des 20. Jahrhunderts gegeben hat, und weder die Päpste noch die kirchliche Verkündigung sind so geblieben, wie sie in den Zeiten der Neuscholastik meinten, ewig bleiben zu sollen. Und bei dieser Bewegung und Veränderung von der Neuscholastik zu einer heutigen Theologie, die etwas näher bei den Menschen ist, meine ich, einen Beitrag geleistet zu haben.

Letztlich kommt es natürlich nicht auf Konservativismus und nicht auf Progressivismus an, sondern darauf, daß die Menschen wirklich die Nähe Gottes erfahren und mit ihrem Leben auf Gott hin zurechtkommen. Denn die Theologie ist keine Wissenschaft um ihrer selbst willen, sondern sie ist ein Dienst an dem Menschen, der Gott zu finden sucht, ihn anzubeten und ihn zu lieben versucht. Nur dort, wo jemand Gott um seiner selbst willen und nicht zum eigenen Vorteil liebt, kann er Christ und Seliger werden. Insofern sind alle wichtigen oder unwichtigen Dinge in der Geschichte der Theologie eben letztlich daraufhin zu beurteilen, ob sie den Menschen diesen Dienst um Gottes willen getan haben. Alles andere vergeht und ist nicht so furchtbar wichtig. Dieses Eine kann im Grunde doch zu allen Zeiten geleistet werden – ob nun die kirchenpolitische Atmosphäre gut oder schlecht, erfreulich oder weniger erfreulich ist, das spielt dabei keine große Rolle. Das ist mir im letzten eigentlich ziemlich gleichgültig; aber das Eine letztlich Entscheidende der Theologie wollte ich doch auch mittragen und mitleisten, die eine letzte und umfassende Frage nach Gott.

24 Die Sprache der Wissenschaften und die Sprache der Theologie

Gespräch mit *Joachim Schickel* im NDR, I (1981)

Theologie und Philosophie

Als Hans-Heinz Holt und ich uns vor einem Monat über die Sprache der Philosophie unterhielten, stießen wir auf das Phänomen einer doppelten Beziehung der Philosophie
a) zu ihrem Gegenstand und
b) zu ihrer Sprechweise über diesen Gegenstand, einer Art Verhältnis, von dem wir meinten, daß es nur der Philosophie zukomme.
Ich möchte das kurz an einem Beispiel erläutern. Ein Einzelwissenschaftler kann direkt über sein Objekt reden, der Botaniker z. B. über eine Pflanze, der Biologe über ein Tier usw. Der Philosoph – wenn er über seine spezifischen Titel redet, wie Gott, Welt, Mensch, Sein und dergleichen – spricht natürlich einerseits auch direkt über seinen Gegenstand; aber andererseits, meinten wir, spricht er zugleich und notwendig auch über den Ausdruck dieses Gegenstands; er kann das eine nicht von dem anderen trennen. Der Göttinger Philosoph Joseph König hat dies einmal das spezifische Können des Philosophen genannt. Wenn ein Philosoph etwas gut sagen möchte, müsse er beides zugleich bedenken und besprechen, und König hat das klar gemacht an einem Beispiel der Geographie: »Der Mount Everest ist der

höchste aller Berge«, als eine Aussage und an einer zweiten Aussage, einem Satz von Aristoteles: »Die Eudämonie, die Glückseligkeit, ist das höchste aller Güter«, und er sagt, bei der ersten Aussage (der Mount Everest sei der höchste aller Berge) sei die sprachliche Aussage, die etwas feststellt, etwas rein Hinzukommendes; man kann es auch mittels physikalischer Meßverfahren ausdrücken, während es bei der Philosophie ohne diesen sprachlichen Ausdruck nicht möglich ist, etwas über die Eudämonie herauszufinden. König sagt sogar, was die Eudämonie sei, sei für den Philosophen nur im Prädikat zugänglich.

Mir scheint aber, daß auch die Theologie in dieser eigentümlichen Situation steht, daß sie – wenn sie z. B. von Gott oder vom Sein spricht; beides tut sie ja – den Zugang zu dem Gegenstand nur im Prädikat hat. Aber müßte nicht noch etwas hinzukommen, um sie zur theologischen Sprache zu befähigen?

Die Gemeinsamkeit, auf die Sie abheben, ist sicher gegeben, weil der Theologe ja letztlich nur von Gott reden kann, indem er, in meiner Terminologie gesagt, die absolute Transzendenz des Menschen auf das absolute Sein oder auf das Geheimnis – oder wie man das nennen will – einsetzt. Infolgedessen ist selbstverständlich jede theologische Aussage, wenn sie auf Gott zielt, auch immer schon eine Aussage über den Menschen, der diese eigentümliche Bezogenheit auf Gott hat. Insofern sind natürlich eigentliche Geisteswissenschaften, besonders Philosophie und Theologie, von einer gemeinsamen Struktur; aber Sie haben ganz recht: Über diese Gemeinsamkeit hinaus hat natürlich die Theologie in ihrer Sprache eine ganz bestimmte Eigenart, die sowohl vom sprechenden, Theologie treibenden Menschen wie von ihrem »Gegenstand« Gott in einer gemeinsamen und letztlich unauflösbaren Weise herkommt. Die theologische Sprache ist mindestens in einem normal christlichen Verständnis eine Rede von Gott, aber eine Rede von Gott, insofern er sich in einem eigentlichen Sinn selber über die geschaffene Welt hinaus offenbart hat; und insofern ist schon eine sprachliche Eigentümlichkeit der theologischen Sprache gegeben im Unterschied zur Philosophie. Die Theologie beruft sich auf den sprechenden Gott, spricht seine Sprache nach – das ist mindestens die Absicht – während der Philosoph, wenn auch wieder auf andere Weise bedingt, gleichsam selber wieder den ersten Satz sagt.

Kann man das auch in Anbetracht eines Philosophen wie Aristoteles so sagen, wo sich das ja eigentümlich verschränkt, so daß viele Philosophen und Philologen sogar von einer Theologie sprechen, wenn sie von der ersten Philosophie reden?

Für eine christliche Theologie – zumindest in einem katholischen Verständnis – kann und soll sogar der Philosoph auch von Gott sprechen; aber er ist dann in einer anderen Weise Gegenstand in dieser philosophischen Theologie als in einer theologischen Theologie, wenn sie von Gott spricht. Die theologische Theologie – wenn ich so sagen darf – spricht von Gott als von demjenigen, dessen Wort sie gehört hat, während der philosophische Theologe, meinetwegen ein Aristoteles, von Gott spricht, insofern Er der letzte Urgrund des Seins überhaupt ist, welches der Philosoph bedenkt. Natürlich ist insofern die Sache etwas komplizierter, weil eine wirklich radikale Trennung von reiner Theologie und reiner Philosophie vermutlich gar nicht möglich ist.

Wenn ich Sie hier unterbrechen darf – vielleicht kommt es hier auf den Standpunkt des Philosophen an? Ich würde Ihnen für einen Mann wie Heidegger wohl recht geben müssen, auch wenn das sehr schwierig dort zu differenzieren ist. Er redet ja auch eigentlich nicht von Gott, er redet mehr von Göttern.

Es ist gleichgültig, ob jemand als Philosoph ausdrücklich von Gott oder Göttern oder von einem Göttlichen oder von einem Numinosen oder von irgend so etwas reden will oder nicht – dort, wo er das Ganze der Wirklichkeit philosophisch als Ganzes bedenken will, kann er gar nicht umhin und es nicht vermeiden, daß er – jetzt theologisch gesprochen – unter dem Einfluß Gottes steht, der sich selbst den Menschen mitteilen will. Ob er das reflektiert oder nicht, das ist eine ganz andere Sache.

Der Theologe wird sich auf die Heilige Schrift als Wort Gottes berufen; der Theologe wird mit einem Offenbarungsverständnis arbeiten, welches eine geschichtlich und raum-zeitlich sich ereignende Offenbarung voraussetzt. Das wird der Philosoph, auch wenn er über das absolute Sein, über Gott, über den letzten Urgrund aller Wirklichkeit nachdenkt, nicht tun; aber die innerste Bewegtheit des Menschen, die vielleicht bei diesem Philosophen gar nicht reflex zur Aussprache kommt, aber doch vorhanden ist, ist eine innerste Bewegung, die von dem sich in – christlich gesprochen – Gnade mitteilenden Gott herkommt. Und insofern ist es natürlich eine Frage, ob Aristoteles im Grunde genommen nicht trotz seiner reinen Philosophie Momente in sein Denken hineinläßt – ohne es zu merken –, die eigentlich von dem Vorgang herkommen, den ich als »Selbstmitteilung Gottes an die Geistigkeit des Menschen« bezeichne.

Wissenschaftliche Sprache und religiöses Sprechen

Herr Pater Rahner, vielleicht müssen Sie ja als Theologe so sprechen. Aber ist das nicht bereits eine theologische Interpretation einer philosophischen Frage, die nicht unbedingt erforderlich ist?
Doch, natürlich ist es so, aber sehen Sie, auch ein Philosoph wird, wenn er vernünftig ist, zugeben, daß in sein Reden Momente einfließen, Bedingungen und Ursachen mitgegeben sind, die er selber nicht ausdrücklich reflektiert und vielleicht auch nicht reflektieren kann.
Das ist richtig, es muß also nicht Gott sein.
Nein, es muß nicht Gott sein; aber niemand kann mir auf Grund dieser Tatsache a priori bestreiten, wenn ich eine solche göttliche Inspiration – um es einmal so zu nennen – auch in der philosophischen Sprache als möglich vermute.
Definieren Sie dann Vernunft nicht etwas zu weit, angesichts der großen Tradition der europäischen Aufklärung etwa?

Nun, erstens ist einmal die moderne Philosophie von Descartes bis zum deutschen Idealismus einschließlich durchaus noch eine Philosophie, die es mit Gott zu tun hat.
Aber dann fängt der große Abfall ja an!
Ist das bei Heidegger denn auch schon so?
Bei Heidegger ist es nicht mehr so; er kehrt zu ganz alten Traditionen zurück.
Dann ist es aber schon ein Streit unter den Philosophen, welche von den vielen philosophischen Sprachen der Sache am besten gerecht wird. Und da werde ich mich natürlich auf die Seite der theologisierenden Philosophen schlagen und sagen: Eure Dynamik einer absoluten Transzendentalität auf das absolute Sein ist tatsächlich schon radikalisiert auf die Unmittelbarkeit Gottes hin, ob ihr das reflektiert oder nicht; und deswegen enthält eure Sprache, auch wenn ihr das nicht wißt und nicht reflektiert, im Grunde genommen schon immer eine leise Grenzüberschreitung in das eigentlich Theologische hinein.
Vielleicht dürfen wir noch von einer weiteren Parallele ausgehen. Ich erinnere mich an die Predigten Buddhas, die ich nicht unbedingt für ein Theologikum halten würde; denn im strengen Buddhismus spielt Gott ja nicht eine solche Rolle. Man könnte sagen, Buddha ist Metaphysiker, der Metaphysik predigt. Sein Predigen ist eine gültige Form des philosophischen Sprechens, scheint mir, wie auch der Traktat oder auch der Diskurs oder die Kritik oder dergleichen gültige Formen des philosophischen Sprechens geworden sind; vielleicht sogar der Essay, den Montaigne geschrieben hat. Die Theologie hat sich vielleicht in ihren ganzen Formen noch reicher ausgebildet; ich erinnere an apologetisches Sprechen, katechetisches, liturgisches, betendes Sprechen. Ja, gehört betendes Sprechen zur Theologie; ist das nicht ein religiöses Sprechen?
Ich kann und muß natürlich zwischen einer religiösen Sprache und einer eigentlich wissenschaftlich theologischen Sprache unterscheiden; aber diese beiden bedingen sich natürlich gegenseitig; beide Sprachen können nie in absoluter Reinheit ungemischt auftreten, denn in jeder vernünftigen, echten

13 *Ich bin auch der atheistisch Angefochtene*

14 *Man redet von Gott, die Luft des Unglaubens atmend*

15 *Ich bin kein Wissenschaftler und will keiner sein*

16 *Einer kann mehr fragen, als hundert Weise antworten können*

17 *Man muß das, worüber man geredet hat, den Tod als Vollendung, geschehen lassen*

18 *Zur christlichen Spiritualität gehört eine gelehrte Unwissenheit*

19 *Es gibt eine Zeit zum Lachen – es gibt eine Zeit zum Weinen*

theologischen Reflexion ist natürlich doch ein letzter Impetus, eine letzte Sehnsucht, ein letzter Wille des religiösen Menschen mitgegeben, sonst geht die Theologie auch als wissenschaftliche Reflexion zugrunde.

Es hat wohl Zeiten gegeben, wo solche Gefahr ...

Sicher, es hat Zeiten gegeben, von der Scholastik an bis in die heutige Zeit, wo dies ziemlich der Fall wurde; aber umgekehrt ist es auch so, daß in jeder religiösen Sprache des Hymnus, des Gebets, der Doxologie doch auch schon notwendigerweise ein Stück einer Reflexion mitgegeben ist, also ein Stück der eigentlichen Theologie.

Je nach Reflexionsvermögen des Betenden?

Das kann zwar sehr verschiedene Grade haben, aber es kann nicht ganz fehlen, denn auch die unmittelbarste, unreflektierte religiöse Sprache gibt doch gleichsam in einem Begleitphänomen darauf acht, ob sie richtig ist, ob sie die gebotenen Grenzen einhält, ob sie ankommen kann beim anderen, auf den hin sie redet usw.; mit anderen Worten: Auch die unmittelbarste religiöse Sprache ist immer noch eine Sprache, die von einem gewissen Moment der Reflexion begleitet ist, und deswegen kann man diese beiden Dinge, theologische Sprache und religiöse Sprache, nicht absolut voneinander trennen; sie bedingen sich gegenseitig, ohne deswegen einfach zusammenzufallen.

Wissenschaft als letzte Instanz für alles Reden?

Lassen Sie uns noch einmal über Philosophie sprechen, und zwar über die großen Angriffe, die von Philosophen dieses Jahrhunderts gegen die Sprache der Theologie, gegen religiöse oder auch theologische Aussagen gerichtet worden sind. Ich denke zunächst natürlich an den Wiener Kreis, also einen logischen Positivismus, einen Wittgenstein, der sehr streng war, der nur eine Sprache, nämlich die Sprache der Logik zuließ, vielleicht etwas, das damals schon weiter war als die engstirnigen

Positivisten des Wiener Kreises. Ich glaube, daß auch der frühe Wittgenstein schon vorsichtiger war als Carnap etwa. Wenn man seine Tagebücher vom Traktat liest, wird das wohl deutlich; aber man hat damals ein Sinnkriterium für Aussagen gefordert, damit sie bewahrheitet werden können, und hat dieses Sinnkriterium in der empirischen Verifizierbarkeit gesehen. Das war doch der erste große Angriff, aufgrund dessen, also aufgrund dieser Hypothese, man dann versucht hat, etwas wie religiöse, theologische Aussagen, wie auch metaphysische Aussagen in der Philosophie zu eliminieren, als Unrecht, als falsch, als sinnlos abzutun.

Hier sind wir natürlich als Theologen in einer guten Gesellschaft mit der Metaphysik der Tradition und mit einer Metaphysik, die sich hinter diesem Positivismus auch in Amerika heute wieder anmeldet, und ich meine: Selbstverständlich kann ich zunächst einmal den Satz aufstellen, sinnvolle Sätze müßten verifizierbar sein.

Oder wie es später Popper ergänzend korrigierte: falsifizierbar.

Gut. Aber es wäre dann auch wieder die Frage: Kann man diesen Satz, den ich jetzt nicht bestreiten will, auf die geforderte Weise verifizieren oder falsifizieren? Und dann würde ich sagen, daß das ja schon nicht geht; mit anderen Worten: Das Denken des Denkens hat andere Gesetze und andere Legitimationen als die rein empiristische Verifikation oder Falsifikation, die von diesem Positivismus gefordert wird. Ich kann ja auch sagen: Die Sprache der Liebe, die Sprache der Ethik usw. sind ja Sprachen, die sich selber in ihrer Legitimation unbedingt setzen und durchsetzen, und können eigentlich auf diese positivistische Weise des Wiener Kreises oder vielleicht auch des frühen Wittgenstein nicht verifiziert werden.

Es war immer die Rede von wissenschaftlichen Sätzen; niemand hat Liebenden das Recht bestritten, Sätze zu äußern, oder Leuten, die sich hassen, das Recht bestritten, sich Vorwürfe zu machen.

Aber man hat dabei die Wissenschaft als die doch wieder letzte, unüberbietbare Instanz für alles Reden zur höchsten Norm erhoben, und das ist unsinnig. Der Naturwissenschaftler kann über empirische Gegenstände mit dieser Verifikationsmethode sprechen, aber über das Wesen der Naturwissenschaft, über die Sinnhaftigkeit, Naturwissenschaft zu betreiben, über sich als den verantwortlich naturwissenschaftlichen Menschen, kann er nicht naturwissenschaftlich reden; da hört diese Sprache einfach auf, und sie entpuppt sich als eine regionale Sprache. Es gibt eben darüber hinaus eine Sprache, die den Mut hat, über die Wirklichkeit als Ganzes zu reden, obwohl wir ja selber bei uns als ein partikuläres Moment nur diese Wirklichkeit anerkennen. *Über* das Wirkliche als Eines und Ganzes zu reden, philosophisch oder theologisch, das kann man nicht.

Sie wissen natürlich so gut wie ich, Pater Rahner, daß die, die so etwas gesagt haben, im eigenen Lager Verräter geworden sind. B. Russell hat immer dann, wenn er über Kultur, Moral und dergleichen schrieb, sich überhaupt nicht darum gekümmert, was er vorher hinsichtlich wissenschaftlicher Sätze gesagt hatte. Wittgenstein, darauf werden wir wahrscheinlich später kommen, ist sowieso abtrünnig geworden. Auf eine ganz andere und grundsätzliche Weise aber hat auch Whitehead, der mit Russell zusammen die Principia mathematica herausgab, in seinem eigenen Philosophieren eine metaphysische Sprache gesprochen, die ihm eigentlich von sich selber her verboten sein müßte.

Ja, das ist wohl auch unvermeidlich.

Vermutlich. Man hat es ja nie zugegeben, Whitehead gibt es nicht zu, Russell gibt es nicht zu, während Wittgenstein es ja zugibt.

Ja, der wird es eher zugeben, mindestens in seinen späteren Schriften. Es ist auch unvermeidlich, wenn ein Mensch dem anderen sagt: »Ich liebe dich«, dann möchte ich einmal wissen, wie er, ohne den Sinn dieses Satzes, dieses schlichten und unvermeidlichen Satzes zu destruieren, diesen auf eine naturwissenschaftlich empiristische und verifizierbare Sprache reduzieren kann; das geht nicht.

Es geht vielleicht: Aber es geht sehr viel verloren, das Wesentliche geht verloren, die Hauptsache, die Liebe geht verloren.

Aber, Herr Pater Rahner, es ist doch aufgrund dieser schweren

Angriffe der frühen logischen Positivisten etwas passiert – nämlich, daß man in der Theologie so weit gegangen ist, nach einem neuen Verifizierungsverfahren zu suchen; und das glaubte man in sogenannten eschatologischen Verifizierungen gefunden zu haben. Das ist doch eine sehr merkwürdige Theorie.

Da bin ich jetzt, ehrlich gesagt, etwas überfragt. Selbstverständlich kann ich den Begriff der Verifikation so modifizieren und ausweiten, daß man ihn auch auf theologische Aussagen anwenden kann. Warum nicht?

Aber, wenn ich alle Inhaltlichkeit auf das Jenseits verschiebe, widerspricht es doch eigentlich dem, was man früher …

Ja, ich würde sagen, daß es sich ja nicht darum handelt, ob nun diese Verifikationsmethode die notwendig einzige ist; es gibt sehr viele andere Möglichkeiten, den modernen Positivismus von seinen Grundansätzen aus zu überwinden und eine Verifikationsmethode für die Theologie zu entwickeln, die einerseits mit der Vorstellung und Sprache dieser heutigen angelsächsischen Erkenntnistheorie arbeitet und anderseits trotzdem eine Berechtigung der Theologie nachzuweisen versucht. Meine Schüler in Münster, Helmut Peukert und Kuno Füssel zum Beispiel, haben durchaus solche Dinge versucht. Die Argumentation und die Methode der sogenannten politischen Theologie sind ja auch ein Versuch, von der Frage einer gesellschaftspolitischen und gesellschaftskritischen Relevanz her die Bedeutsamkeit und Berechtigung der Theologie aufzuweisen. Wenn ich sagen würde, ohne christliche Theologie ließe und verriete ich eigentlich die in Ausschwitz Getöteten, gebe ich die Vergangenheit auf zugunsten einer utopischen Zukunft, was ich nicht darf, usw.: Wenn ich sage, die memoria der Toten gehöre wesentlich zur menschlichen Existenz hinzu, und wenn ich dann dazu sage, das sei alles schon im Grunde genommen Theologie, dann habe ich ja in einem gewissen Sinn auch ein Verifikationsverfahren für die Theologie vorgeschlagen und wenigstens angedeutet. Und natürlich gründet die Wissenschaftlichkeit und Sinnhaftigkeit der Theologie nicht in bestimmten methodischen Vorentscheidungen.

25 Interdisziplinärer Dialog und Sprache der Theologie

Gespräch mit *Joachim Schickel* im NDR, II (1981)

Sprachtheorien und Theologie

Die in der Nachfolge Wittgensteins operierenden Philosophen der »ordinary language« in Oxford und in Cambridge und auch in den USA scheinen jetzt dem religiösen Sprechen gegenüber aufgeschlossener zu werden.
Die modernen Philosophen, Sprachphilosophen untersuchen ja jetzt die vorhandenen Sprachen und fragen nicht nach deren Berechtigung, sondern nach deren Gebrauch.
Da bin ich natürlich der Meinung, daß ich – auf einem rein sprachphilosophischen Sektor bleibend – weder die Sprache selber noch die Theologie rechtfertigen kann. Wenn ich frage, warum die Sprache etwas Sinnvolles aussagt, dann kann ich natürlich dieses Denken sprachlich vollziehen, aber ich sage eben doch etwas aus, das nicht einfach mit der Sprache als solcher identisch ist. Ich möchte sagen: Die Sprache ist immer auch die Sprache von etwas, das sie nicht selber ist und das sie nicht selber in sich hat, und insofern kann ich natürlich schon in einer vernünftigen Sprachphilosophie, glaube ich, auch die Theologie rechtfertigen. Und wenn Sie sagen, daß es diese Sprachen gibt und ich die Tatsache dieser Existenz zur Kenntnis nehmen muß – ja, warum reden dann Sprachphilosophen von einer bloßen Gnadenfrist, die uns armen Theologen gegeben sei?
Die Sprachphilosophen reden ursprünglich nicht davon, sondern das tut ein Theologe.
Ja schon, aber das ist dann ein Theologe, der von diesem angelsächsischen Positivismus selber befallen ist.
Das scheint bei ihm genauso der Fall zu sein wie bei vielen anderen Theologen auch; sie liebäugeln doch zumindest mit vielen Ansätzen dieses Positivismus!

Dieses Phänomen, daß eine Theologie sich selber verrät und sich selber gleichsam umbringen läßt von einem Gegner außerhalb ihrer selbst, das ist natürlich eine Selbstverständlichkeit. Ich meine, welcher Theologe muß nicht in seiner Theologie als Theologie damit rechnen, daß es Leute gibt, die seine Theologie und die Sinnhaftigkeit ihrer Aussage grundsätzlich bestreiten? Es ist selbstverständlich, daß es andere Philosophien gibt als die, die mit einer christlichen Theologie vereinbar sind; und es gibt Theologien, die sich selber gleichsam aufheben wollen; diese beiden Tatsachen regen mich gewissermaßen nicht weiter auf. Es ist selbstverständlich, daß es so etwas gibt und geben muß. Ich muß als Theologe natürlich dann noch einmal nachdenken, wie ich in einer Welt, die von dem umgriffen und getragen und gewollt ist, den ich Gott nenne, wie es in einer solchen Welt so etwas geben kann. Der Atheismus ist nicht nur die Bestreitung der Theologie, sondern er ist auch ein Gegenstand der Theologie, über den die Theologie positiv nachdenken muß. Sie hat es früher vielleicht zu wenig getan oder es zu selbstverständlich vorausgesetzt, daß es so etwas wie Atheismus sinnvollerweise nicht geben könne.

Aber es ist ja an sich nichts Neues, daß Theologen sich von außertheologischen Ansätzen anstecken, infizieren lassen und sich dadurch selbst in Gefahr begeben.

Ja, für eine größere Gesundheit muß ich mich schon anstecken lassen – wie bei einer Schutzimpfung –, aber die Theologie selber braucht sich nicht bestreiten zu lassen. Die Theologie wird immer in ihrer Sprache und in ihrer Sache angefochten, bestritten sein; sie wird aber, davon bin ich jedenfalls überzeugt, nie das sein, was in einem geschichtlichen Prozeß einmal total aufgehört haben wird.

Anregungen der Theologie von der Philosophie her

Nun hat ja die Theologie Anregungen von einer anderen wichtigen Philosophie aufgenommen, vielleicht von der wichtig-

sten Philosophie dieses Jahrhunderts von Heidegger. Sie sind doch, glaube ich, in vielen Dingen – wie auch Bultmann – von Heidegger sehr stark beeindruckt. Ist durch Heidegger nicht sehr viel in Bewegung geraten, auch was die Sprache der Theologie betrifft?

Wenn Sie gerade mich ansprechen, dann muß ich natürlich sagen, daß ich zwei Jahre im Seminar von Heidegger gesessen habe, daß auch später nicht jedwede Verbindung aufgehört hat. Ich würde auch sagen, daß ich Heidegger für das verpflichtet bin, was in meiner Theologie ein bißchen an Philosophie enthalten ist; aber daß das eigentlich Theologische, die eigentlich theologische Gegenständlichkeit und Aufgabe so sehr von Heidegger beeinflußt und abhängig ist, das möchte ich eigentlich bezweifeln. Ich meine, es ist natürlich so, daß Bultmann ausdrücklich in dem, was er »Entmythologisierung« nennt, forderte, daß durch sie das eigentlich vom Christentum und seiner biblischen Botschaft Gemeinte in einer existenzialphilosophischen Sprache ausgesagt werden könne, besser ausgesagt werden könne und deshalb heute so ausgesagt werden müsse; das ist bis zu einem gewissen Grad akzeptabel. Aber die Frage ist natürlich, was Existenzialphilosophie ist, welche Kategorien damit gegeben sind und welche Kategorien damit schlechterdings abgeschafft sind. Das sind ja alles Dinge, bei denen kein einheitlicher Begriff der Existenzialphilosophie zugrunde gelegt werden kann, und insofern ist natürlich die These, daß die Theologie existenzialphilosophisch sich aussagen könne und müsse, eine ziemlich ungenaue und undeutliche Sache. Man kann dann immer gleich fragen: In welcher bestimmten Existenzialphilosophie muß sie sich ausdrücken? Heidegger selber war natürlich davon überzeugt, daß nach den Vorsokratikern von Plato an bis zum deutschen Idealismus inklusive eine Philosophie getrieben wurde, die auf einem letzten Mißverständnis des Seins beruhte. Diese Meinung kann ich nicht teilen, ich halte sie für falsch; und insofern ist natürlich die Frage, welche Sprache in der Theologie verwendet wird, vielmehr eine Frage auch der historischen Bedingtheit. Jeder redet notwendigerweise in der Sprache seiner Zeit. Es ist aber auch vielleicht bis zu einem gewissen Grad eine Frage des freien Entschlusses, und es ist sicherlich eine Frage, die gar nicht zugunsten einer ganz bestimmten Philosophie allein beantwortet werden kann. Ich fühle mich bei Thomas von Aquin durchaus zu Hause und damit...

... und damit auch bei Aristoteles?

Auch bei Aristoteles; und auf der anderen Seite habe ich gar keine Hemmungen, in mancher Beziehung mit Heidegger zu denken. Ich weigere mich also, als Theologe dazu verurteilt zu sein, einem ganz bestimmten philosophischen System allein untertan zu sein.

Es läßt sich wahrscheinlich nicht leugnen – der Einfluß, den Heidegger auf manche Theologen ausübt, zeigt es – daß er in seiner eigenen Philosophie in manchem einem theologischen Denken nahegekommen ist und deswegen auch leicht von einigen Theologen ausgebeutet werden kann.

Heidegger hat ja als Theologe angefangen. Er hat sich auch immer mit Kierkegaard beschäftigt und kam – wenn man so sagen kann – nie so ganz von seiner theologisch-christlichen Vergangenheit los. Das ist kein Vorwurf gegen ihn, sondern die Selbstverständlichkeit eines tief und radikal denkenden Philosophen; aber er hat das dann immer doch nicht deutlich zum Ausdruck bringen wollen. Heidegger hat in einer Sprache gesprochen, die zum Teil durchaus auch in einer Theologie verwendet werden kann.

Es liegt vielleicht aber an seiner metaphysischen Ausdrucksweise, die von der Antike und gelegentlich auch von der Scholastik sehr stark bestimmt wird.

Er hat einmal über einen mittelalterlichen Philosophen gearbeitet, den er mit Duns Scotus verwechselte. Dafür konnte er nichts, aber durch diese Arbeit hat er immer auch etwas von christlicher Metaphysik und Theologie verstanden. Er hat immer – das weiß ich – bedauert, daß die christlichen Theologen, besonders die katholischen, nicht genügend das Gespräch mit ihm suchten.

Im Gegensatz zu den Naturwissenschaftlern, wie Weizsäcker etwa.
Im Gegensatz zu manchen Naturwissenschaftlern, im Gegensatz zu manchen außereuropäischen Theologen. Der Zen-Buddhismus in Japan ist beinahe mehr an Heidegger interessiert als die normalen christlichen Theologen. Das ist bis zu einem gewissen Grad bedauerlich, aber es ist natürlich immer so, daß der christliche Theologe, wenn er ein kirchlicher Theologe sein will, sich nie so absolut von seiner Vergangenheit distanzieren kann. Er kann nicht so tun, als ob er absolut neu anfangen würde; er wird sich immer wieder notwendiger- und berechtigterweise aufgefordert fühlen, in der Sprache der kirchlichen Tradition zu reden. Und er sollte das auch gerne tun. Er kann also dieser bei Heidegger bemerkbaren Tendenz, alles anders zu sagen, als man es bisher getan hat, so nicht huldigen, und er will es auch gar nicht.
Wir haben vorhin, als wir von den Unterschieden zwischen Theologie und Philosophie sprachen, noch versäumt, ausdrücklich zu sagen, daß eine Theologie – auch eine Theologie à la Schleiermacher und erst recht wieder eine à la Barth – durchaus eine kirchliche Theologie sein will, das heißt also die wissenschaftliche Reflexion auf den vorgegebenen Glauben der Gemeinde, der Kirche, meinetwegen auch, katholisch ausgesprochen, des kirchlichen Lehramts. Von daher hat sie dann natürlich auch einen Zusammenhang mit der Sprache der Vergangenheit, welchen sich ein moderner Philosoph stolz schenkt.

Verschiedene Wege von Barth und Bultmann

Sie nannten Bultmann und Barth; beide sind ja sehr verschiedene Wege gegangen, was Sprache und Theologie betrifft.
Barth hat eine kirchliche Dogmatik geschrieben, in der er sich zunächst einmal mit der Schrift als absolut undiskutabler Norm auseinandersetzt und dann auch mit der kirchlichen Lehre – ob das jetzt das Mittelalter war oder Calvin oder Luther. Barth hat

also mehr als Bultmann eine kirchlich schon irgendwie eingeübte Sprache benützt. Ob ihn das daran hinderte, das Eigentlichste und Letzte zu sagen, was man überhaupt sagen kann, oder ob man das durchaus in dieser Sprache fertigbringt, das ist ja noch einmal eine andere Frage. Bultmann hatte den Eindruck, daß die Kirche – auch das Neue Testament – in einer mythologischen Sprache spreche, die man so eigentlich nicht mehr versteht und man deswegen erklären muß, was damit eigentlich gemeint sei. Er war der Ansicht, man könne das, was man als das eigentlich Gemeinte sagen muß, mit der modernen Existenzialphilosophie erfragen.

Die beiden haben natürlich furchtbare Kämpfe und einen erbitterten Streit miteinander ausgefochten; vielleicht gehört nicht nur faktisch heute ein solcher Streit in gewisser Weise der Vergangenheit an, sondern sie haben die Diskrepanzen untereinander einfach überschätzt.

Darauf wird auch in der Literatur angespielt; doch es ist ein prinzipielles Problem, wie es möglich ist, daß der Mensch in seiner natürlichen Sprache Gottes Wort sprechen kann oder nachsprechen kann. Barth sieht das nur auf dem Weg der Gnade, eines Gnadenakts von Gott her, als möglich an. Bei Bultmann scheint mir das doch ganz anders zu gehen; hier braucht der Mensch diesen Gnadenakt nicht.

Für Barth war vielleicht im Unterschied zu Bultmann – aber das will ich jetzt nicht so apodiktisch behaupten –, das Wort der Schrift das ihn absolut verpflichtende Wort Gottes. Ich glaube, daß ein christlicher Theologe diesen Satz nicht leugnen sollte und nicht leugnen dürfte, aber es ist eine ungeheuer schwierige Frage, wie ein solcher Satz in seinem Sinn und in seiner Inhaltlichkeit genauer verständlich gemacht werden kann. Es ist bei Barth so gewesen, daß er schon so etwas wie die absolute Mächtigkeit des Glaubens betonte, dem gegenüber rationale Überlegungen eigentlich nichts mehr zu sagen hätten, während ich meine, man könne diese beiden Dinge – Metaphysik und Theologie – im strengen, eigentlichen Sinn in ein positiveres, versöhnteres Verhältnis bringen.

Das entspräche sicher auch der Tradition?
Das entspräche auch der Tradition, weil die eigentliche christliche Theologie eigentlich nie eine solche Furcht vor rationaler Legitimation hatte, wie sie sich dann bei Barth anmeldet. Vielleicht ist es bei Bultmann wieder umgekehrt und bei ihm, trotz allem, die Philosophie zu mächtig; aber der Streit, wie weit eine Theologie nur von oben und wie weit sie auch von unten herkommen könne – das wäre dann auch für das Verständnis und die Interpretation der theologischen Sprache von Bedeutung – das ist ja ein Streit zwischen Brunner und Barth und auch zwischen Barth und Bultmann. Da komme ich jetzt wieder auf das zurück, was ich sagte: Die philosophische Sprache ist insgeheim und unreflektiert schon sehr theologisch aufgeladen...
Sie kann in diesem Sinn aufgeladen sein, aber muß sie es sein?
Das steht letztlich gar nicht in der Verfügbarkeit des Redenden, selbst wenn er meint, daß für ihn und in seiner Reflexion nur das in seiner Sprache ist, was er *reflex* als Inhalt ansieht und akzeptiert.
Ich meine, jede menschliche Sprache hat, ob sie will oder nicht, mehr in sich, als dem Sprechenden reflex ausdrücklich zu Bewußtsein gebracht wird. Wenn ein Tiroler Bauernbub seinem Mädchen sagt: »Ich liebe dich«, und Sie fragen den, was er damit meint, dann kommt vielleicht in seiner Reflexion nachträglicher Art etwas ganz Dummes, etwas ganz Unzulängliches oder ganz Falsches heraus; aber trotzdem hat er etwas mit diesem Satz gesagt, das über seine Reflexion ungeheuer weit hinausgeht und trotzdem in dieser Sprache enthalten ist. Und so etwas gibt es natürlich auch bei den Philosophen gegenüber der Theologie.
Sicherlich; aber es ist ja im Grunde nicht unser Thema zu erörtern, daß Philosophie mit Theologie aufgeladen ist. Das ist schon möglich, ich glaube aber, daß es Philosophen gibt, bei denen man vielleicht zeigen kann, daß philosophisches Denken nicht weit in die theologische Richtung geht. Aber Sie erwähnten vorhin die Problematik von Philosophie und Theologie bei Karl

Barth; damit hängt ja wohl auch zusammen, daß er die Analogie des Seienden ablehnt, die Analogia entis ...
Er hat das früher in seiner Münster- und Bonn-Periode abgelehnt; ich glaube, daß er das später nicht mehr so getan hat. Damals hat er natürlich die analogia entis als die Erfindung des Teufels qualifiziert, weil er der Meinung war, daß durch die analogia entis der denkende und sprechende und theologisierende und philosophierende Mensch gleichsam sich Gottes bemächtigte, diesen Gegenstand sich untertan machte und so durch die Hintertür im Grunde genommen die Theologie zu einem menschlichen Gemächte verwandelt würde, während in Wirklichkeit ein richtiges Verständnis der analogia entis gerade darin besteht, daß die menschlichen Begriffe im Grunde genommen alle offen sind auf das nicht mehr faßbare und uns eben nicht untertan machbare Geheimnis als das »ens realissimum« und als das absolute Mysterium in einem, das wir dann Gott nennen.

Von Gott kann man nur analog reden

Bleiben wir noch, Pater Rahner, beim analogen Sprechen als einer der großen tradierten Sprechweisen der Theologie.
Ich würde natürlich sagen, daß dort, wo im Ernst diese analoge Offenheit der menschlichen Begriffe und Aussagen in das unumfaßbare Mysterium geleugnet wird, die Philosophie und die Theologie aufhört, sie selber zu sein. Dann kann man nur noch von einzelnen Seienden innerhalb dieses unendlichen Horizonts sprechen, aber nicht mehr über ihn selbst. Man kann nur noch vom Bedingten und nicht mehr von der von uns unfaßbaren und nicht mehr hinterfragbaren Bedingung aller Wirklichkeit in Gott sprechen; und damit würde sich nach meiner Meinung eben Philosophie vielleicht in eine nachträgliche Reflexion auf die wissenschaftliche Methode, auf eine reine Wissenschaftstheorie zurückverwandeln, die im Grunde genommen dann auch nicht mehr so richtig weitergeht; und

damit würde sich die Theologie überhaupt aufheben. Nein, analoges Sprechen ist die Grundbedingung dafür, daß es so etwas gibt, daß man überhaupt von Theologie reden kann; denn sie redet von Gott, und sie kann natürlich von Gott nur analog reden, das heißt immer etwas sagen – um es einmal ganz simpel auszudrücken – mit dem Bewußtsein, daß in dieser Aussage das eigentlich Gemeinte nicht umfangen ist, sondern von uns unbewältigt stehen gelassen werden muß. Insofern ist es natürlich klar, daß die Theologie im Grunde genommen immer die Wissenschaft des Menschen ist – genauso, wie die religiöse Rede im eigentlichen Sinn am Rande des Schweigens vorkommt.

Aber das gilt genauso für die Philosophie, würde ich meinen, die wesentlich auch auf das analoge Sprechen über das Sein angewiesen ist.

Eben, ich meine, wenn Wittgenstein sagt, man solle über das nicht reden, über was man nicht klar reden kann, dann hat er ja im Grund genommen schon wieder über etwas geredet, und er mußte auch reden. Es ist wahr, was Augustinus am Anfang der Confessiones gesagt hat: »Wehe dem Menschen, der einfach schweigen würde über das, worüber man nicht klar und eindeutig reden kann!« Nein, der Glaube daran, daß es eine solche Sprache mit Recht gibt, die, indem sie redet, sich quasi selber stumm macht, ist die Grundvoraussetzung für Philosophie und Theologie.

Und trotzdem bleibt ja eine Differenz zwischen beiden.

Sicher, ja.

Auch im Sprechen, auch im analogen Sprechen?

Ja, auch im analogen Sprechen, weil die Theologie als eigentliche Wissenschaft ja das analoge Reden der Kirche Jesu, der Propheten, überhaupt der Offenbarung als solche voraussetzt als gültiges Wort Gottes und darüber reflektiert, während der Philosoph diese Voraussetzung natürlich nicht macht und nicht zu machen braucht; er darf sie aber auch nicht als in sich berechtigt leugnen, jedenfalls als christlicher Philosoph oder Theologe.

V Ermüdungserscheinungen oder eine notwendige Krise?

26 Aggiornamento ist nicht vollendet

Gespräch mit *Gerhard Ruis*, Salzburg, über die Berufung von Kardinal Ratzinger nach Rom (1982)

Ein bedeutender Theologe an der Spitze der Glaubenskongregation

Papst Johannes Paul II. hat den Erzbischof von München und Freising, Joseph Kardinal Ratzinger, zum neuen Präfekten der Römischen Glaubenskongregation ernannt. Kardinal Ratzinger wird damit nach dem Papst die wichtigste Autorität der katholischen Hierarchie in allen Fragen der Glaubens- und Sittenlehre. Als theologischer Berater des Kölner Kardinals Frings gehörte Ratzinger zu den fortschrittlichen Konzilstheologen. Er arbeitete mit Ihnen, verehrter Professor Rahner, zusammen, fühlte sich aber auch dem späteren Rebellen wider die römische Obrigkeit, dem Tübinger Theologen Hans Küng, verbunden. Böse Zungen behaupten, daß Ratzinger vom mutigen Reformer zum vorsichtigen Konservativen geworden sei ...

Ob mit Worten wie »Reformer«, »Konservativer« im Bereich der Kirche etwas Deutliches und Genaues ausgesagt wird, kann man grundsätzlich bezweifeln. Aber von einer solchen allgemeinen Frage abgesehen, deuten Sie mit Recht einen gewissen Wandel in der Theologie Ratzingers an.

Auf dem Konzil haben wir beide ganz am Anfang zusammen einen lateinischen Text über »die Offenbarung Gottes und des Menschen in Jesus Christus« erarbeitet. Auch wenn dieser Text aus der konziliaren Diskussion bald wieder verschwand (was kein Unglück war), so zeigt diese kleine Tatsache doch wohl, daß wir beide uns damals wohl theologisch näher standen als jetzt.

Kardinal Ratzinger deutet in dem Vorwort zu seiner Eschatologie diese »Kehre« in seiner Theologie selber eindeutig an. Andererseits muß man diesen Wandel bei Kardinal Ratzinger auch nicht überschätzen, sonst hätte er z. B. meinen »Grundkurs der Theologie« im großen und ganzen nicht so positiv besprechen können, wie er es noch vor kurzem getan hat.

Und schließlich hat natürlich jeder Theologe das Recht, seine Ansichten zu revidieren, auch wenn er sich dabei wieder traditionelleren Lehren annähert oder anschließt. Dann bleibt immer noch die Frage offen, ob sachlich die frühere oder die spätere Position richtig ist.

Wenn Sie mich nach den Gründen des Papstes für die Berufung Kardinal Ratzingers fragen, so weiß ich wirklich nicht mehr, als was jedermann aus den Zeitungen entnehmen kann. Die Glaubenskongregation braucht als Chef einen Kardinal, Ratzinger ist es. Die Kongregation braucht an ihrer Spitze einen Theologen; Ratzinger ist gewiß ein bedeutender, kenntnisreicher Theologe mit gewichtigen Veröffentlichungen.

Ich wüßte nicht, ob jemals an der Spitze dieser Kongregation ein Theologe gestanden hat, der sich so wie er auf dem Gebiet der theologischen Fachwissenschaft ausgewiesen hat. Kardinal Ratzinger genießt aus mehreren Begegnungen mit Johannes Paul II. dessen persönliche Sympathie, was sicherlich auch zu seiner Berufung beigetragen hat.

Restaurative »Kultur der Intuition und des Herzens«?

Kardinal Ratzinger scheint sich als Theologe von Ihnen entfernt zu haben. Nun sagte er, durch leichtfertige Gespräche mit der

Moderne habe die Kirche durch Anpassung an die Welt (aggiornamento) die Menschen nicht gewonnen, sondern sei vielmehr in Gefahr geraten, sich selbst zu verlieren. Teilen Sie diese Ansicht?

Manches der zweiten Frage habe ich wohl schon bei der ersten beantwortet. Ich selbst meine, daß er manche Gefahren und Schäden in der Kirche, die nach dem Konzil deutlicher geworden sind, richtig sieht, daß aber das Aggiornamento, das in der Kirche mit dem Konzil begonnen wurde, dennoch noch längst nicht vollendet ist. Dies kann selbstverständlich auch nicht einfach ersetzt werden durch eine Rückkehr zu dem, was früher einmal in Kirche und Theologie gültig war.

Den unleugbaren Gefahren unserer heutigen Situation in der Kirche kann man nicht mit einem sterilen Konservatismus begegnen. Die Norm richtiger Anpassung ist natürlich nicht die beliebige Meinung unserer Gegenwart, sondern das radikale Verständnis des Evangeliums, von dem ja nicht bloß die übliche Moderne, sondern auch die traditionelle Übung und Mentalität in der Kirche sich entfernen. Ob Kardinal Ratzinger selbst bloß restaurativ wirken wird in seinem neuen Amt, das zu prophezeien oder zu fürchten, fällt nicht in meine Kompetenz.

Mit dem Papst aus Polen verbindet Kardinal Ratzinger die Christozentrik des Glaubens und Theologisierens. Von hier aus bezieht er Position gegen den westlichen Konsumismus wie gegen den östlichen Marxismus. Er setzt diesen »die Kultur der Intuition und des Herzens« entgegen. Was halten Sie davon?

Wenn er wirklich selber sein Ziel als »die Kultur der Intuition und des Herzens« bezeichnen sollte, dann ist das sein gutes Recht. Ob mit dieser Beschreibung seine Aufgabe als Präfekt der Glaubenskongregation umrissen werden kann, ist für mich eine andere Frage, zumal wohl jedermann zugeben wird, daß »Intuition« und »Herz« sehr vieldeutige Begriffe sind und Kardinal Ratzinger gewiß nicht auf ein beliebiges Verständnis dieser Worte festgelegt werden kann.

Selbstverständlich muß die Wahrheit der Offenbarung, die die Glaubenskongregation hüten muß, auch, soll sie wirklich ihr selbst gemäß verkündigt werden, eine Sache des Herzens sein und ein Moment einer nicht mehr auflösbaren »Intuition« enthalten. Aber mit diesen beiden Worten allein läßt sich die neue Aufgabe Kardinal Ratzingers wohl nicht beschreiben. Ich glaube nicht, daß er da anderer Meinung ist.

Ein stimulierender Dialog mit der Theologie in der Zeit der Ermüdung?

Papst Johannes Paul II. hat den Wunsch geäußert, daß der neue Präfekt der Römischen Glaubenskongregation sein Amt nicht nur »defensiv« verstehe, sondern sich bemühe, »positiv stimulierend« zu wirken. Sehen Sie hier Ihre Wünsche angesprochen, wonach das Verhältnis zwischen dem römischen Lehramt und den Theologen immer noch sehr dunkel sei?

Bei dieser Beschreibung der Aufgabe der Glaubenskongregation deuten Sie ein schwieriges Problem an. Ich stimme durchaus mit dem Papst und Kardinal Ratzinger überein, wenn diese beiden der Meinung sind, die Glaubenskongregation solle nicht nur zensurierend, verurteilend, defensiv arbeiten, sondern sie solle vielmehr »positiv stimulierend« zu wirken suchen.

Aber gerade wenn nun ein bedeutender Fachtheologe an die Spitze der Glaubenskongregation tritt, darf man vielleicht auch warnend betonen, daß ein solcher Chef dieser Kongregation sich auch hüten muß, zu selbstverständlich seine eigene persönliche Position in die Entscheidungen und Maßnahmen der Kongregation einzubringen. Die Aufgabe der Theologie bleibt verschieden von der Glaubenskongregation und soll nicht mit ihr vermengt werden.

Unter dieser Voraussetzung freilich kann man sagen: In Zukunft sollte die Glaubenskongregation in einem positiven Dialog mit der Theologie unserer Zeit und überhaupt mit den geistigen Strömungen der Gegenwart aktiv dazu beitragen, daß die Botschaft des Evangeliums und der Kirche verständlich und überzeugend in der heutigen Welt ankommen kann.

Nach Ansicht des neuen Präfekten der Glaubenskongregation wurde die große Epoche der Theologie vor dem Zweiten Vatikanum und kurz danach durch eine gewisse Ermüdung abgelöst. Im Augenblick gäbe es kaum noch große Namen, zwar mehr Fakultäten und mehr Schreibende, aber doch auch eine innere Ermüdung und Nivellierung sowie das Problem des Auseinanderdriftens. Das sei im Grunde ein sehr schönes Phänomen ...

Es ist für mich interessant, von Ihnen zu hören, wie Kardinal Ratzinger die heutige Situation der Theologie charakterisiert. Ich wußte das nicht, habe aber dagegen keine Einwendung. Warum allerdings diese heutige Situation der Theologie ein »sehr schönes Phänomen« sein solle, verstehe ich nicht. Ich würde eher sagen, diese Situation sei eine Tatsache, die so verständlich ist wie der Wechsel der Jahreszeiten; man sollte sich darüber hinaus fragen, ob in der Kirche, auch wenn sie ihre und der Theologie Geschichte nicht autonom allein steuern kann, nicht doch dies und jenes getan werden könne, damit die Theologie wieder blühender werde.

Daß die neuen Räume der Kirche als Weltkirche ihr je eigenes theologisches Gepräge suchen dürfen und sollen, bei aller Einheit der Theologie, das ist eine Ansicht Kardinal Ratzingers, der ich voll zustimme. Ich würde nicht sagen, daß die Glaubenskongregation bisher deutlich und praktisch dieser Meinung gerecht geworden ist. So kann ich nur hoffen, daß es diesbezüglich nun besser wird.

Freiheitsraum und Grenzen der Theologie

Nach jüngster Ansicht von Kardinal Ratzinger brauche die Theologie ihren Freiheitsraum. Die Grenze sei allerdings dort, wo Theologie so ins kirchliche Leben eingreife, daß sie zur konkreten Einheitsgefährdung würde. Habe ich Sie richtig verstanden, daß der Theologe das Recht und manchmal sogar die Pflicht habe, einer Erklärung des Lehramts zu widersprechen?

Selbstverständlich braucht die Theologie einen Freiheitsraum. Zweifellos wurde ihr dieser Freiheitsraum in den Jahren der »Pianischen Epoche« (wie ich diesen Zeitraum nennen möchte) oft ungebührlich eingeschränkt. Selbstverständlich hat dieser Freiheitsraum dort seine Grenze, wo ein Theologe frontal und dezidiert eine definierte Glaubenswahrheit der Kirche leugnet.

Freilich kann es auch vorkommen, was immer wieder neu zu vermeiden ist, daß eine kirchliche Behörde die Unvereinbarkeit einer theologischen Ansicht mit einem Dogma der Kirche behauptet, wo dies faktisch doch nicht der Fall ist. Innerhalb des Freiheitsraumes der Theologie kann es verschiedene Meinungen geben. Eine kirchliche Behörde sollte eine Meinung innerhalb dieses Freiheitsraumes, die sie selber für falsch hält, nicht zensurieren.

27 Seine Entscheidung durchtragen

Gespräch mit *Norbert Steidl* über die Jugend, Innsbruck (1982)

Nicht ausweichen

Herr Professor Rahner, gibt es etwas, das Sie jungen Menschen sagen würden oder wollten[1]*?*

Erstens einmal sollte der junge Mensch heute nicht der Versuchung eines primitiven Skeptizismus und einer – im

[1] Vgl. dazu: Mein Problem. Karl Rahner antwortet jungen Menschen, Freiburg/Br. 1982.

Grunde genommen – doch feigen Resignation verfallen. Er sollte sich wirklich eine Aufgabe im Leben stellen, egal, was es ist. Er sollte sich für etwas engagieren. Er sollte den Mut haben, nicht zu billig den Annehmlichkeiten eines Konsumdenkens zu verfallen. Er sollte sich natürlich – das ist meine Meinung als Christ, Priester, Jesuit und alter Mann – auch die Frage nach dem letzten Sinn des Lebens stellen. Und er sollte nicht meinen, daß man diese umfassende, alles in sich begreifende Frage nur mit einem resignierten Achselzucken beantworten könne.
Der junge Mensch sollte sich auch einmal ganz rational darüber klar werden, daß eine vertagte, nur mit Skeptizismus beladene Antwort auch eine Antwort ist, und zwar eine schlechte. Es gibt Leute, die meinen, es ist alles so ungewiß, und sagen: »Man weiß im Grunde genommen nichts!« – und man müsse resignieren und könne sich keine dezidierte Meinung bilden. Aber damit hat man ja auch eine Meinung gehabt, und das ist gewiß nicht die selbstverständlich richtige. Wer sagt: »Nix g'wiss' weiß man nicht!«, hat auch eine Meinung, die eine Meinung unter sehr vielen anderen ist. Und diese Enthaltung von Entscheidung ist keine Enthaltung, sondern auch eine Entscheidung. Von da aus wenigstens sollte man den Mut finden, sich zu etwas zu entscheiden und seinen Kopf dafür hinzuhalten, und sich nicht vor allen Problemen irgendwo resigniert und skeptisch drücken. Ich meine, das könnte ein junger Mensch von heute bei allem weltanschaulichen Wirrwarr, bei aller Unsicherheit der heutigen Existenz, die man nicht leugnen soll, doch machen.

Ohne Tränen der Rührung

Gehört dazu nicht auch so etwas wie die Fähigkeit, sich von Dingen »faszinieren« zu lassen?
Sehen Sie, ich glaube schon, daß frühere Zeiten sich leichter enthusiastisch für etwas begeistern konnten. Ob das das

Vaterland war oder eine Partei oder irgendeine politische Richtung oder vielleicht auch eine religiöse Gemeinschaft oder Kirche.

Früher konnte man unbefangener begeistert sein – das fällt uns heute sicher schwerer, Ihnen und mir altem Mann auch. Man sollte sich so etwas nicht mit Gewalt »anknobeln«. Manche modernen Jugendsekten scheinen mir eine Flucht in irgendeine Emotionalität zu sein, die im letzten doch unecht ist. Aber man kann sich auch nüchtern für etwas entscheiden und engagieren. Ich brauche als Christ nicht über jeden Bischof oder über jeden Papst fürchterlich begeistert zu sein – warum auch? Das hat mit Christentum im Grunde genommen nichts zu tun. Ich brauche auch nicht alles in einer Partei, auch nicht in der Kirche, für wunderbar und begeisternd zu empfinden. Aber ich kann mich in einer beinahe sachlichen Nüchternheit trotzdem für etwas entscheiden: für Jesus Christus, für Gott, für das Festhalten an der Überzeugung einer ewigen Verantwortung vor dem ewigen Gott und für das ewige Leben. Da braucht man nicht fürchterlich begeistert zu sein und Tränen der Rührung vergießen. Aber man kann sich sagen: Das ist die in meiner Situation mögliche, sinnvolle Entscheidung, die man in einer – nennen wir's mal – winterlichen Zeit, die nun einmal unsere ist, trotzdem in Geduld, in Zuversicht, in Entschlossenheit durchtragen kann.

28 Bischofswahl heute

Gespräch mit der Katholischen Sozialakademie, Wien (1982)

Dogmatisch gesehen gibt es mehrere Möglichkeiten

Welche Arten einer Bischofswahl sind nach dogmatischen Prinzipien in der römisch-katholischen Kirche möglich?
Vom dogmatischen Kirchenverständnis der katholischen Kirche her kann man sagen: Jedwede Art von Bischofsbestellung – natürlich durch Mitglieder der Kirche selbst – ist möglich, wenn der bestellte, gewählte, ernannte Bischof zu seiner Bestellung die Zustimmung des Gesamtepiskopats der Kirche, repräsentiert durch den Papst in Rom, erhält. Mit anderen Worten: Vom rein dogmatisch verbindlichen Kirchenbegriff her sind die verschiedensten Weisen der Bestellung eines Bischofs unter der genannten Voraussetzung möglich, wie dies auch im Kirchendekret des II. Vatikanischen Konzils angedeutet ist.
Ein Bischof könnte also grundsätzlich vom Gesamtvolk gewählt werden, von der Priesterschaft der betreffenden Diözese, von einem Domkapitel, von einem Priesterrat; er könnte bestellt werden durch die Nachbarbischöfe, durch eine Bischofskonferenz oder eben auch durch eine Ernennung durch den römischen Papst. Eine direkte Ernennung durch den Papst ist also, dogmatisch gesehen, nicht der einzige, vom Wesen der Kirche geforderte Wahlmodus.
Dazu gibt es eine Aussage in der Konstitution »Lumen gentium« Nr. 21 des II. Vatikanischen Konzils: »Die Heilige Synode lehrt aber, daß durch die Bischofsweihe die Fülle des Weihesakramentes übertragen wird... Die Bischofsweihe überträgt mit dem Amt der Heiligung [d. h. mit den sakramentalen Vollmachten] *auch* die Ämter der Lehre und der *Leitung* [d. h. also auch die jurisdiktionellen Vollmachten], die jedoch ihrer Natur nach nur in der hierarchischen Gemeinschaft mit Haupt und Gliedern des Kollegiums ausgeübt werden kön-

nen … Sache der Bischöfe ist es, durch das Weihesakrament neue Erwählte in die Körperschaft der Bischöfe aufzunehmen.«

Formen der Beteiligung der Diözese an der Bischofsfindung

Was ist wünschenswert?

Man wird sagen müssen, daß eine Bischofswahl, Bischofsbestellung und -ernennung sinngemäß so erfolgen muß, daß der Betreffende die für die Verwaltung eines Bischofsamtes nötigen Eigenschaften und das Vertrauen seiner Diözesanen und besonders natürlich des Priesterkollegiums seiner Diözese hat. Diese Bedingungen einer sinnvollen Bischofsernennung können auf sehr verschiedene Weise überprüft werden. Das geschieht, wo immer und auf welche Weise immer ein Bischof in unseren Landen ernannt wird. Man kann selbstverständlich voraussetzen, daß Rom, wenn von dort aus in Österreich die Bischöfe ernannt werden, die Erfülltheit dieser genannten Bedingungen festzustellen versucht. Ob das praktisch immer geschieht, ist natürlich – wie bei allen menschlichen Einrichtungen und Verfahrensweisen – eine Frage, die immer wieder gestellt werden kann. In Österreich ist es nämlich so, daß das Verfahren, in dem die Geeignetheit eines Kandidaten untersucht wird, der Öffentlichkeit mehr oder weniger ganz entzogen ist. Das hat natürlich historische Gründe. Diese Anonymität des Verfahrens hat auch – das darf man nicht übersehen – Gründe, die in etwa in der Natur der Sache liegen. Ein Bischof muß z. B. Eigenschaften haben hinsichtlich seines vergangenen Lebens, seiner Bildung, seiner Erfahrung usw., die nicht ganz leicht einer öffentlichen Diskussion zugänglich sein können und dürfen. Insofern ist natürlich der traditionelle Modus nicht einfach schlechthin zu verwerfen. Aber es wäre gewiß wünschenswert, daß die Mitwirkung derjenigen, die durch eine solche Ernennung betroffen sind (d. h. die Diözesa-

nen der betreffenden Diözese, besonders natürlich die Priester dieser Diözese und andere im amtlichen Dienst der Kirche Stehende), doch möglichst deutlich und durchsichtig an einer solchen Bischofsfindung beteiligt werden. Das legt nicht nur das demokratische Empfinden der heutigen Zeit nahe, sondern auch die Natur der Sache, denn ein Bischof muß ein möglichst großes Maß an Vertrauen, an Bereitschaft zur Mitarbeit usw. von seiten der Diözese erhalten, um erfolgreich wirken zu können. Darum aber ist es naheliegend und wünschenswert, daß auf angemessene Weise die Diözese selbst an der Findung des geeigneten Kandidaten beteiligt wird.
Wie das geschieht und geschehen kann, ist natürlich eine gar nicht leicht zu beantwortende Frage. Aber es gibt ja Priesterräte, es gibt Domkapitel, es gibt andere Gremien und Einzelpersonen, die bei der Findung eines solchen Kandidaten sachgemäß mitwirken könnten. Das wird natürlich heute auch schon faktisch in einem gewissen Maß geschehen. Die Bischofskonferenzen, vielleicht auch Ordinariate, vielleicht auch – leider scheint dies wieder abhanden gekommen zu sein – Priesterräte machen Rom bezüglich geeigneter Kandidaten Vorschläge, aus denen dann unter Mitbeteiligung des Nuntius Rom seinen ihm genehmen Kandidaten auswählt. Aber solche vorbereitenden Verfahren könnten doch wohl besser, deutlicher und auch für die Öffentlichkeit durchsichtiger gehandhabt werden.

Der Weg zu demokratischeren Verfahrensweisen

Was ist praktikabel?
Diese Frage könnte natürlich unterteilt werden in die Frage: Wie sollte eine zukünftige Bischofsernennung juristisch geordnet werden, und in die andere Frage: Was ist unter den heute gegebenen Rechtsnormen tatsächlich praktikabel?
Über die erste Unterfrage ist eigentlich vorhin schon einiges angedeutet worden. Die zweite Unterfrage läßt sich vielleicht so beantworten: Wenn bei der Findung der möglichen Kandi-

daten die Priesterräte intensiver, mutiger, offener eingeschaltet würden und Rom auch in genügender Weise solche Vorschläge würdigen und nicht leicht über sie hinweggehen würde, dann könnten auch unter den jetzigen rechtlichen Normen Bischöfe gefunden werden, die hinsichtlich ihrer menschlichen Qualität, ihrer Spiritualität und ihrer seelsorglichen Erfahrung geeignet sind und denen ein größtmögliches Maß an Vertrauen und Bereitschaft zur Mitarbeit von seiten der Diözesanen und von seiten der Diözesanpriester entgegengebracht wird. Man kann also auch unter dem heutigen Recht ganz gewiß die besten Kandidaten herausfinden. Die Voraussetzung ist nur, daß die Möglichkeiten des heutigen Rechts ausgeschöpft und die heutigen Normen wirklich fair angewendet werden. Mit dieser Feststellung ist nicht gesagt, daß die heutigen Verfahrensweisen die denkbar besten seien, daß nicht andere, vielleicht demokratischere Verfahrensweisen an sich angezeigt wären und angestrebt werden sollten. Grundsätzlich sei noch einmal gesagt: So sehr jeder römisch-katholische Bischof der Zustimmung des Papstes in Rom bedarf, so wenig ist damit gesagt, daß eine solche Bischofsernennung einfach nur durch römische Instanzen allein vorgenommen werden müßte.

In dieser Beziehung ist natürlich eine praktische Änderung nur dann in Zukunft zu erwarten, wenn die römischen Amtsträger und die Bischöfe im Lande selber so durch die Gesamtatmosphäre der Öffentlichkeit gebildet und beeinflußt sein werden, daß sie von sich selbst her die Opportunität solcher rechtlicher Änderungen einsehen werden.

29 Theologisch denken – religiös erfahren

Gespräch mit *Rogelio García-Mateo* und *Peter Kammerer, Innsbruck* (1982)

Aufgabe der Theologie heute

Herr Professor Rahner, im Gegensatz zu den religiösen Bewegungen unserer Zeit gilt das Bild der heutigen Theologie als lahm und diffus. Man spricht sogar von einem Stillstand der Theologie. Selbst Fachtheologen ist es nicht klar, wie es mit der Theologie weitergehen soll. Sie haben sich nun in Ihrer theologischen Arbeit oft mit der Frage nach dem Selbstverständnis der Theologie befaßt. Welche Aufgabe hat also heute die Theologie als Wissenschaft und als Verkündigung?

Ich meine, daß sie heute dieselbe Aufgabe wie immer hat. Theologie als Wissenschaft ist eine mit wissenschaftlichen Mitteln und Methoden vorgenommene Reflexion über den christlichen Offenbarungsglauben; diese Reflexion steht im Dienst der Kirche, damit sie ihre Aufgabe einer Verkündigung erfüllen kann, die möglichst gut das Verständnis der heutigen Menschen trifft. Insofern die Situation der Verkündigung heute natürlich eine andere ist als früher, ist die Aufgabe der Theologie bei allem gleichbleibenden Wesen etwas verändert. Heute lebt die Kirche in einer pluralistischen Gesellschaft, und sie hat eine weltweite Aufgabe; sie ist im Laufe des letzten Jahrhunderts eine Weltkirche geworden. Infolgedessen hat die Theologie die Aufgabe eines Dialogs mit dem Selbst- und Weltverständnis des heutigen Menschen; das meint auch einen interdisziplinären Dialog mit den heutigen Wissenschaften. Darüber hinaus hat sie heute die Aufgabe, eine weltweite Theologie zu sein, d. h. nicht nur eine Theologie, die der europäisch-nordamerikanischen Kultur zugeordnet ist, sondern sie muß Theologien der verschiedenen Kulturen und Weltsituationen entwickeln; sie muß mindestens eine lateinamerikanische, ostasiatische und afrikanische Theologie entwickeln. Das bedeutet natürlich auch, daß die heutige Theologie eine Theologie sein muß, die die modernen wissenschaftlichen Methoden und die sich daraus ergebenden Erkenntnisse unbefangen selbst entwickelt und auch annimmt.

Welche konkreten Folgen ergeben sich daraus?

Es muß eine historisch-kritische Exegese geben, eine ehrliche und genaue Dogmengeschichte, einen Dialog mit den modernen Naturwissenschaften. Es darf in der heutigen Theologie nicht einfach nur eine neuscholastische Philosophie zugrunde gelegt werden, so wie sie sich im 19. Jahrhundert und in der ersten Hälfte des 20. Jahrhunderts entfaltet hat, sondern vielmehr eine Philosophie, die einen wirklich echten Dialog mit den modernen Philosophien beinhaltet; nämlich mit Kant, Descartes, dem deutschen Idealismus, der modernen Existentialphilosophie, aber darüber hinaus auch mit der modernen Logik, mit der heutigen Sprachphilosophie, mit all den Philosophien, die im angelsächsich-nordamerikanischen Raum entwickelt worden sind.

Was bedeutet das für die Philosophie, die auf katholischer Seite betrieben wird?

Die moderne katholische Philosophie, die ein inneres Moment der christlichen, kirchlichen Theologie darstellt, soll nicht einfach wahllos und in einer falschen Weise modern sein wollen; sie soll ihre Eigenständigkeit bewahren; sie soll eine Philosophie sein, mit der ein überzeugter Christ wirklich leben kann. Aber sie kann trotzdem nicht mehr die homogene Philosophie der Neuscholastik der letzten 150 Jahre sein – einfach deswegen, weil sich die Probleme, die Methoden und zum Teil auch die Ergebnisse gewandelt haben. Es gibt doch z. B. heute eine moderne Wissenschaftstheorie, die auch eine Bedeutung für die Philosophie hat. Eine solche hat es nicht oder nur in ganz kleinen Ansätzen früher in der Scholastik gegeben; heute gibt es sie, und infolgedessen kann die heutige Theologie alle diese Dinge nicht unberücksichtigt lassen.

Welche Rolle spielen dabei die anderen großen Weltreligionen?

Der Dialog mit den heutigen oder heute noch lebendigen

Weltreligionen sollte ein großes Gebiet der modernen Theologie sein. Das II. Vatikanische Konzil bedeutet im Verhältnis der Kirche zu den anderen Weltreligionen eine erhebliche Änderung der Mentalität. Man kann eben den Hinduismus, den Buddhismus und den Islam nicht einfach als schlechtgeratene Erfindungen des Menschen oder als bloß negativ zu beurteilende Entartung der menschlichen Religiosität betrachten. Aber wie man sie genauer interpretieren muß, was man von ihnen lernen kann, welche Unterschiede und welche vielleicht doch vorhandenen Gemeinsamkeiten gegeben sind, das alles muß noch viel besser untersucht werden, damit der Dialog des Christentums mit den anderen Weltreligionen wirklich stattfinden kann.

Zur theologischen Anthropologie

In Ihrer Gotteslehre spielt der Mensch als das Wesen der Transzendenz zur Welt und zum Unendlichen hin eine grundlegende Rolle. Besteht nicht die Gefahr, letztlich im Bereich der Frage nach dem Menschen zu verbleiben? Besagt die zentrale Stellung des Menschen nicht doch eine anthropologische Verkürzung des Theologischen? Man bezeichnet Ihre Theologie als anthropologisch orientiert.

Da ist zunächst die Frage, ob eine solche Kennzeichnung meiner Theologie richtig ist. Man hat eine solche Kennzeichnung vorgenommen, aber zunächst will ich ja gar keine besondere, originelle Theologie entwickeln. So etwas wäre für einen katholischen Theologen von vornherein ein Unsinn; ich will eine ganz normale christ-katholische Theologie entwickeln, natürlich mit ihr und in ihr Probleme anpacken, die vielleicht so ausdrücklich früher nicht gegeben waren, aber ich will eine normale katholische Theologie, ohne den Ehrgeiz nach einer besonderen, individuellen Originalität zu haben.

Aber hat in Ihrer Theologie die Anthropologie nicht doch eine zentrale Bedeutung?

Daß in einer Theologie der Mensch vorkommt, daß es eine theologische Anthropologie gibt und daß ferner in einem gewissen Sinne in der Theologie immer vom Menschen ausgegangen werden muß, das scheint mir eine Selbstverständlichkeit zu sein. Gerade die neuscholastische Theologie des 19. Jahrhunderts hat gegenüber einem radikalen Fideismus und auch gegenüber einer protestantischen Theologie immer die Rationalität auch des Glaubens betont; sie hat postuliert, daß es eine echte, beim Menschen und seinen Fragen ansetzende rationale Fundamentaltheologie gibt und geben muß, die natürlich heute in einem engeren gegenseitigen Beziehungsverhältnis zur systematischen Theologie stehen muß. Wenn es also eine solche Fundamentaltheologie als ein wahres, inneres Moment der dogmatischen Theologie überhaupt gibt, dann ist es offensichtlich, daß man in einem wahren Sinn vom Menschen ausgehen muß. Selbst wenn man die übernatürliche, von Gott gewirkte Herkunft der eigentlichen christlichen Offenbarungstheologie noch so radikal betont, im Stil eines Karl Barth, so bleibt es für eine katholische Theologie dennoch wahr, daß nachgedacht werden muß über den Menschen als den Empfänger der göttlichen Offenbarung.
Wie weit dieser Empfänger der göttlichen Offenbarung durch die Offenbarung und durch die Gnade selber erst für sie geeignet gemacht wird, das mag eine wichtige und nicht so ganz leicht zu beantwortende Frage sein; auf jeden Fall muß eben in der Theologie von dem Menschen geredet werden, der durch seine Natur, aber auch erst recht durch die Gnade und das geschichtliche Ereignis der göttlichen Offenbarung ein möglicher Hörer des Wortes ist; anders gesagt: Es muß eine theologische Anthropologie getrieben werden. Dazu kommt noch folgendes: Wenn der Mensch in Natur und Gnade von vornherein radikal auf Gott bezogen verstanden wird und ohne diese Bezogenheit gar nicht gedacht werden kann, dann sind eine anthropozentrische und eine theozentrische Theologie kein Gegensatz oder Widerspruch, sondern letztlich dasselbe: eine Einheit, in der weder Gott noch der Mensch ausgelassen

werden können. Wenn es überdies wahr ist, daß Gott Mensch geworden ist und in Ewigkeit Mensch bleibt, dann kann es keine Theologie geben, in der keine Anthropologie betrieben werden muß, weil in der Inkarnation Gott selbst für sich Anthropologie betrieben hat und in Ewigkeit betreibt. Das wollte ich in meinen Überlegungen immer einigermaßen tun, aber ich sehe nicht, warum ein solcher, für eine katholische Theologie eigentlich selbstverständlicher Ansatz nun für meine Theologie eine besondere Eigentümlichkeit sein sollte.

Schwerpunkte der theologischen Reflexion

Wodurch können sich spezifische Schwerpunkte für einzelne Theologen ergeben?

Natürlich wird der konkrete einzelne Theologe nie sämtliche denkbaren theologischen Fragen gleichmäßig intensiv bearbeiten können.

Da gibt es natürlich Verschiedenheiten in der theologischen Arbeit, die sich auch dann auf die Ergebnisse der Theologie auswirken. Wenn jemand also z. B. so intensiv die Geschichte des christologischen Dogmas und der Christologie betreibt wie Alois Grillmeier in Frankfurt, dann wird dort natürlich, wo er seine eigene systematische Theologie entwickelt, seine Theologie praktisch und konkret etwas anders aussehen als eine Theologie wie die meinige, der ich von dogmengeschichtlichen Dingen nicht so viel verstehe. Und wenn ein Exeget in einer großen, sublimen, mühsamen Einzelarbeit Exegese betreibt, wird seine eigene Theologie unvermeidlich etwas anders aussehen als dort, wo ein anderer – einfach wegen der menschlichen Arbeitsteilung und der Beschränktheit der menschlichen Einsichts- und Arbeitsfähigkeit – solche Exegese nicht betreiben kann. Aber ein grundsätzlicher Unterschied zwischen meiner Theologie und einer anderen normalen, katholischen Theologie kann für mich an sich nicht bestehen.

Wo liegen die Schwerpunkte Ihrer theologischen Reflexion?

Es mag gegenüber anderen Theologen an einem Punkt und von einem Ausgangspunkt aus ein gewisser Unterschied bestehen. Ich betone zunächst einmal, was ganz normal katholisch ist: den engen Zusammenhang zwischen Gnade und Offenbarung. Ich glaube, daß die Gnade selbst schon eine Veränderung im Bewußtsein des Menschen bewirkt, die man durchaus als Anfang, als Ansatz von so etwas wie Offenbarung werten und verstehen muß. Ich weise nur darauf hin, daß es für einen guten Thomisten selbstverständlich ist, daß die eigentlich übernatürliche Gnade ein der Geistigkeit des Menschen in Erkenntnis und Freiheit zukommendes Formalobjekt gibt, welches, wie die normale traditionelle Schultheologie sagt, von einer in ihrem Formalobjekt rein natürlichen Erkenntnis und Freiheit überhaupt nicht erreicht werden kann.
Wenn man diese an und für sich traditionelle thomistische Schultheologie voraussetzt und nun aber wegen des allgemeinen Heilswillens Gottes die übernatürliche erhöhende Gnade jedem Menschen angeboten sein läßt, dann bekommt man ein Konzept einer fundamentalen Offenbarung, deren Ausbreitung in der Geschichte der Welt und der Religion sich nicht einfach deckt mit jenem anthropologisch-geographischen Gebiet, das wir normalerweise in der Schultheologie als das Gebiet der positiven übernatürlichen Offenbarung betrachten. An diesem Punkt also trage ich natürlich eine Theologie vor, die nicht einfach die sämtlicher katholischer Theologen ist; aber ich meine, es ist eine Theologie, die man verteidigen kann und die auch für die Grundkonzeption des Verhältnisses des Christentums zu den übrigen Religionen von Bedeutung ist.
In den sechziger Jahren wurden Religion, Meditation und Gebet immer mehr zurückgedrängt – erinnert sei an die Gott-ist-tot-Theologie und an die Säkularisierungswelle –; als Gegenbewegung zu dieser aufklärerischen Stimmung erleben wir heute eine Neuentdeckung des Religiösen und der Meditation. Oft stellt man dabei eine Vernachlässigung der kritischen Vernunft, ja sogar ihre Ablehnung fest; wie bewerten Sie diese Neuentdekkung des Religiösen?

Das ist schwer zu sagen. Vor einigen Jahren saß auf dem Stuhl, auf dem Sie sitzen, ein amerikanischer methodistischer Bischof, und ich fragte ihn, was er denn von den Pfingstbewegungen hielte. Er antwortete: »Nichts!« Ich erwiderte, daß andere, wie Papst Paul VI. oder Kardinal Suenens, doch ein sehr positives Verhältnis zu charismatischen Bewegungen haben. Dann sagte jener Bischof: »Bedaure, da hat der Papst sich aufs falsche Pferd gesetzt!« Ich glaube nun nicht, daß das so ist; selbstverständlich gibt es religiös-charismatische Bewegungen, die man ernst nehmen muß. Ich habe früher einmal gesagt, auch wenn das pathetisch und übertrieben klingt, daß der Christ der Zukunft ein Mystiker sein muß oder nicht mehr sein wird.

Vorrang der Gotteserfahrung vor der theologischen Reflexion

Hat also für Sie das Religiös-Mystische einen Vorrang vor der rationalen Überlegung?
Für mich ist in meiner Theologie die Gegebenheit einer echten, ursprünglichen Erfahrung Gottes und seines Geistes von fundamentaler Bedeutung. Diese geht logisch (nicht notwendig zeitlich) der theologischen Reflexion und Verbalisation voraus und wird von dieser Reflexion nie adäquat eingeholt.
Das, was der christliche Glaube lehrt, wird nicht nur durch eine begriffliche Indoktrination von außen mitgeteilt, sondern ist durch die übernatürliche Gnade Gottes als Wirklichkeit in uns und kann grundsätzlich erfahren werden. Das bedeutet nicht, daß die sprachliche Vorstellung und Auslegung der religiösen Erfahrung nicht etwas sei, das im Raum der Kirche unter der Aufsicht ihres Lehramtes geschehen müsse, aber ich glaube, es ist wahr, daß eine Erweckung, eine Mystagogie in diese ursprüngliche, gnadenhafte religiöse Erfahrung heute von fundamentaler Bedeutung ist. Jetzt entsteht freilich die Frage, wie und wo eine christliche Mystagogie in eine solche Erfah-

rung gegeben ist, die echt genannt werden kann. Da gibt es natürlich Exerzitien, Meditationskurse und -übungen, auch aus nichtchristlichen Religionen, die für eine solche Einführung außerordentlich nützlich und vielleicht sogar notwendig sind.

Es ist durchaus denkbar, daß eine solche Mystagogie nicht nur in einer absolut isolierten Privatheit und Innerlichkeit stattfindet, so wie man sich das früher vorgestellt hat, wenn man die Einzelexerzitien des hl. Ignatius als das absolut selbstverständliche und eigentlich einzig mögliche Mittel für eine Mystagogie sich gedacht hat.

Inwiefern kann Gemeinschaft der Ort religiöser Erfahrungen sein?

Ich bin überzeugt, daß es eine moderne Flucht in das Kommunitäre gibt, die wirklich nur ins Leere läuft; aber es ist nicht zu bezweifeln, daß es auch eine religiöse kommunitäre Erfahrung geben kann, die in der Kirche der Neuzeit bisher zu wenig gepflegt wurde. Die Kirche hat immer Liturgie gefeiert; die Menschen haben in dieser Liturgie faktisch durchaus immer das eigentlich Persönliche, Innere, Mystische mitvollzogen, aber man hat gewissermaßen darauf eigentlich nicht ausdrücklich geachtet.

Wenn man überzeugt ist, daß Liturgie, Chorgebet und auch das Meßopfer nicht bloß äußerer Ritualismus ist, den der Mensch auch nebenbei vollziehen kann, sondern wirklich auch einen totalen religiösen Selbstvollzug des Menschen auf Gott hin bedeuten kann, dann kann man als katholischer Christ nicht leugnen, daß es auch die Möglichkeit, Weisen und Methoden einer kommunitären religiösen Erfahrung gibt und geben kann. So etwas wurde nicht eigentlich gepflegt. Wenn nun charismatische Gruppen so etwas neu aufgreifen, wenn gemeinsam christlich gebetet wird, wenn es vielleicht so etwas wie eine *deliberatio communitaria* geben kann, die mehr ist als ein gemeinsames rationales Prüfen, Überlegen und Planen, dann ist nichts dagegen einzuwenden, wenn Menschen als Christen heute charismatisch-religiös als eine Gemeinschaft leben.

Wie das im einzelnen zu machen ist, ist eine andere Frage; ich halte z. B. von Glossolalie nicht so viel und ich meine dabei, daß der hl. Paulus mir im Grund genommen recht gibt, auch wenn er solchen religiösen Randphänomenen gegenüber tolerant war. Ich glaube auch, daß in der amerikanischen charismatischen Bewegung mit ihren Heilungswundern usw. eine Tendenz und ein Glaube an solche Randphänomene gegeben ist – ein Glaube, den ein nüchterner Westeuropäer des Spätrationalismus weder hat noch haben wird noch haben muß, um ein radikaler Christ zu sein.

Welche positiven Impulse sehen Sie in der charismatischen Bewegung?

Diese charismatischen Bewegungen, wie auch ihre theologischen Selbstinterpretationen müßten auf die verschiedenen Tendenzen und Ziele, auf die sie sich hinbewegen, geprüft werden. Man sollte auch den Christen in den europäischen Ländern eine genügende Freiheit des Geistes und ihrer religiösen Praxis zugestehen. Diese charismatischen Gruppen sollten sich nicht einfach allein als das einzig wahre und lebendige Christentum empfinden, sie sollten andere Gestalten und Formen sowohl einer gemeinsamen Religiosität wie auch einer Religiosität des einzelnen selbstlos und demütig anerkennen. Aber dann ist nichts dagegen einzuwenden, wenn sich in der weiteren Geschichte der Kirche zeigen sollte, daß sie nicht einfach in derselben Weise wie in den letzten 150 Jahren weitermachen muß. Wenn es dann Basisgemeinden gibt, deren Zusammenhalt auch bis zu einem gewissen Grad charismatische Vorbedingungen und Grundlagen hat, dann ist nichts dagegen zu sagen.

Man sollte hier in der Kirche von amtlicher, bischöflicher Seite her großzügig sein, den Geist nicht auslöschen, alles prüfen, das Gute behalten – wie Paulus sagt –; dann ist also gegen eine solche charismatische Bewegung nichts einzuwenden. Man sollte dabei nicht so tun, als ob das alles früher nicht existiert hätte. Auch in der Frömmigkeit und Spiritualität der nicht-katholischen Christenheit hat es solche charismatische Bewegungen ja immer gegeben. Früher waren sie bei uns vielleicht mehr in Ordenshäusern angesiedelt, doch das muß nicht immer so bleiben. Charismatische Erscheinungen können auch von Laiengruppen getragen werden; jedenfalls ließe sich auch, wenn sich die Kirche und ihre Spiritualität mehr in Richtung einer Charismatik vollzöge, durchaus dennoch eine Kontinuität im Leben der Kirche aufrechterhalten.

Können Sie als Abschluß kurz zusammenfassen, was für Sie Christ-Sein heute heißt?

Christ-Sein heißt, Gott anzubeten, ihn zu lieben, sich seiner Unbegreiflichkeit und der Unbegreiflichkeit seiner Verfügung gehorsam anzuvertrauen, zu wissen, daß es ein ewiges Leben gibt, das in der Unmittelbarkeit der Anschauung Gottes nach dem Tod besteht. All dieses Verhältnis zu Gott ist getragen und legitimiert durch Jesus Christus, weil wir im Blick auf ihn, sein Kreuz und seine Auferstehung, im Blick auf die in ihm unüberbietbar gegebene Einheit zwischen Gott und den Menschen darauf vertrauen können, daß durch Gottes siegreiche Gnade diese Aufgabe unseres Lebens, Gott selbst in Unmittelbarkeit anzunehmen, wirklich glücken wird. Daß diese Menschen, die so den Mut zu Gott wegen Jesus Christus wagen, eine Glaubensgemeinschaft bilden, die man Kirche nennt, daß diese Glaubensgemeinde eine Geschichte, eine gesellschaftliche, den einzelnen verpflichtende Struktur hat, mit all dem, was der normale Christ eben von seiner Kirche weiß – das ist dann eigentlich selbstverständlich. Selbstverständlich ist auch, daß die Christen und ihre Kirche aus der Kraft des Heiligen Geistes heraus für Gerechtigkeit, Liebe und Frieden in einer als Schöpfung Gottes behandelten Welt eintreten und arbeiten müssen.

30 Die zornigen alten Männer in den Kirchen

Gespräch mit *Paul Imhof*, München (1982)

Eine christliche Kritik muß wirklich kritisch sein

Möchten Sie nicht manchmal auch die Kritiker an der Kirche kritisieren?

Ja, man erwartet immer von mir wie selbstverständlich eine Kritik eines zornigen alten Mannes an der Kirche. Kritik an der Kirche ist an sich ganz normal, ist grundsätzlich legitim. Denn die Kirche selbst bekennt im II. Vatikanischen Konzil, daß sie eine immer reformbedürftige Kirche ist. Also kann und muß man auch immer wieder sagen, was reformbedürftig ist. Aber heute darf doch ein zorniger alter Mann auch einmal Kritik gegenüber der Kritik an der Kirche üben.

Was kritisieren Sie an bestimmten Kritikern?

Es ist ja nicht so, als ob solche Kritiker selber über jede Kritik erhaben seien. Sie tun aber oft so. Sie gebärden sich oft als die besonders Weisen und Heiligen, die zutiefst an den Schäden und Mängeln in der Kirche leiden, von denen sie selber nicht betroffen sind. Sie lassen oft die selbstkritische Haltung sich gegenüber vermissen, die nun einmal auch zum Menschen gehört, besonders, wenn er sich zum Richter seiner Brüder und auch seiner Kirche bestellt. Ich sage, wie schon betont, nichts gegen Kritik in der Kirche, sie muß sein – und ich selbst habe doch oft genug solche Kritik geübt –, auch wenn man sich selber hinterher fragt, ob man den Nagel immer auf den Kopf getroffen hat, und manchmal hinterher erfährt, daß, was man kritisierte, sich doch noch einmal anders für einen dargestellt hätte, wenn man die Sache noch besser gewußt hätte.

Eine christliche Kritik an der Kirche muß wirklich kritisch sein, also mindestens einmal jene Bescheidenheit und Vorsicht üben, die man jedem Menschen entgegenbringen muß, den man tadelt. Eine Kritik theologischer Art muß selbstverständlich getragen sein von jenem fachlichen Wissen, das man nun einmal haben muß, wenn man in theologischen Fragen mitreden will. Eine anständige Kritik muß wissen, welche Gründe diejenigen geltend machen, die für die kritisierte theologische Meinung eintreten. Sonst redet man einfältig an seinem Gegner vorbei. Eine echte Kritik darf nicht stillschweigend davon ausgehen, daß die Person oder die Sache schon darum tadelnswert sei, weil sie einem selbst unsympathisch ist. Eine echte Kritik an der Kirche muß immer einkalkulieren, daß bei ihr der Kritiker selbst kritisiert wird. Denn auch er ist ein Glied dieser Kirche, ist ein kurzsichtiger Sünder, der seinen eigenen Teil unmittelbar oder mittelbar zu dem kritisierten Erscheinungsbild der Kirche beiträgt. Eine gute Kritik weiß auch zu unterscheiden zwischen dem, was wirklich gebessert werden kann in einer Gesellschaft von endlichen und sündigen Menschen, und dem, was nun einmal zur unabwälzbaren Last einer Gesellschaft von Menschen gehört, die alle – samt dem Kritiker selbst – keine Genies und keine Heiligen sind. Eine Kritik sollte daher nur gesagt oder geschrieben werden, wenn der Kritiker in einer fröhlichen Stimmung ist, wenn er auch lachen kann und den kritisierten Kirchenmännern letztlich doch in liebendem Wohlwollen zugetan ist, wenn er weiß, daß sie zwar keine Genies oder Heilige sind, aber sich beim näheren Zusehen als ebenso liebenswert, wohlgesinnt und vernünftig herausstellen, wie man es von sich selber glaubt. Natürlich gibt es in der Kirche auch mit Recht zürnende Propheten, wie es ein Johannes der Täufer gewesen war, mit schrecklichen Drohreden, wie sie auch Jesus gehalten hat. Aber man sollte doch vorsichtig sein, bevor man sich selbst eine solche Berufung zutraut. Man müßte vorher doch soviel Buße getan und gebetet haben wie Jesus oder der Täufer. Solche Kritiker aber trifft man doch in der Kirche selten an.

Aber das Problem an der, wie gesagt an sich berechtigter Kritik an der Kirche, an den Amtsträgern und an den kirchlichen Einrichtungen und Maßnahmen liegt noch tiefer: im Wesen der Kirche.

Sie unterscheiden von daher die kirchlichen und die nicht-kirchlichen Kritiker?
Ja, die Kritik eines Christen, der wirklich in einer letzten Glaubensentscheidung ein kirchlicher Christ ist, und die Kritik eines Menschen, der außerhalb der Kirche steht oder ein glaubensmäßig gebrochenes und mehr oder weniger nur bürgerlich konventionelles Verhältnis zu ihr hat, sind ganz verschieden oder müßten es doch zumindest sein. Sie gehen ja von ganz verschiedenen Voraussetzungen aus.

Vom Wesensverständnis der Kirche her kritisieren

Es ist zwar durchaus denkbar, daß ein radikal glaubender kirchlicher Christ mehr an der Kirche leidet und bitterer auf manches in ihr reagiert als ein anderer, dem diese Kirche im letzten von vornherein gleichgültig ist.
Bei einer Kritik an der Kirche durch einen kirchlich gläubigen Christen sollte man aber merken können, daß er die Kirche begreift als eine für ihn unabdingbare Wirklichkeit innerhalb seines Christseins und des Verhältnisses zu seinem Gott, der sein ewiges Heil ist. Die Formulierung »Warum ich in der Kirche bleibe« finde ich, ehrlich gesagt, gräßlich. Der Glaube kann angefochten sein; ich kann mir auch denken, daß jemand diesen Glauben in seiner kirchlichen Ausdrücklichkeit ohne Schuld vor Gott verliert. Aber der wirklich schlechthin christlich Glaubende als solcher kann kein Verhältnis zur Kirche haben, das ihm erlaubt, in wohlwollender Herablassung darüber nachzudenken, ob er in der Kirche bleiben oder seine Mitgliedschaft doch lieber aufgeben soll. Das Verhältnis zur Kirche gehört, wo es sein wahres Wesen hat, zur Absolutheit des christlichen Glaubens. Und das sollte man merken können, wenn Menschen, die beanspruchen kirchliche Menschen, Glieder der Kirche zu sein, ihre Kirche kritisieren. Andere, die außerhalb der Kirche stehen oder bei denen die Kirche nicht wirklich eine Glaubenswirklichkeit, sondern nur eine relativ

zufällige soziologische Größe ist, in die sie zufällig hineingeraten sind, mögen anders über die Kirche urteilen. Aber man sollte an den Kritiken merken, von welchem Standpunkt aus sie formuliert sind.

Bei Kritiken von solchen, die standesamtlich Katholiken sind, hat man nicht selten den Eindruck, daß sie das eigentliche Wesen der Kirche gar nicht begriffen, gar nicht in ihr existentielles Glaubensbewußtsein aufgenommen haben. Man kann energisch, wild, meinetwegen bitter und rabiat vieles in der Kirche kritisieren. Aber wenn es die Kritik eines Katholiken sein soll, dann sollte man merken, daß da jemand kritisiert, der um seines eigenen ewigen Heiles willen sich als Glied der Kirche erkennt. Man sollte merken, daß da einer bei seiner Kritik an der Kirche gegen die »Kirche« vom innersten Selbstverständnis der Kirche her argumentiert, daß der Kritiker weiß, daß die Kirche letztlich eben doch nicht bloß eine fragwürdige Organisation religiöser Bedürfnisbefriedigung, sondern die – natürlich auch unvermeidlich gesellschaftlich strukturierte – Gemeinde derer ist, die an Jesus Christus, den Gekreuzigten und Auferstandenen, als an das unwiderrufliche Zusagewort Gottes an uns glauben. Was hat es dann im allerletzten auf sich mit dem Ärger mit Pfarrern, Bischöfen und unter Umständen Päpsten, wenn man weiß, daß einem in dieser Kirche das greifbare Gnadenwort Gottes für das ganze Leben durch die Taufe zugesagt wurde, daß man in ihr den Tod und die Auferstehung Jesu als das Ereignis des Heiles Gottes in der Eucharistie mitfeiern kann; wenn man weiß, daß man in dieser Kirche durch alles problematische theologische Reden oder Gerede hindurch doch immer das reine Wort der Selbstmitteilung des ewigen Gottes hören kann, daß man das Wort der Vergebung seiner Lebensschuld zugesagt erhält, daß man im Leben und Sterben in dieser Kirche so wie anderswo nirgends an Jesus, dem getreuen Zeugen des ewigen Gottes, festhalten kann?

Wie gesagt, andere können anders an der Kirche Kritik üben als ein wahrer Christ und Katholik. Bei dessen Kritik sollte man merken, daß er vom innersten Wesensverständnis der Kirche her redet. Er braucht bei seiner Kritik nicht jedesmal ausdrücklich oder langatmig und salbungsvoll von diesem seinem eigentlichen und letzten Verständnis der Kirche Zeugnis ablegen. In der Rede unter Brüdern (und das sollte doch eine solche Kritik sein) sind solche Beteuerungen der kirchlichen Rechtgläubigkeit überflüssig und würden nur einen peinlichen Eindruck machen. Aber alle Kritik sollte doch aus der innersten Mitte unseres Glaubensverständnisses heraus kommen. Sie sollte darum auch selbstverständlich voraussetzen, daß die kritisierten Brüder in der Kirche (vom Papst angefangen bis zum letzten Kirchenküster) doch letztlich von demselben Glauben und derselben Liebe zur Kirche beseelt sind. Woher nähmen wir auch das Recht, diese Voraussetzung nicht zu machen? Natürlich impliziert jede sachlich gerechte Kritik an der Kirche bei den konkret Kritisierten einen gewissen Widerspruch zwischen diesem fundamentalen Glaubensverständnis und dem, was diese Kritisierten faktisch tun oder sagen oder sogar lehren. Aber solche Diskrepanzen sind bei Menschen nun einmal möglich, sind auch beim Kritiker selber gut denkbar.

Was bedeutet das für den Kritiker?

Jede innerkirchliche Kritik ruft beim Kritisierten gerade das auch bei ihm als gegeben vorausgesetzte Verständnis des Glaubens im allgemeinen und der Kirche im besonderen an und sucht ihn des Widerspruches zwischen diesem Glaubensverständnis und seinem konkreten Tun und Reden zu überführen. Wo die Kritik so von der gemeinsamen Lebensmitte der Kirche herkommt, ist sie berechtigt und oft sogar notwendig und heilige Pflicht. Aber nur so. Die andere Kritik sollten wir denen überlassen, die die Kirche selber ablehnen. Denen sollten wir nicht nach dem Munde reden.

31 Ich bin Priester und Theologe

Gespräch mit der Redaktion des Sonntagsblattes für das Erzbistum Paderborn (1982)

Die liebste Laudatio

Herr Professor Rahner, wenn es eine Kurzformel gäbe für das, was Sie mit Ihrer Theologie, mit Ihrem Denken zu erreichen beabsichtigen – wie würde sie lauten?
Sehen Sie, eine Kurzformel für das, was ich in der Theologie in diesen letzten Jahrzehnten getan habe, zu finden – darüber habe ich selber nicht nachgedacht. Mein Lebenswerk, wenn es so genannt werden darf, hat ja keinen sehr deutlich vorgegebenen Plan gehabt, sondern war stark von den Bedürfnissen des Tages, von den Aufgaben meiner Professur usw. bestimmt. Wenn Sie die 14 Bände meiner Schriften zur Theologie anschauen, dann sehen Sie, daß das alles zusammengesetzt ist aus Einzelaufsätzen, die meistens sogar zunächst Vorträge gewesen sind. Und insofern weiß ich eigentlich auch nicht, wie meine Theologie charakterisiert werden müßte, wenn man sie auf eine Kurzformel bringen wollte.
Ich würde simpel und einfach sagen: Ich bin ein katholischer Christ, ich versuche über meinen Glauben nachzudenken und ihn mit den Fragen, Bedürfnissen, Nöten, die mir als Mensch und als Christ dieser heutigen Zeit vorgegeben sind, in Verbindung zu bringen. Daraus ergibt sich dann eigentlich alles andere. Ich habe zwar auch das eine oder andere an eigentlich wissenschaftlicher Theologie, an historischer Theologie getrieben – das war durch meine Professur mitgegeben. Aber im großen und ganzen habe ich eigentlich doch mehr eine Theologie zu treiben gesucht, die auf die konkrete Verkündigung in der Kirche, auf das Gespräch mit den Menschen von heute ausgerichtet ist. Vielleicht wird man meinen, das sei gerade das Gegenteil von dem, was ich getan habe, denn es gibt natürlich viele Leute, die sagen, meine Sachen sind nicht gut

verständlich, ich mache zu lange Sätze usw. Aber ich meine doch, daß der seelsorgliche Aspekt einer Verkündigung des christlichen Glaubens für heute doch das Maßgebliche in meiner Arbeit gewesen ist.

Man hat viele Prädikate gefunden, um Sie und Ihre Arbeit zu charakterisieren. Vom »Baumeister der neuen Theologie« bis zur »geistigen Schlüsselfigur der Epoche«, wie man Sie genannt hat. Welche Laudatio ist Ihnen die liebste gewesen?

Bei ihrer zweiten Frage möchte ich zuerst ganz nüchtern sagen, daß solche Artikel und Sprüche, wie Sie sie da berichten, ebenso Reklamesprüche sind, die Verleger benutzen, um Bücher anzubringen. Man muß es ihnen nicht übelnehmen; aber ich fühle mich dadurch nicht sehr geschildert und auch nicht sehr geehrt. Wenn Sie mich fragen, welche Laudatio mir die liebste ist, dann würde ich Ihnen sagen: Ich bin Priester und Theologe, und damit hat sich's, nicht wahr? Das sind die wirklichen Bezeichnungen, die etwas sagen.

Eine neue Form brüderlicher Kritik?

Wer im Rampenlicht steht, wird sehr sorgfältig beobachtet, findet auch Kritiker. Welchen Weg halten Sie für den besten, um Kritikern zu begegnen?

Natürlich habe ich auch sehr viele Kritiker erlebt in meinem Leben, wichtige Kritiken und vielleicht auch verkehrte. Wenn einmal ein bedeutender Philosoph, ein katholischer, einem meiner Assistenten geschrieben hat, er soll von mir weggehen, denn ich würde zu den Leuten gehören, die aus Tabernakeln Hundehütten machen und Christus nicht für 30 Silberlinge, sondern für nichts verraten haben – der gehörte zu dieser Lefèbvre-Gruppe –, dann sind solche Kritiken natürlich einfältig und ungerecht.

Aber natürlich gibt es in der Theologie Meinungen, die man vertritt, die von anderen kritisiert werden, ergänzt werden, abgelehnt werden. Über solche Dinge muß man sich dann in Ruhe und in Vernunft unterhalten und schauen, ob man selber recht hat oder ob der andere recht hat. Es gibt natürlich auch viele Dinge in der Theologie, wo man eine Ansicht vorträgt mit der Meinung, sie sei ganz sinnvoll und gut, aber auch gleichzeitig mit der Frage an sich selber, ob man das alles ganz richtig getroffen hat.

Wenn Hans Urs von Balthasar in einem Buch meine Erlösungstheologie kritisiert oder vielleicht andere meine Trinitätstheologie nicht ganz richtig finden, dann sind das natürlich Dinge, wo man sich hinterher aufs neue überlegt, was nun da richtig ist, was man vielleicht übersehen hat, was man anders machen kann. Oder man bleibt vielleicht nach einer solchen Kritik und ihrer sachlichen Prüfung doch bei seiner Meinung. Es gibt viele andere Dinge mehr kirchenpolitischer, seelsorglicher Art, wo die Kritiken von der Natur der Sache her wieder von einer ganz anderen Art sind. In vielen kirchlichen Fragen, der Kirchenpolitik usw., gibt es Ermessensfragen, wo es ja nicht so ist, daß der eine hundertprozentig recht hat und der andere schlechterdings etwas Falsches sagt. Wenn einer sagt, zwei und zwei ist fünf, dann hat er natürlich nicht recht. Wenn jemand sagt, ich könnte mir die Ernennungen der Bischöfe von Rom oder die Bischofswahl anders denken, als sie jetzt gehandhabt werden, dann sind das Fragen, wo es sich von vornherein nicht um eine absolut richtige und eine absolut falsche Ansicht handelt, sondern wo man die verschiedensten Aspekte einer Frage, einer seelsorglichen Aufgabe oder einer kirchenpolitischen Entscheidung abwägen muß. Dementsprechend gibt es dann verschiedene Meinungen, so daß man unter Umständen dann auch eben in der Gesamtentscheidung der Kirche oder ihrem Gesamtbewußtsein eine Ansicht einzustiften versucht, die nicht eigentlich wahr oder falsch ist, sondern das Bessere oder das weniger Gute ist. Und in solchen Fällen bleibt natürlich dann die Frage, wer bei solchen Dingen recht hat, letztlich immer offen.

Wenn es mehr innerkirchliche Brüderlichkeit gäbe, entstände

dann nicht auch eine ganz andere, neue Form brüderlicher Kritik, als man sie heute mancherorts erfährt?
Ich habe neulich ein kleines Büchlein geschrieben »Wer ist dein Bruder?«[1]. Und ich meine, daß die Zusammengehörigkeit der Gottes- und der Nächstenliebe ein wichtiges, immer neu zu bedenkendes Thema ist, das auch sehr praktische Konsequenzen hat. Hier wurde ich, nebenbei bemerkt, auch einmal angegriffen und es wurde gesagt, daß meine Auffassung vom Zusammenhang oder einer gewissen, richtig verstandenen Einheit von Gottes- und Nächstenliebe eine Häresie sei. Das glaube ich nicht, und ich bin immer noch der Meinung, daß dann und dort, wo sich jemand in einer wirklich letzten Radikalität der Selbstlosigkeit auf den Nächsten zubewegt, er im Grunde genommen – sagen wir es vorsichtig – auf dem Weg zu Gott selber ist; denn die letzte Kraft und Möglichkeit, aus sich selbst herauszukommen und den Nächsten wirklich zu lieben, kann nur von jenem unendlichen, bergenden, allem letztlich allein Sinn garantierenden Geheimnis kommen, das wir Gott nennen.

32 Wozu ich lebe

Gespräch mit *Leonhard Reinisch* im BR II (1982)

Tausend Sinnkomplexe und das einzig Sinnvolle

Unser Gespräch ist kein Gespräch nur mit dem Fachtheologen, sondern vor allem mit Karl Rahner, und zwar darüber, wie er zu der Frage: »Wozu lebe ich?« gekommen ist, wann sie sich ihm gestellt hat. Beginnen wir also mit dem Jahr 1904 bzw. mit dem

[1] Freiburg/Br. 1982.

Zeitpunkt, an dem Sie in ihrem Elternhaus plötzlich sich selbst bewußt geworden sind: Wozu lebe ich eigentlich?
Herr Reinisch, diese Ihre Frage erinnert mich zunächst einmal an die alte Frage im Katechismus: Wozu bin ich auf Erden? Mit dieser Frage und der Antwort darauf bin ich eigentlich in einer katholischen Familie mit sieben Kindern aufgewachsen und bei allem weltanschaulichen Interesse, aller Problematik und all den geistigen Bewegungen, die es so zwischen 1915 und 1925 gab, war ich eben doch ein ganz normaler katholischer Christ mit einem üblichen Religionsunterricht. In unserer Familie herrschte ein Interesse an religiösen, weltanschaulichen Fragen. Ich hatte einen durchaus christlichen Vater und eine sehr fromme Mutter, die 101 Jahre alt wurde; so bin ich aufgewachsen. Mein Bruder Hugo, der vier Jahre älter war, ist sofort nach dem 1. Weltkrieg, als er noch Soldat war, in den Jesuitenorden eingetreten. Ich kann mich zwar nicht genau erinnern, daß das für mich ein sehr wesentlicher Anstoß gewesen wäre, dasselbe zu tun; aber es charakterisiert doch eben die Gesamtatmosphäre, in der ich aufgewachsen bin, und von da aus möchte ich einmal ganz naiv und simpel sagen: Ich war davon überzeugt, daß man Gott und den Nächsten lieben muß und dadurch ein ewiges Leben bei Gott gewinnt; und darin konnte ich den Sinn meines Lebens durchaus unbefangen und entschlossen erblicken.
Es ist natürlich klar, daß dieses Leben – wenn ich jetzt philosophisch oder theologisch oder anthropologisch darauf reflektiere – in den ersten zwanzig Jahren meines Lebens durchaus auch von sehr vielen anderen ursprünglichen, harmlos entgegengenommenen Sinn-Erfahrungen der Freude, des Vertrauens, der Kameradschaftlichkeit, des Interesses an Wissenschaft, auch an Metaphysik und Theologie erfüllt war, und so möchte ich eigentlich von mir nicht den Eindruck erwecken, als ob ich in den entsetzlichsten, qualvollsten weltanschaulichen Perioden aufgewachsen wäre, in denen ich massiv angefochten gewesen wäre von Pessimismus oder Agnostizismus oder gar Atheismus.

Wie kamen Sie eigentlich zu der Doktorarbeit oder zum Thema der Doktorarbeit über Thomas von Aquin[1]?

Sehen Sie, ich bin mit 18 Jahren Jesuit geworden, habe dann zwei Jahre lang ein spirituelles Training – man nannte das Noviziat – mitgemacht; dann habe ich, teilweise in Feldkirch, teilweise in Pullach bei München, einen dreijährigen neuscholastischen, philosophischen Kurs durchgemacht, in dem ich natürlich schon einigermaßen mit der scholastischen Philosophie, besonders auch mit Thomas von Aquin vertraut wurde. Als ich dann nach weiteren vier Jahren Theologie von meinen Ordensoberen nach Freiburg geschickt wurde, um noch einmal Philosophie zu studieren und dort in Freiburg ein Doktorat zu machen, da habe ich hauptsächlich bei dem damals eigentlich erst berühmt werdenden, aber doch schon sehr bekannten Martin Heidegger studiert. Nun war er gerade vorher der erste Rektor in der Naziperiode geworden, und wir, zwei junge Kapläne, J. B. Lotz und ich trauten uns nicht so ganz, uns nun auf Gedeih und Verderb bei Martin Heidegger anzumelden, und so haben wir uns dann als Doktoranden bei dem damaligen katholisch-scholastischen Philosophieprofessor Martin Honegger angemeldet. Auf der anderen Seite war natürlich doch die Begegnung mit Martin Heidegger das eigentlich Entscheidende, für uns Prägende, und so kam ich also auf eine Dissertation, die sich einerseits mit Thomas beschäftigte und andererseits eben doch, ich möchte sagen, Thomas auf eine moderne Philosophie hin zu sehen versuchte – ob das jetzt mehr der deutsche Idealismus war oder die Existenzialphilosophie Martin Heideggers, das ist noch einmal ein weiteres Problem; aber jedenfalls lag eine solche Dissertation nahe. Ich kann Ihnen vielleicht verraten, wenn Sie das interessiert, daß ich vom Orden her schon in zwei Jahren fertig sein mußte; ich hatte also nach zwei Jahren diese Dissertation »Geist in Welt« fertig und habe sie dann abgeliefert. Ich sollte dann aber als

[1] Geist in Welt. Zur Metaphysik der endlichen Erkenntnis bei Thomas von Aquin, München [3]1964.

Theologiedozent nach Innsbruck (ab Oktober 1938). Als ich dort ankam, teilte mir mein teurer Doktorvater mit, daß er meine philosophische Arbeit ablehnte. Mir war das im Grunde genommen ganz egal, denn ich war ja schon auf einem anderen, dem theologischen Gleis gelandet, aber es ist immerhin interessant, daß eine Arbeit, die drei deutsche Auflagen erlebt hat und ins Französische, ins Englische, ins Spanische und ich glaube auch ins Italienische übersetzt wurde, von einem deutschen Universitätsprofessor als für eine bescheidene Dissertation in Philosophie ungeeignet abgelehnt worden ist.

War das der erste Ärger mit der offiziellen Kirche, oder war es nicht die offizielle Kirche?

Nein, das war nicht die offizielle Kirche, sondern der offizielle Universitätsbetrieb; aber wir kommen ja jetzt vielleicht viel zu weit von dem eigentlichen Thema ab. Darf ich da gleich noch etwas sagen? Sehen Sie, wenn Sie fragen, wozu ich lebe, da muß ich natürlich zunächst einmal als Theologe und als Christ und als ganz normaler Mensch sagen: Ich lebe zunächst einmal, weil ich mich als lebend vorgefunden habe. Ich habe das ja nicht ausgewählt. Ich bin also in eine Situation ungefragt hineingesetzt, und – wenn Sie das jetzt etwas philosophisch ausdrücken wollen – mit dieser vorgegebenen und nicht von mir von vornherein schon bestimmten Situation muß ich als Freiheitssubjekt leben und mir klar machen, ob ich dagegen protestiere, diese Eintrittskarte in dieses Dasein in die Hand gedrückt bekommen zu haben, oder ob ich sie annehme und das eigentlich ganz schön, ganz sinnvoll oder zumindest einmal als ganz hoffnungsvoll empfinde.

Ich gebe Ihnen zu, daß für mich und meine Theologie die Erfahrung Gottes als des Unbegreiflichen immer stärker in den Vordergrund – sowohl meiner eigenen Existenz wie auch meiner Theologie – getreten ist; und wenn Sie nun fragen: »Wozu leben Sie, oder worin können Sie den Sinn Ihres Lebens erkennen?«, dann muß ich natürlich jetzt von da aus sagen: »Ich fühle mich von vornherein mit einem unbegreiflichen Geheimnis, das mich umfaßt, hält und durchdringt, konfrontiert, das wir Gott nennen.« Daß natürlich tausend Sinnkomplexe innerhalb des Lebens vor dieser letzten universalen Perspektive gegeben sind, daß ich meine Mutter liebte – auch schon unabhängig von solchen letzten metaphysischen Fragen –, daß es mir Spaß machte, Wissenschaft zu betreiben, daß ich mich gerne in die Zielsetzung eines Ordens einfügte und in all diesen einzelnen Dingen dieser und ähnlicher Art einen Sinn fand und von da aus oder daraus auch lebte, das ist ja selbstverständlich. Aber alle diese partikulären Sinnerfahrungen, Erfahrungen der Freude, der Liebe, der Geborgenheit, der Hoffnung, auch Erfahrungen der Angst, der Todesnähe usw. sind eben doch alle in dieses letzte Ganze eines ungeheuren Wagnisses integriert, des Wagnisses, sich auf die Unbegreiflichkeit Gottes als die Liebe bergend einzulassen.

Unumgängliche Dunkelheit: Auswege und Irrwege

Sie hatten in Ihrem Leben ja auch viele dunkle Stunden; ich glaube, als man damals in Rom Ihre Schriften unter eine Sonderzensur stellen wollte, waren Sie sicherlich nicht sehr glücklich. Es gab Einzelpunkte, die das Leben ja auch manchmal vielleicht etwas dunkel und grau und düster gemacht haben.

Ja, das ist natürlich richtig; nur würde ich mich hier, wenn ich das einmal so sagen darf, doch im letzten als einen altmodischen Christen und als einen altmodischen Theologen empfinden. Sehen Sie, diese Streitigkeiten, Zensuren, Bedrohungen der eigenen Professur oder der Möglichkeit, etwas zu veröffentlichen, sind von uns älteren Leuten doch mehr oder minder im letzten nicht als lebensbedrohende Scherereien empfunden worden. Sie gehören in ähnlicher Weise zu jedem menschlichen Leben.

Du lieber Gott, zwei Leute heiraten sich, sie haben sich wirklich ernst und ehrlich gern, aber unter Umständen kriegen sie vielleicht doch einmal untereinander einen kleinen Krach, oder in mancher Hinsicht versteht man sich vielleicht doch nicht

ganz so gut, oder jemand gründet ein Geschäft und es floriert nicht so glorios, wie er sich das ursprünglich gedacht hatte usw., – also alle diese Dinge, die ein vernünftiger, einigermaßen normaler Mensch eben zu den Unvermeidlichkeiten des Lebens zählt, unter diese Dinge rechneten wir früher wohl alle diese kirchlichen, beruflichen Scherereien.
Nehmen Sie das Beispiel aus der neuesten Zeit in meinem Leben. Sie haben vielleicht aus der Zeitung gehört, wie uns der jetzige Papst einen Sonderbeauftragten im Orden aufgezwungen hat[2]. Gut, es ist nicht sehr angenehm, man ärgert sich vielleicht, man wundert sich vielleicht, man sieht nicht so recht ein, wozu das eigentlich gut sein solle, man kann nicht so leicht einsehen, daß das eine von der Sache her berechtigte Maßnahme der obersten kirchlichen Behörde war; aber glauben Sie denn, daß das mich jetzt so furchtbar erschüttert? Wenn ich denke, daß ich morgen vielleicht tot bin – lang lebe ich auf jeden Fall nicht mehr –, daß die Kurve des Lebens sich also unerbittlich und unaufhaltsam und immer rascher quasi auf einen Nullpunkt hin bewegt, dann erschüttert mich im letzten so ein Eingriff des Papstes nicht; ich kann nicht sagen, daß ich deswegen nicht genauso gut oder schlecht geschlafen habe wie sonst auch. Wir haben zwar von München aus dem Papst einen Brief geschrieben, der vom Staatssekretariat sogar eigentlich ganz freundlich und höflich beantwortet wurde – aber was macht das alles, nicht wahr?

Sie haben ein sehr wichtiges Schlagwort in die theologische Diskussion gesetzt, indem Sie von den ›anonymen Christen‹ gesprochen haben. Es geht dabei um ein wesentliches Verständnis des Menschen, der nicht getaufter Christ ist, den Sie vielleicht mutiger verteidigt haben als es irgend jemand vor Ihnen getan hat.

[2] *Paolo Dezza* SJ wurde am 5. Oktober 1981 als päpstlicher Delegat von Papst *Johannes Paul II.* mit der Leitung des Jesuitenordens beauftragt. Vgl. dazu einen bisher nicht veröffentlichten Vortrag von *K. Rahner,* Zur Situation des Jesuitenordens nach den Schwierigkeiten mit dem Vatikan, in: Schriften zur Theologie, Bd. XV, 1983, a. a. O.

Sehen Sie, es gibt natürlich in der Entwicklung des kirchlichen Glaubensbewußtseins außerordentlich große Entwicklungen und Veränderungen; aber das, was ich mit diesem problematischen Schlagwort vom »anonymen Christen« sagen wollte, das ist an und für sich mindestens heute der Sache nach, wenn auch vielleicht nicht hinsichtlich dieser Terminologie, eine im katholischen Christentum selbstverständlich angenommene Sache. Diese ganze Problematik ist doch realistischerweise unumgänglich. Ich bin Christ, ich möchte römisch-katholischer Christ sein, unbedingt und selbstverständlich, und gleichzeitig sehe ich, daß es soundsoviele Menschen gibt, die ich schätze, die eine andere Meinung, eine andere Lebensanschauung haben; und dann muß ich mich doch als katholischer Christ fragen: Wie ist es mit diesen anderen Menschen, die doch im Grunde genommen von der Liebe des einen und selben Gottes, dem ich zu dienen versuche, umfaßt sind. Dabei komme ich eben auf diese Dinge, die an und für sich heute katholisches Allgemeingut sind: Jeder, der seinem Gewissen folgt und ihm getreu ist – mag er auch meinen, Atheist zu sein oder einer anderen christlichen Konfession angehören oder einer anderen großen Kulturreligion anhängen – ist und bleibt selbstverständlich – wie gesagt, wenn er sich nicht in einer tödlichen Weise gegen sein eigenes Gewissen versündigt – umfangen von der einen rettenden Liebe des einen ewigen Gottes, dessen absolute Zusage für mich in Jesus Christus dem Gekreuzigten und Auferstandenen erschienen ist.

Es ist klar, daß Ihr Verhältnis zum Leben und zum Tod und damit auch zum Sinn des Lebens und zum Sinn des Todes katholisch geprägt ist. Das Verhältnis und Ihr Verständnis für die anonymen Christen haben Sie eben dargestellt. Wie ist nun Ihr Verständnis für jene Menschen, die das Leben nicht aushalten und deshalb ihr Leben beenden?

Ja, ich möchte zunächst einmal da doch sehr unterscheiden zwischen Menschen, die ohne ihre Schuld tatsächlich am Leben scheitern können. Sehen Sie, wenn z. B. mich irgendeine fremde Macht packen würde und mich einer Gehirnwäsche unterziehen oder mir solche Qualen zufügen würde, daß ich einfach dabei kaputtgehe, daß ich das einfach nicht mehr ertragen kann, dann ist natürlich die Schwelle echter menschlicher Verantwortung schon überschritten, genauso, wie wenn ich durch Krebs oder irgendetwas Ähnliches bewußtlos im Krankenhaus liege. Was dann noch kommt, das hat ja mit der Verantwortung meines Lebens vor Gott nichts mehr zu tun, und so kann es natürlich durchaus auch – und vielleicht sogar sehr viele – Menschen geben, die, wenn sie auch in ihrer physischen Existenz scheinbar intakt sind, im Grunde genommen schon durch innere oder äußere Dinge so zerbrochen sind, daß sie eigentlich keine Verantwortung mehr für ihr Leben und vor Gott zu tragen haben, wenn sie dann selber ihr Leben beenden.

Ich habe im Laufe meines Lebens in jeder Generation meiner Familie solche Fälle in unmittelbarster Nähe erlebt. Glauben Sie denn, daß ich den Eindruck habe, daß die Menschen irgendwie als – christlich gesprochen – Todsünder vor Gott gescheitert und verlorengegangen seien? Keineswegs! Ich hoffe, daß sie dennoch den Gott der ewigen Liebe, des Verständnisses und der Treue gefunden haben. Grundsätzlich und theoretisch müßte ich natürlich sagen: Wer in einer letzten, wirklich schuldhaften Verzweiflung sein eigenes Leben in einem letzten Protest gegen Sinn, Wahrheit und Glück, gegen Gott also, beendet, der wäre theoretisch gesprochen der Verlorene. Ob es de facto solche Menschen gibt, das weiß ich auch als katholischer Christ nicht. Ich hoffe, daß es solche Leute de facto nicht gibt, obwohl ich, um den Ernst und die Verantwortung meines Lebens vor Gott aufrechtzuerhalten, die grundsätzliche These aufrechterhalten muß, daß so etwas an sich möglich ist.

Ewiges Rad von Geburt und Tod?

Ist Ihnen die Idee der Wiedergeburt, der ewigen Wiedergeburt oder einer Reinkarnation, die ja in der katholischen Kirche

kaum irgendwelche Stützen findet, in Ihren weltreligionsgeschichtlichen Betrachtungen begegnet?
Natürlich. Ich kenne eine deutsche Dichterin, die mir erzählt hat, daß sie einmal in Irland gewesen sei und da erkannt habe, daß sie in einem früheren Leben dort einmal existiert habe. So gibt es natürlich sehr viele Beispiele, die für eine solche Seelenwanderung, Reinkarnation, oder wie man das nennen will, zu sprechen scheinen. Ich meine, daß man einmal grob und genauere Differenzierungen weglassend sagen muß, daß man von einem katholischen, christlichen Standpunkt aus daran nicht festhalten kann.
Die Frage natürlich, wie dann solche wahren oder vermeintlichen Phänomene einer Wiedererinnerung an vergangene Leben genauer erklärt werden können, das ist natürlich noch einmal eine andere und dunkle Frage, obwohl es da durchaus Möglichkeiten einer Erklärung gibt, auf die ich jetzt nicht näher eingehen kann, für die aber die Annahme einer eigentlichen Seelenwanderung nicht notwendig zu sein scheint. Ich für mich muß als freies Subjekt jedenfalls meine jetzige Lebenszeit, die mir gewährt ist, als die entscheidende Geschichte auffassen, die ich in Endgültigkeit hinein vollende, und kann mich nicht mit dem Gedanken trösten und so mein Leben billiger machen, daß ich ja, wenn es jetzt schiefgeht, noch einmal eine weitere Gelegenheit finde, die Sache besser zu machen. Auch ein Buddhist müßte doch im letzten den Willen haben, aus dem ewigen Rad von Geburt und Tod herauszukommen, und ich behaupte: Als Christ hoffe ich zu Recht, daß es mir auf Wegen, die letztlich natürlich nur Gott weiß, in diesem meinen konkreten jetzigen Leben auch wirklich gelingt, aus dem ewigen Auf und Ab, der ewigen Wiederkehr aller Dinge usw. herauszukommen und die unendliche Seligkeit Gottes, sein ewiges Licht, seine ewige Gnade, seine ewige Liebe von Angesicht zu Angesicht zu finden.

33 Erlösung und Emanzipation

Gespräch mit *Gerhard Ruis*, Salzburg (1982)

Christliche Erlösungsbotschaft und emanzipatorische Bestrebungen

Es gibt heute keinen Zweifel mehr darüber, daß gegenwärtig Neuinterpretationen der christlichen Erlösungswahrheit als Programm sozialer Befreiung versucht werden, indem evolutive oder revolutionäre Änderungen der äußeren Strukturen, Solidarisierung mit den Unterdrückten und die Real-Utopie einer vollkommenen Humanisierung der Welt dem Menschen die Erschließung eines unermeßlichen Freiheitsraumes verheißen. Könnte es sein, daß »Emanzipation« zum Gegenbegriff für christliche Erlösung wird?

Nein! Wenn Emanzipation, Freiheit und irdisches Glück richtig verstanden und illusionslos gesehen werden, dann ist die christliche Botschaft von Gott als dem eigentlichen, alleinigen und endgültigen Ziel des Menschen kein Gegensatz dazu, sondern bewegt sich gleichsam in einer vollkommen anderen Dimension. Die Freiheit und das Glück hier dürfen keinem Menschen genommen werden. Alle Menschen sollen es anstreben. Es ist sogar so, daß durch all die Arbeit am irdischen Glück, an der Gerechtigkeit und an der Überwindung des sozialen Egoismus hindurch der Christ derjenige ist, der das ewige Leben Gottes erwartet und selbstverständlich weiß, daß er nur durch diese Haltung einer letzten Liebe zum Nächsten dieses von Gott ihm verheißene ewige Leben, also die Erlösung, erlangen kann. Insofern hängen die modernen gesellschaftskritischen, sozialen und individuellen Bestrebungen, möglichst viel Freiheit, Glück und Gerechtigkeit auf dieser Welt zu erkämpfen, mit der christlichen Erlösungsbotschaft untrennbar zusammen. Das emanzipatorische Glück hier auf dieser Welt einerseits und das ewige Leben Gottes andererseits sind zwei unvermischbare Wirklichkeiten, die sich nicht notwendigerweise widersprechen; aber letztere kann nicht einfach durch die erste ersetzt werden.

Das würde heißen, daß eine Theologie, die sowohl um die Geschichte wie auch um ihre Gegenwartsaufgabe weiß, die Versuche einer Neuinterpretation des Begriffs »Erlösung« nicht einfach als Neuerung abtun oder sie als für den eigentlichen christlichen Erlösungsglauben periphere Randerscheinungen diskreditieren darf.

Man kann natürlich über das, was ich soeben gesagt habe, hinaus genauere und tiefere Zusammenhänge zwischen der christlichen Erlösungsbotschaft einerseits und den emanzipatorischen Bestrebungen irdischer Art andererseits herausarbeiten und finden. Wenn zum Beispiel jemand sagt: Nur in der Erfahrung einer gleichsam politischen Freiheit und nur im Kampf für sie kann einem Menschen überhaupt erst das Verständnis aufbrechen für die Botschaft einer ewigen, unendlichen und schrankenlosen Freiheit, die Gott selber ist und die er uns verheißen hat, dann wäre nichts dagegen einzuwenden. Insofern kann man natürlich durchaus und berechtigt von einer politischen Theologie sprechen und kann *auch* die Botschaft des Christentums – aber nicht exklusiv horizontal – für das Diesseits wirksam werden lassen. Aber es bleibt dabei: Das endgültige ewige Heil, die absolute Erlösung von Schuld, Leid und Tod geschieht nicht auf dieser Erde, sondern durch den Tod Jesu durch unseren Tod hindurch, durch den allein wir durchbrechen in das ewige Leben Gottes selbst.

Kann Erlösung, verstanden als Tod und Auferstehung Christi, die Provokation des modernen Freiheitspathos aufnehmen bzw. aufarbeiten, ohne gleich der »Zeitangepaßtheit« geziehen zu werden? Ist die Theologie der Befreiung – als anthropologisch-soziale Kategorie verstanden – geeignet, das Ganze der christlichen Erlösungsbotschaft aufzunehmen, ohne daß sie dem Menschen die Erklärung darüber schuldig bleibt, wo seine eigentlichen Zwänge liegen und von welchen transempirischen Kräften sie gelöst werden müssen?

Sehen Sie, die Erlösungsbotschaft des Christentums kann nicht durch außerchristliche Inhalte angereichert werden. Aber jede Zeit kann gleichsam von ihrer Position und von ihrer zeitspezifischen Erfahrung her immer wieder das Christentum provozieren, sich selbst ganz und allseitig zu verstehen. Insofern kann man natürlich die Botschaft von heute, die sozialkritisch ist und für mehr Freiheit eintritt, durchaus auch als eine Provokation legitimer Art an die Adresse des Christentums verstehen, sich selber adäquater, allseitiger, tiefer und radikaler zu verstehen. Freiheit im paulinischen Sinne und moderne Freiheit sind nicht dasselbe. Das eine kann nicht das andere ersetzen, aber man kann sowohl von der christlichen Parole der Freiheit – als »Befreitheit« auf die Unendlichkeit Gottes durch seine Gnade hin – ein tieferes und radikaleres Verständnis für die modernen Freiheitsparolen gewinnen wie auch umgekehrt von diesen her besser verstehen, was eigentlich Ungeheures, Radikales, gar nicht Überholbares durch das Christentum und seine Erlösungsbotschaft geschehen ist und verkündet wird.

Ist das Christentum heute wirkungslos?

Beunruhigt Sie als Christ und Theologe das Abnehmen der Wirksamkeit des Christentums? Denn es kann ja keinen Zweifel darüber geben, daß dies zumindest in Europa der Fall ist.
Die Wirkungen des Christentums sind nicht mit Demoskopie festzustellen. Ich könnte genausogut sagen, daß das Christentum noch nie so eine große Wirkung in der Welt gehabt hat wie heute. Wenn man heute in aller Welt die Menschenrechte proklamiert – woher stammt denn die Lehre von einem absoluten Respekt gegenüber einem jeden, der Menschenantlitz trägt? –, dann ist das doch im Grunde genommen auch eine Wirkung des Christentums. Die Aufklärung von heute und alles, was im Umfeld dieser Aufklärung geschieht, ist nichts anderes als säkularisiertes Christentum, das aber nicht deswegen aufhört, letztlich christlich zu sein. Ich würde nur betonen:

Mit der Behauptung, das Christentum habe seine Wirkung verloren, muß man sehr vorsichtig umgehen.
Weiter ist es selbstverständlich, daß ein Christ, der die Botschaft des Evangeliums vertreten und verkünden will, daß ein Theologe, der über das Wesen des Christentums nachdenkt, durchaus beunruhigt sein muß über diejenigen Erfahrungen, die Sie ansprechen, wenn Sie von der zunehmenden Wirkungslosigkeit oder von abnehmender Wirksamkeit des Christentums sprechen. Alle diese Erfahrungen sind natürlich Provokationen für die Kirche und ihre Vertreter, für die Prediger des Evangeliums, neu, radikal, mutig und selbstkritisch, aber auch tapfer darüber nachzudenken, wie man die Botschaft des Evangeliums heute ausrichten müsse. Diese Provokation sollte die Kirche viel radikaler annehmen. Sie dürfte sich nicht in ein kleines klerikales Getto oder in das Getto eines folkloristischen Christentums flüchten und die übrige Welt auf sich beruhen lassen. Der Christ ist nur dann ein wahrer Christ, wenn er unerschütterlich an den Heilswillen und die Liebe Gottes glaubt und seinen Glauben nicht abhängig macht von der greifbaren Wirkung seines Glaubens. Ich glaube an Gott – aber nicht an die gesellschaftspolitisch greifbare Macht der Kirche. Ich vertraue auf Gott, aber auf sonst niemand. Und wenn ich weiß, daß ich auf jeden Fall durch Enttäuschung, durch Krankheit und durch Tod hindurch den ewigen Gott des seligen Lebens finde, dann ist die Frage einer gesellschaftspolitischen Wirksamkeit des Christentums zwar immer noch eine durchaus berechtigte, gewichtige, ärgerniserregende Frage, aber für mich eben doch nicht die letzte. Es kann ja sein, daß Gott mich im Gericht fragt: Wie bist Du über all die Mächte dieser Erde und Geschichte durchgebrochen auf mein ewiges Leben? Er kann mich auch fragen: Bist Du auch ein Christ gewesen wie die Christen, die in den ersten Zeiten des Christentums ihr Leben geopfert haben ohne greifbare gesellschaftspolitische Erfolge? Ob wir bedingungslos – ohne den Erfolg schon in den Händen zu haben – an Gott und seine Macht glauben, oder ob wir irdisch, rational-berechnend auf Erfolge oder Mißerfolge

des Christentums schielen – der wahre Christ kann sein Christentum nicht von der Frage abhängig machen, ob in den nächsten zwanzig oder hundert Jahren das Christentum viel Erfolg haben wird oder nicht.

Bis zur Stunde hält man am Absolutheitsanspruch des Christentums fest. Darf man daraus eine Überlegenheit des Christentums den anderen großen Erlösungsreligionen gegenüber ableiten?

Selbstverständlich halte ich am Absolutheitsanspruch des Christentums fest, insofern das Christentum in seiner eigentlichen Wirklichkeit und Mitte, also in der Erlösung durch Jesus Christus, das Heil schlechthin aller Menschen erblickt und insofern darum auch das Christentum die Aufforderung ist, in Jesus Christus diese wahre letzte Wirklichkeit der Gnade des ewigen Lebens ausdrücklich zu ergreifen. Ob, inwieweit, in welchen Perspektiven und in welchen Zeiträumen eine solche Botschaft des Christentums bei allen Menschen bzw. bei allen Kulturen und Geschichtsräumen faktisch ankommen wird, darüber weiß ich nichts Eindeutiges zu sagen. Man kann doch darauf hinweisen, daß das Christentum heute überall in der Welt in einer Weise präsent ist, wie es bisher keiner der großen Welt- und Kulturreligionen gelungen ist.

Das Christentum muß natürlich in einer Begegnung mit den übrigen Weltreligionen immer noch etwas dazulernen – nicht so sehr etwas, das von außen in es hineinimportiert wird, sondern lernen, in einer radikaleren, entschiedeneren Weise zu sich selber zu kommen. Wenn es moderne Freiheitsideologien gibt, warum soll das Christentum nicht entdecken, daß es seine eigene Freiheitsbotschaft viel lebendiger und radikaler verkünden kann, als es das bisher getan hat?

Es ist natürlich heute sicherlich eine Situation für das Christentum gegeben, wie sie bisher nie bestanden hat. Bisher konnte das Christentum, obwohl es Weltreligion, Botschaft an alle Menschen werden und sein wollte, doch aus einer konkreten, historischen Wurzel allein leben – ob das nun der Kulturkreis des Judentums oder der des hellenistisch-römischen Abendlandes war, ist gleichgültig. Jetzt aber muß das Christentum

– ohne seine geschichtliche Herkunft zu verleugnen – wirklich Weltreligion werden, Wurzeln schlagen in voneinander verschiedenen und vermutlich verschieden bleibenden Kulturen. Das hat das Christentum bisher noch nie so tun müssen, und insofern liegt natürlich für seine Botschaft von der Erlösung in Gott durch Jesus Christus eine völlig neue Situation vor. Dies birgt eine ungeheure Chance in sich, wirklich das zu werden, was das Christentum immer schon und von vornherein sein wollte. Jetzt muß das geschichtliche Christentum in gewisser Weise überregional geschichtlich werden, und wir müssen abwarten, wie das Christentum dieser außerordentlichen Chance begegnen wird.

34 Auf den Spuren priesterlicher Existenz

Gespräch mit *Gerhard Ruis* zum 50jährigen Priesterjubiläum, Salzburg (1982)

Krise des katholischen Priestertums?

Wenn seit einigen Jahren – zumindest in den westlichen Industrienationen – von der Krise des Priestertums gesprochen wird, so ist das gewiß nicht nur eine herbeigeredete Krise, auch wenn die veröffentlichten Meinungen ganz und gar übersehen, daß es trotz aller Identitätsprobleme und Schwierigkeiten und Umbruchserscheinungen im kirchlichen Amt dennoch eine breite Schicht von Priestern gibt, die ihren Dienst in der klaren Ruhe und überzeugenden Kraft des empfangenen Rufes aus der ihnen zugesagten Weihe zu leben versuchen. Wie, Pater Rahner, sehen Sie das eigentlich: Gibt es eine Krise des katholischen Priestertums?

Natürlich kann man, ohne die Wirklichkeit zu verfälschen und ohne eine Krise herbeizureden, in mancher Hinsicht gewiß von einer Krise des katholischen Priestertums sprechen. Einfach zunächst einmal deshalb, weil – das kann ja niemand bezweifeln – die Zahl der Priesterberufe, die Zahl derer, die sich in unseren westeuropäischen Nationen zum Priester weihen lassen, sehr zurückgegangen ist. Es gibt da wieder einige schwache rückläufige Tendenzen, aber im großen und ganzen ist selbst in den Diözesen, in denen die Zahl der *Priesteramtskandidaten* wieder gewachsen ist, eine erhebliche Schwierigkeit im Vergleich zu früher gegeben. Es gibt weniger *Priester.*
Auf der einen Seite leben wir heute in unserer modernen Gesellschaft in einer Mentalität, unter sogenannten Plausibilitäten, die einfach dem Glauben und der Glaubensverkündigung und so dem Dienst für die Kirche abträglich sind. Anderseits kommen wir aus einer Gesellschaft, in der Glaube, Christentum, Taufe, kirchliche Praxis, Sonntagsbesuch, kirchliches Begräbnis, Osterkommunion und ähnliche Dinge etwas Selbstverständliches waren. Heute ist das alles anders: Die Zahl der wirklich praktizierenden Katholiken ist erheblich zurückgegangen. Daß in einer solchen Zeit ein junger Mensch ganz andere Probleme eines priesterlichen Berufes hat als eben in jenen früheren Zeiten, das ist im Grunde genommen selbstverständlich.
Früher hatte der junge Priester doch – auch wenn er es nicht in einem unmoralischen oder profanen Sinne anstrebte – eine Karriere vor sich: Er wurde Kaplan, dann Pfarrer, war ein angesehener Mann neben dem Bürgermeister in seiner Gemeinde; er gehörte zu den selbstverständlichen Bezugspersonen einer normalen Gesellschaft, der geachtet wurde, auch wenn man seine Dienste vielleicht nicht sehr intensiv in Anspruch nahm.
Kurz und gut: Man kann unter den eben von mir genannten Aspekten – aber auch unter sehr vielen anderen – von einer Erschwerung des Willens zum Priestertum sprechen und insofern auch von einer Krise des katholischen Priestertums

– wobei immer zu betonen ist, daß sich das auf *unsere* Gegenden bezieht; das kann in Indien oder Indonesien schon wieder ganz anders sein, einfach schon deswegen, weil dort die geistes- und gesellschaftspolitischen Verhältnisse ganz anders sind. Es kann sein, daß der absolute Mangel an Priesterberufen aus der einheimischen Bevölkerung in Südamerika vor 30 Jahren viel größer gewesen ist, als er jetzt ist – aber es bleibt dabei: Hier bei uns gibt es eine Erschwerung hinsichtlich des Priesterberufes, so daß man – zumindest in einer gewissen Hinsicht – von einer Krise reden kann.
Wie man eine solche Krise zu beurteilen hat, wenn man gläubiger Christ oder selber Priester ist, das ist natürlich noch einmal eine ganz andere Frage.

Priester-Werden bedeutet keine Karriere

Sie sagten, daß es ein Hauptgrund für den fühlbar werdenden Priestermangel sein könnte, daß einfach das Priester-Werden keine Karriere mehr bedeutet. Ist dann nicht andersherum die Situation – von der Bibel her betrachtet – eine eher günstigere? Ich habe vor kurzem eine Neuübersetzung eines Paulusbriefes gelesen, in der es heißt: »Letzter Dreck sind wir geworden in der Öffentlichkeit, von allen an den Rand gedrückt.« Man mag zu dieser Übersetzung stehen, wie man will, aber wenn nun diese Situation eingetreten ist, wäre es letzten Endes dann nicht ein viel glaubwürdigerer Entschluß, Priester zu werden?
Wenn ich vorhin davon sprach, daß früher der Priesterberuf eine Karriere bedeutete, dann wollte ich den Priestern früherer Jahrhunderte keine schlechten oder nur-irdischen Motive für ihren Priesterberuf unterstellen. Die Möglichkeit, in der öffentlichen Gesellschaft ein geachteter Mann zu sein, war hoffentlich für die meisten früher nicht das Motiv ihres Priester-Werdens und Priester-Lebens, aber es bildete eine Atmosphäre, eine Dimension, innerhalb derer so etwas wie ein

Priesterberuf mit seinen absolut religiösen Motivationen sich doch selbstverständlicher anbot.
Früher gab es in meinem Orden viele fromme, tüchtige Ordensbrüder als Handwerker. Sie traten bei uns ein, sie waren wirklich heilige, selbstlose Männer und doch muß man auch von ihnen sagen, daß sie in einem gewissen Sinne – gesellschaftlich gesehen – eine Karriere machten, denn im Orden waren sie doch in einer geachteten, wenn auch vielleicht untergeordneten Position, und das gab natürlich der echten religiösen Motivation doch ein Ambiente, in dem eine solche echte religiöse Motivation eben – verglichen mit unserer heutigen Situation – leichter wachsen konnte. Und so ähnlich ist es natürlich auch beim Priesterberuf.
Nun können Sie natürlich mit Recht sagen: Ein Priesterberuf ist in seiner eigentlichen religiösen Sinngebung etwas, das durchaus zu unserer heutigen säkularisierten, profanen Situation paßt; der Priester soll ja nicht der sein, der etwa als geachteter Pfarrer im wunderschönen Pfarrhaus lebt und zu den großen Honoratioren seiner Gemeinde gehört, sondern er soll Verkünder der unwahrscheinlichen Botschaft Jesu Christi, des Gekreuzigten und Auferstandenen, sein – und da sind dieser Widerspruch zur Welt, die Torheit des Kreuzes und ähnliche, spezifisch christliche Motivationen etwas, das an und für sich zu einem Priesterberuf durchaus gehört.
Nun bleibt natürlich die Frage, wie viele Menschen es in der heutigen Zeit gibt und geben wird, die eine solche, radikal herausfordernde, mit der Torheit des Kreuzes und der Unbegreiflichkeit Gottes sie konfrontierende Berufung hören und hören würden. Das ist natürlich noch einmal eine ganz andere Frage. Man könnte also ruhig sagen: Die heutige geistige Situation ist durchaus eine ähnliche wie zu Zeiten des Paulus, in die der Priester hineinpaßt – die Frage ist nur, wie viele Menschen einen solchen Ruf hören können. Das wird natürlich weitgehend davon abhängig sein, wieweit die Menschen von heute überhaupt diese Botschaft Christi hören können und praktizieren werden. Ich glaube nicht, daß proportional zur

Zahl der lebendig praktizierenden Christenheit die Zahl der Priesterberufe abgenommen hat.
Früher gab es z. B. niederbayerische Gemeinden, in denen vielleicht 95% der Leute selbstverständlicherweise zur Osterbeichte und Osterkommunion kamen und es heute noch etwa 30% solcher Leute gibt. So gesehen ist es dann nicht verwunderlich, daß es heute auch nur ein Drittel der früheren Priesterberufe gibt. In unserer offiziellen Pastoralstrategie rechnen wir heute immer noch damit, daß wir sagen: Wir haben Gemeinden mit 10000 Christen, und dafür müssen wir dann vielleicht 3 Priester haben, wir haben aber nur einen; wir müssen berücksichtigen, daß von den 10000 vielleicht nur noch 10% den Dienst der Kirche annehmen wollen, und dafür genügt dann vielleicht die Zahl der Priester genausogut wie früher. Es bleibt natürlich die Frage, wie die Kirche ihre Botschaft heute effizient an die gesamte Menschheit bzw. die Gesamtheit eines Volkes vermitteln kann.
Innerhalb der Kirche ist das Profil des Priesters etwas unscharf geworden; z. B. ist die Neigung und Zuwendung der Kirche zum kultisch-sakralen Bereich – der seit einigen Jahrhunderten ja mit dem Dienst des katholischen Priesters verknüpft war – gleichsam ins Hintertreffen geraten; und dazu kommt meines Erachtens noch, daß das priesterlich sakrale Handeln und die weltentrückte Lebensform, z. B. der Ehelosigkeit, stark an Bedeutung verloren haben, wie Sie ja auch schon sagten.
Ja, selbstverständlich gibt es über die schon genannten Gründe hinaus sehr viele andere Gründe, die die sogenannte Krise des Priestertums heraufbeschworen haben. Es gibt selbstverständlich – zum Teil berechtigt, zum Teil bedauerlich – Akzentverschiebungen in der Mentalität der normalen Christen und darum dann auch auf die Dauer in der Mentalität der Kirche und derer, die ihre eigentlichen Anliegen vertreten, und schließlich dann auch nach einiger Zeit in der eigentlichen sogenannten Amtskirche. So ist es z. B. grundsätzlich durchaus berechtigt, daß man heute auch in der Kirche gesellschaftspolitische Pflichten, Aufgaben ernster nimmt als damals. Früher,

als sich in der Gesellschaft nur vielleicht alle paar Jahrhunderte etwas änderte, waren natürlich gesellschaftliche Strukturen eine indiskutable Größe; da gab es eben Könige und Amtspersonen, Kriege und die entsprechenden Ritualien der Amtspersonen; es gab Arme – das wurde als selbstverständlich betrachtet – und Reiche, und diese meinten, das wäre von Gott für alle Ewigkeit so eingesetzt, daß sie ihr Vermögen nicht verlieren, sondern ihren Kindern vererben können usw. Heute leben wir in einer anderen Gesellschaft mit anderen Aufgaben, mit sehr viel rascheren Veränderungstendenzen und auch echten Möglichkeiten. Daß da nun die Christen und damit natürlich auch die Kirche in ihren Amtsträgern und in ihren offiziellen Proklamationen mit diesen Veränderungen in irgendeinem Umfang mitmachen müssen, das ist selbstverständlich.

Verschiebung der Aufgabenbereiche

Nun ist es natürlich so, daß – vielleicht können wir uns auf diese Weise das heutige Priesterproblem von einer anderen Seite her kurz klarmachen – früher die irgendwie in amtlicher Regie übernommenen Aufgaben der Kirche mehr oder weniger identisch waren mit den Aufgaben des Priesters.

Gut, es gab natürlich Frauen, die die Kirche putzten, es gab einen Küster, der die Kerzen anzündete und das Wasser bei der Taufe herbeischaffte. Es gab vielleicht einen Kirchenchordirigenten usw. Aber im großen und ganzen waren mehr oder minder alle ernsthaft wichtigen und einigermaßen höherrangigen Aufgaben der Kirche auch eo ipso die Aufgaben der Priester. Um ein x-beliebiges Beispiel zu nennen: In den katholischen Schulen Belgiens war bis in die letzten Jahrzehnte hinein ein Großteil des dortigen geweihten Klerus damit beschäftigt, in den Schulen Rechnen, Schreiben, Mathematik, Latein und Griechisch usw. zu unterrichten. Nun aber haben wir folgende Situation: auf der einen Seite sind die Aufgaben der Kirche gewachsen, haben sich zum Teil verschoben, und auf der anderen Seite können sie, brauchen und dürfen sie vielleicht gar nicht einfach von den Priestern getragen und ausgeführt werden. Das birgt aber natürlich, wie Sie schon andeuteten, zumindest die Gefahr, daß der junge Priester von heute den Eindruck bekommt, das, was er als Priester zu tun hat, sei eine eigentlich weltferne, rituelle, zeremonielle Sache, die ihn nicht zu interessieren brauche und die Leute im großen und ganzen auch nicht. Er hat den Eindruck, daß er nicht durch die Gewalt des Staates oder durch Kirchenverfolgung, sondern durch die gesellschaftliche Entwicklung in die Sakristei oder in den Chorraum verbannt wird und jene weiteren Aufgaben, die ein Priester ganz selbstverständlich früher wahrnahm und die ihn auch irgendwie lebendig ausfüllten, von ihm nicht mehr geleistet werden könnten. Es gibt heute schon in unseren Ländern unzählige Religionslehrer, die keine Priester sind. Es gibt Sozialarbeiter auch im Dienst der Kirche, die keine Priester sind. Damit stellt sich natürlich die Frage, ob das faktisch gegebene und gelebte Priestertum heute noch so ist, daß es attraktiv sein kann. Oder: Darf oder soll sich ein junger Mann – jetzt sehen wir dabei einmal von der Zölibatsproblematik ab – sagen: Ich werde in den Dienst der Kirche treten, das erfüllt mein ganzes Leben, aber Priester werde ich nicht.

Sehen Sie, als ich noch jung war, habe ich in meiner Familie einen jungen Italiener, einen Bergbauingenieur kennengelernt. Sein Vater war damals italienischer Gesandter in Berlin. Dieser junge Mann ist an der Kinderlähmung gestorben, die er sich bei den Armen von Turin zugezogen hat. Später wird er vielleicht seliggesprochen; Papst Johannes Paul II. hat ihn übrigens bei seinem Besuch in Turin ausdrücklich zusammen mit Don Bosco gefeiert. Dieser Italiener hat zu meiner Mutter, die ihn fragte, warum er eigentlich nicht Priester werden könne, gesagt: »Wissen Sie, bei uns in Italien kann man für das Heil der Seele mehr wirken, wenn man nicht Priester wird.«

Das ist natürlich in einem gewissen Sinne übertrieben und einseitig, aber es zeigt an einem konkreten Beispiel einen

Grund für die Identitätskrise – wie man das zu nennen pflegt –, in der auch heutzutage junge Leute, die daran denken, Priester zu werden, stecken können.

Priester: Sozialarbeiter oder »Guru« des lieben Gottes?

Darf ich hier einmal kurz unterbrechen. Vor kurzem sagte mir ein sehr angesehener und von seinen Kollegen geachteter Pfarrer in Wien, als er auf das Amtsverständnis angesprochen wurde: »Ich will kein Stellvertreter Christi sein, ich will kein Mittler sein zwischen Gott und Menschen, ich bin einfach einer meiner Gemeinde und diene dieser Gemeinde.« Mir scheint hier ein wesentlicher Aspekt des neuen Amtsverständnisses zum Tragen zu kommen. Man spricht ja auch heute vom sogenannten »vertikalen« und »horizontalen« Amtsverständnis. In einer großen Umfrage kam es zum Ausdruck, daß ein Teil der Priester für ihr Amt das Wort »Dienst« in Anspruch nimmt und vom Amt im übrigen gar nichts wissen will, während der andere Teil – meistens sind es ältere Priester – an dem alten, ich möchte sagen, vorkonziliaren Amtsverständnis festhält.

Ja, auch ich würde sagen, daß hier auf beiden Seiten große Mißverständnisse herrschen. Man kann vielleicht das Wort »Amt« weglassen; aber eine dauernde, bleibende »Beauftragung« im Dienste der Kirche zur Erfüllung ihrer Aufgaben, eine Beauftragung, die man nicht einfach sich selber in eigenem, alleinigem Entschluß aneignen kann, eine Beauftragung, die dem Betreffenden gewisse Verpflichtungen und auch gewisse Möglichkeiten gibt, die nicht einfach jedermann, auch nicht jedermann in der Kirche zukommen, kann man doch durchaus einfach ein Amt nennen. Natürlich darf sich der von Ihnen erwähnte Pfarrer als jemand aus der Gemeinde empfinden und sagen: Ich diene meiner Gemeinde. Er ist ein Getaufter, die anderen sind Getaufte, alle sind wahrhaft und ernstzunehmende Kinder Gottes mit einer ewigen Bestimmung.

Aber die Frage ist doch letztlich, womit er dieser Gemeinde

dient. Ist er nur und in erster Linie ein Sozialarbeiter, der sich der Armen in seiner Pfarrei annimmt und der die Entgleisten brüderlich in seine Sorge einbezieht? Ist er nur derjenige, der Frieden stiftet in den Ehen? Ist er bloß einer, der den Leuten immer wieder eine humane Moral beizubringen versucht? Ist er der reine Vertreter innerweltlicher, wie Sie sagten, »horizontaler« Humanität, oder ist er noch etwas ganz anderes? Und ich meine, dort wo bei Priestern oder Priesteramtskandidaten auch eine kritische Stimmung gegenüber dem Priestertum besteht, trotz echter christkatholischer Gläubigkeit, dort wird nicht richtig gesehen, was der Priester im eigentlichen, zentralen Sinne des Wortes sein soll und sein kann.

Natürlich hat er Tausende von Aufgaben. Er hat sich seiner Armen in der Gemeinde anzunehmen, er hat Frieden zu stiften, er hat sozialkritisches Verhalten in seiner Gemeinde zu erwecken usw. Aber ich will nun einmal, vielleicht gerade in einer etwas merkwürdig anmutenden Terminologie, auf den eigentlichen Kern des Priestertums hinzielen. Ich weiß nicht, ob mir das gelingt. Ich weiß nicht, ob ich mich verständlich machen kann, aber sagen wir einmal:

Ein Priester ist der von Christus gesandte, von ihm natürlich auch bevollmächtigte Bote des ewigen Gottes mit einer alle irdischen Aufgaben und Möglichkeiten noch überbietenden und sprengenden Botschaft: daß es Gott gibt, daß diese Unbegreiflichkeit mit uns etwas zu tun haben will, daß sie, auch wenn sie einen Kosmos explodieren läßt, der – ich weiß nicht – zehntausende von Lichtjahren groß ist, dennoch da, bei mir ist, mich liebt, mich umfängt, meine Existenz zu einer endgültigen machen will und macht, daß er mich begnaden will mit sich selber und seinem ewigen Leben, und zwar endgültig. Dieses Wort, in dem Gott sich dem Menschen selber sagt, muß ausgerichtet werden. Es muß bezeugt werden, daß es durch Jesus, den Gekreuzigten und Auferstandenen eine unwiderrufliche ewige Gültigkeit hat. Dazu muß es auch Menschen geben.

Natürlich wirkt der ewige Gott in der Freiheit seiner unendli-

chen Liebe auch in den Tiefen eines Menschen, auch dort noch, wo einer vielleicht meint, ein Atheist zu sein und nur auf der Banalität seines irdischen Daseins bestehen zu müssen. Auch dort wirkt Gott. Aber, um es zu wiederholen, seine Gnade und seine unwiderrufliche Selbstzusage an uns ist eben leibhaftig, endgültig und unwiderruflich erschienen in Jesus von Nazaret, dem Gekreuzigten und Auferstandenen. Und diese Botschaft muß ausgerichtet werden. Dieses Wort ist natürlich ein Wort, in dem die ausgesagte Wirklichkeit selber fordernd und erlösend und befreiend beim Menschen ankommen soll. Es ist also ein die ausgesagte Wirklichkeit selber mitbringendes Wort! Und darum ist dieses Wort letztlich auch ein – wie wir das zu nennen pflegen – »sakramentales Gnadenwort«. Und wenn deswegen ein Priester auch der Ausspender der Sakramente ist, der Vorsteher des Abendmahles Jesu, in dem der Gekreuzigte mit seiner Kraft selber gegenwärtig wird, dann ist er eben nicht ein Vollzieher irgendwelcher magischer, altmodischer Rituale, mit denen ein moderner Mensch nichts mehr anfangen kann, sondern derjenige, der das letzte, unbegreifliche, ewige, aber seligmachende Geheimnis Gottes dem Menschen zusagt. Wenn ein Priester dafür kein Verständnis hat, dann hat er eben kein Verständnis für seinen Priesterberuf. Dann wäre er vielleicht wirklich lieber Sozialarbeiter geworden.
Natürlich gebe ich zu, daß ein Priester von heute es schwierig hat, die Botschaft des Evangeliums und auch der Kirche so auszurichten, so zu formulieren, daß er es selber begreift, welche ungeheuerliche Seligkeit er eigentlich da verkündet, daß er es schwer hat, es so zu sagen, daß die Leute von heute es verstehen. Wenn er natürlich nur irgendwelche langweilig klingende Katechismusformulierungen zu repetieren weiß, oder wenn er sich wegflüchtet in eine Predigt, die nur noch eine sozialpolitische Kritik gegenüber den heutigen Zuständen beinhaltet, dann natürlich fällt es ihm schwer zu begreifen, daß er nicht der aus eigener Vollmacht sich solches anmaßende, sondern der von Gott wirklich innerlich begnadete und bevollmächtigte – sagen wir einmal so – ›Guru‹ des lieben

Gottes ist. Es gibt doch durchaus ein Bedürfnis bei vielen Menschen – ich weiß nicht, um wieviele Prozent es sich dabei handelt –, das auf mehr zielt als nur darauf, auf dieser Erde Geld zu verdienen und Reisen machen zu können.
Es gibt doch Menschen, die nach der Unbegreiflichkeit Gottes und seiner Ewigkeit Sehnsucht haben. Und denen tritt der Priester entgegen und sagt: Der unbegreiflichste Optimismus, den du dir selber gar nicht von dir aus zuzutrauen versuchst, ist deine Möglichkeit, ja sogar deine heiligste Pflicht. Du bist ein Mensch der Ewigkeit, der absoluten Sehnsucht, der unbegrenzten Hoffnung, und das kannst du und darfst du sein, weil wir diese deine Grenzen sprengende, unendliche, unwiderrufliche Liebe Gottes in Jesus Christus endgültig und unwiderruflich erfahren haben.

Überwindung der Krise: Sich auf den eigentlichen Kern des Priestertums besinnen

Ich sehe nicht ein, warum ein Priester nicht von dieser Sicht her die Krise des heutigen Priestertums überwinden könnte. Natürlich sind alle diese Dinge auch immer wieder gleichsam überschattet von der Alltäglichkeit und Gewöhnlichkeit unseres Lebens, an denen auch der Priester selbstverständlich – hoffentlich sogar – mit seinen Mitmenschen von heute leidet. Er ist heute sicher auch notwendigerweise derjenige, der immer wieder beten muß: Ich glaube, Herr, hilf meinem Unglauben. Er ist gewiß einer, der bei sich selber immer wieder einen Durchbruch der Hoffnung aus der Banalität des Alltags in die Unendlichkeit Gottes vollziehen muß. Er kann nicht Priester sein und glücklich sein, wenn er nicht ein spiritueller Mensch ist, wenn er nicht immer wieder aufs neue versucht – mehr als es zu versuchen, braucht er nicht – ein Mensch Gottes, ein Mensch der Erfahrung des Heiligen Geistes, ein Mensch der Ewigkeit zu sein. Wenn er das nicht tut, dann wird ihm natürlich das Priestertum eine unsägliche Last. Aber, auch wenn er von sich aus innerlich ein solch spiritueller Mensch ist, dann ist es natürlich immer noch klar, daß er seine Enttäuschungen erleben wird, an sich und an denen, denen er das Wort Gottes verkündigt.

Aber diese Last ist doch letztlich auch denen, die keine Priester sind, nicht abgenommen, auch denen nicht, die unter Umständen meinten, sie würden befreiter, glücklicher werden, wenn sie ihr Priestertum aufgäben. Enttäuschung, Tod, Alter, Mühsal und alle diese Dinge gehören nun einmal zu einem menschlichen Leben. Es wäre ja traurig, wenn ein Priester das nicht auch empfinden würde. Aber er soll nicht all diese Dinge, auch die Enttäuschungen in seinem Beruf, auf das Konto des Priestertums als solches schreiben, sondern er soll sagen: Wo gibt es einen Mensch, der nicht letztlich in diese Enttäuschung über alles Irdische hineingerät, spätestens im Tod?

Ich meine, es ist richtig, daß heute dem Priester verschiedene Funktionen entzogen sind, die früher sein Priestertum vielleicht leichter und auch ein wenig billiger zu leben machten. Aber wenn viele Aufgaben, die einem Priester früher zukamen, jetzt wegfallen, sei es, weil sie von anderen an sich genommen werden, sei es, weil er gar nicht mehr die Zeit und Kraft dazu hat, dann sollte er nicht enttäuscht sein über sein Priestertum, sondern sich auf den eigentlichen Kern des Priestertums besinnen. Es muß doch gerade heute in unserer entsetzlich banalen, brutalen Gesellschaft Menschen geben, die die heilige Flamme der Anbetung und der Liebe Gottes hüten und immer wieder diesen oder jenen wenigstens einweihen in diese letzte Erfahrung des Geheimnisses Gottes. Das wird jedem in verschiedener Weise gelingen. Es ist natürlich die religiöse Potentialität und Dynamik eines Priesters je nach Veranlagung und Lebensgeschichte verschieden. Man soll nicht die Nase rümpfen oder herabsehen auf diesen und jenen kleinen Knecht im Reiche Gottes, der ehrlich und treu, so gut er es kann, in seinem Priestertum die Botschaft des Evangeliums bezeugt, auch wenn das etwas alltäglich, banal, traditionell und etwas abgenutzt zu sein scheint. Aber jeder Priester sollte sich immer wieder sagen: In den dir von Gott gegebenen Grenzen sollst du wirklich ein Prophet, ein Mann Gottes, ein vom Feuer Gottes Berührter, ein Gott liebender und von da aus auch den Mitmenschen liebender Mensch sein – du sollst die Botschaft Jesus Christi in dieser Zeit ausrichten, wie Paulus sagt, gelegen oder ungelegen.

35 Horizonte eines theologischen Denkens

Gespräch mit *Manfred Waldenmair-Lackenbach* und *Thomas Untersteiner*, Innsbruck (1982)

Mit Offenheit auf das je Neue – das gute Alte traditioneller Theologie bewahren

Herr Professor Rahner, Sie können auf ein gewaltiges Werk zurückblicken. Gibt es so etwas wie ein theologisches Vermächtnis Karl Rahners?

Ich habe keine theologischen Vermächtnisse zu machen, ich habe keine besondere Botschaft zu formulieren, die ich mit einer von der Kirche geliehenen Autorität kommenden Geschlechtern überliefern könnte – dazu ist meine Theologie zu unbedeutend und fügt sich im Grunde, trotz aller Wandlungen der Theologie der letzten dreißig Jahre, mehr oder minder selbstverständlich und unauffällig in die Gesamtheit der katholischen Theologie von heute ein.

Wenn ich sagen müßte, welches meine Theologie ist, dann bräuchte ich ja nur auf den »Grundkurs des Glaubens – Einführung in den Begriff des Christentums«[1] zu verweisen, ein Buch, das ins Englische, ins Französische, ins Italienische,

[1] Freiburg/Br. 1976.

ins Spanische und ins Holländische übersetzt worden ist, das im nächsten Jahr noch in Ungarn erscheint und das in Kisuaheli zu übersetzen sogar zwei Theologen in Tansania unternommen haben.

In diesem Buch steht – so im großen und ganzen – das zusammengefaßt zu lesen, was ich in der Theologie zu sagen versuchte. Ob das besonders originell war oder nicht, das ist im Grund eine sekundäre und belanglose Frage. Ein katholischer Theologe darf ja im letzten nicht danach streben, besonders originell zu sein, irgend etwas zu sagen, was noch niemand gesagt hat, sondern hat den Auftrag und die Pflicht und den Willen, die Botschaft Jesu, die Offenbarung Gottes und die Lehre der Kirche zu bewahren, auszulegen und – soweit ihm das gegeben ist – seinen Zeitgenossen verständlich zu machen und nahezubringen. Wenn ich in dieser Hinsicht irgend etwas erreicht hätte, sollte es mich freuen; aber eine besondere Botschaft habe ich eigentlich nicht auszurichten.

Ich könnte noch darauf hinweisen, daß zu meinem 75. Geburtstag eine Sammelarbeit aus meinen Werken erschienen ist, »Rechenschaft des Glaubens«[2], in der noch einmal in einer anderen Weise das zusammengefaßt und systematisch aufgebaut ist, was ich in meiner Theologie zu sagen versuchte. Außerdem ist im Laufe dieses Jahres ein zweiter ähnlicher Band erschienen, »Praxis des Glaubens«[3], in dem in einer systematischen Weise ausgewählte Texte spiritueller Art, Texte der Frömmigkeit, des geistlichen Lebens zusammengefaßt sind.

Kardinal Ratzinger, der jetzige Präfekt der Glaubenskongregation, schrieb einmal[4], der »Grundkurs des Glaubens« würde noch eine Bedeutung behalten, wenn der Großteil der heutigen theologischen Literatur schon wieder vergessen sei. Dann kann man sich natürlich – bescheiden oder unbescheiden – fragen,

[2] Freiburg/Br./Zürich/Einsiedeln/Köln 1979.
[3] Freiburg/Br./Zürich/Einsiedeln/Köln 1982.
[4] Vom Verstehen des Glaubens. Anmerkungen zu Rahners Grundkurs des Glaubens, in: Theologische Revue 74 (1978) 177–186.

ob nicht eine solche Theologie wie meine eine gewisse Eigenart habe, gewisse Tendenzen und Grundlinien besitze, die nicht einfach nur die der normalsten und abgenutztesten Schultheologie sind.

Aber wenn man diese Frage stellt, dann bin vermutlich ich selber nicht besonders geeignet, eine solche Frage zu beantworten. Ich könnte ja vielleicht zum Beispiel zuerst betonen – nicht, als ob das das Wichtigste wäre! –, daß ich für eine Theologie eintrete und arbeite, in der das Denken oder das philosophische Denken einen nicht unerheblichen Platz hat. Das ist heute nicht mehr ganz selbstverständlich. Ich bin als neuscholastischer Theologe aufgewachsen; damals stand die Bibel-Theologie nicht im Vordergrund, und damals wurde auch nicht unmittelbar – ich möchte sagen – charismatisch gedacht und gelebt; damals wurde nüchtern, in einer gewissen sauberen Begrifflichkeit gedacht und auf den Inhalt der Offenbarung reflektiert, in einer Synthese oder in Konfrontation mit dem Wissen des Menschen um sich selbst, so wie sich dieses Bewußtsein – vor allem in der Philosophie – ausspricht. Allerdings war diese neuscholastische Theologie noch etwas zu kühl ablehnend gegenüber der modernen Philosophie, noch zu sehr einer mittelalterlichen Theologie allein verhaftet. Sie empfand die moderne Philosophie von Descartes über Kant und den deutschen Idealismus bis zu der modernen Existentialphilosophie eher als Gegner, als etwas, gegen das man sich schützen und verteidigen mußte. Diese neuscholastische Theologie, in der ich aufgewachsen bin, war noch ein wenig geprägt von dem Trauma, das die theologische Arbeit zu Beginn des 20. Jahrhunderts in dem Kampf mit dem Modernismus empfangen hatte. Man war vorsichtig, hat wohl etwas fundamentalistisch gedacht, war gegenüber moderner Bibelkritik und historischkritischer Theologie noch zu reserviert. Insofern meine ich, daß durchaus diese Periode, in der ich selber aufgewachsen bin, heute irgendwo zu Ende gegangen ist. Wir haben heute in der Theologie ein unbefangeneres Verhältnis zur Moderne.

Wir reflektieren heute eine Pluralität von Philosophien; wir suchen Gesichtspunkte, Begriffe, Perspektiven des modernen Bewußtseins deutlicher, mutiger, unbefangener als in der Neuscholastik aufzunehmen und mit der Theologie der Überlieferung in eine Synthese zu bringen. Die heutige systematische Theologie ist im großen und ganzen näher bei der biblischen Theologie, bei der Exegese, hat ein unbefangeneres Verhältnis auch zur Dogmenentwicklung als früher; und in dieser Periode der Überholung – auch der Überwindung – einer zu gettohaften Neuscholastik des 19. Jahrhunderts und der ersten Hälfte des 20. Jahrhunderts stehe auch ich und habe vielleicht dazu einen gewissen Beitrag geleistet. Aber auf der anderen Seite möchte ich doch ein Theologe sein, der – so gut es ihm möglich ist – das gute Alte der traditionellen Theologie bewahrt.

Zur äußeren und inneren Einheit der Theologie mit dem kirchlichen Lehramt

Ich hoffe, daß meine Theologie noch einen inneren, echten und lebendigen Zusammenhang mit der Theologie des Thomas von Aquin hat und das kirchliche Lehramt eindeutig und klar respektiert. Natürlich muß der Theologe bezüglich dieses Lehramtes unterscheiden, ob dieses Lehramt in einer letzten definierenden, letztverbindlichen Weise sich äußert, oder ob es Lehren und Weisungen gibt, die – so sehr sie auch einen autoritativen Charakter haben – dennoch vor der Gefahr zu irren nicht von vornherein und immer gefeit sind. Ein Theologe darf und muß bei den verbindlichen Äußerungen des kirchlichen Lehramtes, besonders des römischen, durchaus noch einmal unterscheiden, abwägen, um ein Verständnis sich bemühen, vielleicht gewisse Äußerungen in einen anderen, neuen, umfassenderen Zusammenhang hineinstellen, als er unmittelbar in diesen römischen Äußerungen zu greifen ist. Aber – noch einmal – diese meine Theologie will in einer unverbrüchlichen Einheit mit dem kirchlichen Lehramt stehen.

Es gibt natürlich Leute in der Kirche Gottes – zum Beispiel Kardinal Siri von Genua –, die mich immer wieder als einen Häretiker, als einen der Bekämpfer der wahren kirchlichen Lehre darstellen, als einen Relativisten und Skeptiker, der zwischen Natur und Gnade nicht zu unterscheiden vermag. Aber ich halte – auch wenn ich in Einzelfragen durchaus zugebe, daß man sich irren kann – eine solche Abqualifizierung für Unsinn.
Ich würde einem Kardinal Siri sagen: Lesen Sie einmal das Telegramm, das mir Kardinal Höffner im Namen der gesamten Deutschen Bischofskonferenz zu meinem 50. Priesterjubiläum geschickt hat[5]. So kann ich mich auf Kardinal Döpfner, auf Kardinal Volk, auf Kardinal Höffner und auf Kardinal Jäger berufen, mit denen ich in friedlicher, freundschaftlicher Weise verbunden war und bin. Ich weise darauf hin, daß ich sowohl bei Papst Paul VI. wie auch bei Papst Johannes Paul II. eine Privataudienz hatte, wo wir zu zweit miteinander redeten und unsere Meinungen austauschten. Ich habe weder von dem einen noch von dem anderen Papst eine Attacke gegen meine bescheidene Theologie gehört. Diese Päpste müßten das doch auch wissen und hätten ganz gewiß den Mut, wenn solche Vorwürfe berechtigt wären, mir sie auch zu sagen. Davon konnte keine Rede sein. Natürlich gibt es nun noch weitere Gesichtspunkte, die für meine Theologie charakteristisch sind.

[5] Sehr verehrter, lieber Pater Rahner, zum 50. Jahrestag Ihrer Priesterweihe wünsche ich Ihnen persönlich und im Namen der Deutschen Bischofskonferenz von Herzen den Segen unseres Herrn. Der Dienst hier und heute am Evangelium und damit an der Einheit des Volkes Gottes und dessen Vollendung in der Feier der Eucharistie – diese grundlegenden Aufgaben des neutestamentlichen Priesters – sind nicht nur Gegenstand Ihrer theologischen Arbeit, sondern auch und zunächst Ihres persönlichen priesterlichen Dienstes gewesen, um den Sie sich in diesen fünf Jahrzehnten mit Gottes Hilfe bemüht haben. Dafür danke ich Ihnen. Möge Gott Ihnen noch viele Jahre Ihre ungewöhnliche Schaffenskraft erhalten.
Joseph Kardinal Höffner, am 26. Juli 1982

Universaler Heilswille Gottes

Es ist zum Beispiel so, daß für mich der universale Heilswille Gottes, der von vornherein die gesamte Menschheit und ihre Geistesgeschichte umfaßt und trägt und – durch die göttliche Selbstmitteilung, die göttliche Gnade – auf die Unmittelbarkeit Gottes hin finalisiert, ein fundamentalerer, ein an theologisch bedeutsamerer Stelle zur Geltung gebrachter Gesichtspunkt ist, als dies doch wohl in der normalen Schultheologie bisher der Fall war. Während diese von vornherein nur die getauften Christen mit ihrem Glauben und mit ihrem ausdrücklichen Bekenntnis zu Gott und Jesus Christus bedachte und am Schluß dann noch, gleichsam hintendrein darauf reflektierte, wie es denn mit dem Heil anderer bestellt sei, ob Gott wirklich einen allgemeinen Heilswillen habe, der sich wirksam auf alle Menschen erstreckt, ist der heutige Mensch mit seinem scheinbaren Atheismus von vornherein in meiner Theologie präsent. Zumindest habe ich diese Absicht.
Damit ist natürlich auch – das ist vielleicht ein weiterer, charakteristischer Zug meiner Theologie – gegeben, daß die raum-zeitlich universale Heilsgeschichte und die ebenso raumzeitlich universale Offenbarungsgeschichte in einem unlöslichen Zusammenhang miteinander stehen.
Natürlich weiß und bekenne ich, daß Jesus der eine Heilsmittler für alle Menschen ist und eine einmalige, unwiderruflich umfassende Bedeutung für das Heil aller Menschen hat. Und selbstverständlich weiß und bekenne ich eine Offenbarungsgeschichte, die – wie das Zweite Vatikanum sagt – im Paradies angefangen hat und dann in der alttestamentlichen Offenbarungsgeschichte von Mose über die Propheten eben bis zu Jesus Christus als dem unüberholbaren Höhepunkt der Offenbarungsgeschichte gelangte. Aber ich meine, daß man die Überzeugung, daß die gesamte Menschengeschichte finalisiert und – wenn Sie so wollen – vergöttlicht ist, verbinden kann mit dem glaubenden Wissen, daß unsere Geschichte eine Geschichte ist, in der Gott auch immer in seiner Macht, in der

Macht seines Heilswillens allen Menschen gegenüber am Werke ist. Von da aus ergibt sich vielleicht eine positivere und unbefangenere Würdigung der allgemeinen Religionsgeschichte, die natürlich auch eine Geschichte menschlichen Irrens und sittlicher Depravation ist.

Ich meine, daß ich mich so gesehen mit meiner Theologie – wenn ich das unbescheiden sagen darf – doch sehr erheblich von der Gesamtperspektive eines Augustinus unterscheide, aber mit der Grundintention des Zweiten Vatikanischen Konzils durchaus konform bin. Für Augustinus war eigentlich die Menschheitsgeschichte die Geschichte der massa damnata (verdammte Masse, Menschenmenge im Unheil)[6], aus der Gott in dem unerforschlichen Gericht und in der – im Grunde genommen doch nur einzelnen wirksam zugedachte – Gnade einige wenige rettet. Für mich ist die Menschheitsgeschichte trotz aller Entsetzlichkeiten, die die Menschen begangen haben, und trotz Auschwitz und aller Katastrophen, die wir vielleicht noch durch die Erschöpfung der Naturmittel und durch atomaren Wahnsinn befürchten müssen, eine Geschichte des Heiles, eine universale Geschichte der Macht der Gnade und der göttlichen Liebe, eine Geschichte, in der für *alle* und nicht nur für wenige gehofft werden kann.

Darüber hinaus gäbe es natürlich, genauer gesehen, diese oder jene Perspektive, die man vielleicht deutlich machen könnte. Ich habe seit Ende des Zweiten Weltkrieges immer wieder in ökumenischen Kreisen mitgearbeitet, und ich glaube, mir einbilden zu dürfen, daß ich als katholischer Theologe in absoluter Solidarität mit dem kirchlichen Lehramt dies und jenes gesagt habe, das für unsere evangelischen Brüder und die evangelischen Theologen vielleicht etwas verständlicher ist, als es ihnen in der neuscholastischen Theologie und in kirchenamtlichen Erklärungen entgegengetreten ist.

[6] Vgl. Augustinus, De diversis quaestionibus 68, 4 PL 40,71; sowie ebd. 68,3: »... omnes una massa luti facti sumus, quod est massa peccati«.

Ein Mann der »Neuerungen«?

Sind Sie, vor allem unter dem Aspekt jenes Briefes, der Anfang des Jahres dem Heiligen Stuhl zugegangen ist und der sich kritisch mit der Frage der innerkirchlichen Redefreiheit auseinandersetzt, ein Mann des »Reformflügels«, ein Mann der »Neuerungen«?

Nein, das hat mit Neuerungen gar nichts zu tun. Sehen Sie, ich war einer derer, die kritisch und verneinend zu manchen Positionen von Hans Küng Stellung genommen und eigenen Widerspruch angemeldet haben; aber ich gehöre auch zu jenen, die die positive Bedeutung von Hans Küng und sein ehrliches Bemühen schätzen, das genuine Christentum den liberalen und bürgerlichen und skeptischen Zeitgenossen nahezubringen. Und insofern ist es selbstverständlich, daß ich mit anderen Theologen wie Heinrich Fries, Rudolf Schnackenburg und anderen wünsche, daß der Konflikt zwischen Rom und Hans Küng ausgeräumt und überwunden wird. Deswegen haben wir dem Heiligen Vater geschrieben, man solle diese Sache nicht einfach auf sich beruhen lassen, sondern alles tun, um in der Bereinigung dieses Konfliktes weiterzukommen.

Kardinal-Staatssekretär Casaroli hat mir auf diesen Brief sehr ausführlich und sehr wohlwollend geantwortet. Es handelt sich also da nicht um eine Kontroverse mit Rom, sondern um das für uns selbstverständliche und von niemandem bestrittene Recht, unsere Wünsche, Meinungen und Anregungen auch dem höchsten Amt in der Kirche unbefangen, nüchtern und ehrlich vorzutragen. Ob und wie diese Angelegenheit nun weitergeht, ist natürlich eine andere Frage, zumal dies ja auch sehr wesentlich nicht nur von Rom, sondern auch von Küng abhängt. Das muß man sehen, da weiß ich noch nichts und kann deswegen auch nichts sagen; aber mit einer irgendwie kritisch-kämpferischen, rebellierenden Mentalität hat das gar nichts zu tun. Die habe ich eigentlich nie gehabt. Ich habe immer – früher und jetzt – nur das selbstverständliche Recht und sogar die Pflicht eines katholischen Theologen für mich in Anspruch genommen, bei kirchenlehramtlichen Erklärungen nachzufragen, sie vielleicht auch zu hinterfragen und kritisch meine Meinung dazu zu äußern – nicht, um alles besser wissen zu wollen, sondern um so daran mitzuarbeiten, daß die Botschaft des Evangeliums in der heutigen Zeit nicht von der Kirche selber her noch einmal überflüssige und überwindbare Schwierigkeiten bekommt, um von den heutigen Menschen verstanden zu werden.

Anliegen für die Zukunft

Kardinal Ratzinger, der neue Präfekt der Glaubenskongregation, hat im Dezember 1981 einen sehr optimistischen Weg der Kirche in die Zukunft gezeichnet: Unionskonzil mit der Orthodoxie, neue Beurteilung der Ortskirchen in der Dritten Welt und – wenngleich erst in fernen Zeiten – Chancen auf einen gemeinsamen Weg mit den Protestanten. Können Sie dieser Vorausschau folgen?

Wie in der Politik, so gibt es auch im Bereich des Religiösen und der Kirche – Gott sei Dank oder leider, wie immer Sie es sehen wollen – stets viele Fragen, die gleichzeitig anstehen, so wie es die Frage der Umweltverschmutzung, der atomaren Bedrohung und daneben die Frage der Arbeitslosigkeit gibt, das Problem der Entwicklung der Elektronik und alle diese Fragen, die gemeinsam da sind und nicht alle von jedem einzelnen bewältigt werden können. So wie in diesen Punkten notwendigerweise Prioritäten gesetzt werden müssen, ohne daß man dann die nicht prioritätsmäßig eingestuften Probleme einfach beiseite läßt – so gibt es etwas Ähnliches auch in der Kirche: Es gibt die Aufgabe einer endgültigen und ganzen Versöhnung mit der Ostkirche, die vermutlich schwieriger zu lösen ist, als vielleicht der jetzige Heilige Vater in seinem Optimismus meint. Es gibt die ökumenische Frage einer Einigung mit den evangelischen Christen auf der Ebene der

Theologie und erst recht auf der Ebene der Kirchenverfassung und der gesellschaftlichen Vereinigung.
Und es gibt natürlich darüber hinaus in der jetzt allmählich aktuell werdenden Weltkirche, der katholischen Weltkirche, das Problem, daß die südamerikanischen, die afrikanischen und die asiatischen Kirchen eine größere Selbständigkeit erlangen können und auch eine eigenständigere Theologie für sich, für ihre Bedürfnisse und Wünsche entwickeln können oder müssen, als es bisher in ihren Ländern gegeben war, wo sowohl das kirchliche Leben wie auch die katholische Theologie doch zu sehr nur einfach eine schöne, gute und nützliche Exportware in andere Kulturkreise war. Darüber hinaus gibt es natürlich zum Beispiel noch die Notwendigkeit einer größeren und intensiveren Begegnung mit den Wissenschaften der Moderne, mit der Psychologie, mit der Gesellschaftslehre, mit der eigentlichen Naturwissenschaft, und zwar in den Fragen der Evolution, der Menschheitsgeschichte, der Länge dieser Menschheitsgeschichte, in den Fragen, wie wir uns heute als so kleine verlorene Insel in einem ungeheuren Kosmos eigentlich die übrige Welt denken müssen – ob es da auch geistige Geschichten gibt, in welchem Verhältnis diese zu Gott stehen und so weiter. Es gibt also tausend theologische Fragen und Probleme – und es ist schwer, deutlich zu sagen, wie die Prioritäten gesetzt werden müßten. Vielleicht ist das gar nicht so wichtig; vielleicht ist es einfach notwendig, daß man mit größerer Intensität und mit größerem Mut alle diese Probleme anpackt und jeder einzelne, der ja nur ein kleines Stück davon in Angriff nehmen kann, zusieht, wo und an welcher Stelle er am besten in der Theologie, in der Verkündigung, in der Gestaltung des religiösen Lebens seiner Zeit und seiner Umwelt arbeiten kann.

Weltweite Herausforderung der Kirche

Aus Ihrem gesamten Werk geht ein sehr großes ökumenisches Bewußtsein hervor. Ist für Sie der ökumenische Gedanke einer der entscheidenden Gedanken der nächsten Jahrzehnte, vielleicht bis zur Jahrtausendwende?

Sehen Sie, die katholische, gesellschaftlich verfaßte, römische Kirche steht heute in sehr deutlicher Weise einem doppelten Partner, Gegner oder zu gewinnenden Freund gegenüber: Da ist einmal die nicht-katholische Christenheit, und insofern gibt es eine ökumenische Frage; aber wir leben doch heute in einer Welt, in der es nicht nur Katholiken und andere Christen gibt und man die restliche Welt auf sich beruhen lassen kann, sondern die Kirche steht heute einem weltweiten Atheismus, einer weltweiten Skepsis und einem Relativismus gegenüber, der ja zum Teil auch gesellschaftlich, machtpolitisch organisiert ist, wie eben in den kommunistischen Staaten; auch in den westlichen Nationen und Völkern gibt es ein antikirchliches Bewußtsein. Wir leben mit den evangelischen und orthodoxen Christen zusammen in einer Welt, die nicht christlich ist; und diese nicht-christliche Welt ist nicht eine außerhalb von europäischen, abendländischen Bezirken, sondern sie lebt mitten unter uns. Und insofern kann sich die Kirche bei aller Wichtigkeit und Dringlichkeit der eigentlich ökumenischen Frage nicht bloß mit den Differenzen zwischen den christlichen Bekenntnissen und Kirchen beschäftigen, sondern müßte sich noch viel mehr, intensiver, lebendiger und radikaler mit dieser popularisierten, ausdrücklich oder implizit atheistischen Welt beschäftigen.

Dazu kommt natürlich noch in der heutigen Zeit diese unerwartete Restauration eines islamischen Fundamentalismus, der sich auch politisch organisiert und mächtig wird in einer Weise, wie wir es uns vor zwanzig, dreißig Jahren überhaupt noch nicht denken konnten. Die Kirche soll selbstverständlich auf diesem Gebiet keine Politik treiben, und sie hat auch keine Bataillone und Divisionen, aber sie müßte sich doch sehr intensiv mit der Glaubenswelt des Islams auseinandersetzen, so daß sie ein größeres Verständnis für diese Glaubenswelt von Hunderten von Millionen Menschen gewinnt und daraus auch etwas lernt, um ihre eigene Botschaft dieser Welt besser verständlich machen zu können.

Ich will nicht sagen, daß wir auf diese Weise drei Fronten genannt haben, aber Sie sehen, daß über den Ökumenismus hinaus ebenso dringliche Fragen existieren, weil es eben in der Welt heute nicht nur Christen, sondern auch Moslems und darüber hinaus die ganze säkularisierte, positivistische, relativistische, skeptische, atheistische Welt von heute gibt, in die auf neue Weise die Botschaft des Christentums hineingetragen werden muß. Dabei ist von mir noch gar nicht berührt, ob und wie neben den Naturreligionen Afrikas und Südamerikas auch die großen Kulturreligionen Asiens in einen neuen Dialog mit der Kirche und mit der christlichen Botschaft einbezogen werden können und müssen. Hier stellt sich die Frage, wie weit in jenen asiatischen Ländern die traditionelle Geistigkeit, Überlieferung, Spiritualität, Religion oder mehr jene auch dort schon säkularisierten, vom Atheismus bedrohten oder gewonnenen Menschen der eigentliche Dialogpartner für Christentum und Kirche sind. Ist in Japan zum Beispiel der moderne, aufgeklärte, technisierte Japaner oder der alte Japaner des Shintoismus, des Buddhismus der eigentliche Dialogpartner, auf den es ankommt? Das wird schwer zu beantworten sein.

Und dann haben sie noch die fast eine Milliarde Menschen umfassende Welt Chinas, aus der im Augenblick praktisch das Christentum verbannt ist, aber wo doch ein potentieller Gesprächspartner, ein potentieller Raum der späteren Verkündigung des Christentums gegeben ist – eine Möglichkeit des Dialogs, auf die sich die Kirche heute doch schon vorbereiten müßte.

Die Kirche hat ungeheuer vielfältige Aufgaben. Sie wird von ihnen eigentlich in jeder Hinsicht überfordert. Sie macht in gewisser Hinsicht »binnen-christlich« recht spektakulär weiter – ich meine, es ist ja erstaunlich, wie viele hunderttausend

Menschen sich sogar in England für Papst Johannes Paul II. interessiert und begeistert haben. Er ist sicherlich heute eine der ganz wenigen, wenn nicht sogar die einzige Schlüsselfigur, der die skeptisch gewordene, von ihren Politikern enttäuschte Welt noch Vertrauen entgegenbringt; aber all das Schöne und Erfreuliche auch in der Kirche darf uns nicht darüber hinwegtäuschen, daß die Kirche heute ungeheuer vielen, ungeheuer schwierigen, eigentlich nach menschlichem Ermessen gar nicht zu bewältigenden Fragen gegenübersteht, so daß sie wirklich letztlich nur auf Jesus Christus, auf sein Kreuz und seine Auferstehung vertrauend wagen kann, in eine unbekannte Zukunft hinein zu ziehen.

36 Wie steht die katholische Kirche zur Friedensbewegung?

Gespräch mit *Horst Wünsche* im ZDF (1982)

An der Spitze der Friedensbewegung marschieren?

Herr Professor Rahner, als katholischer Theologe zählt man Sie zu den bedeutendsten Dogmatikern Ihrer Kirche. Nun steht in der Offenbarung die Friedenspflicht und die Feindesliebe ganz oben an. Die Friedensbewegungen, die sich heute überall ausbreiten, meinen daher, daß die Kirche sie fördern und ihnen beitreten müsse; möglicherweise sogar an der Spitze ihrer Bewegung mitmarschieren müsse.

Ja, man muß, meine ich, bei dieser Frage von vornherein bedenken, daß die konkreten Friedensbewegungen – so löblich sie in ihren Grundtendenzen sein mögen – doch unter Umständen Theorien, Postulate usw. vertreten, über die nun einmal in den Einzelheiten verschiedene Auffassungen und

Meinungen bestehen. Insofern kann sich die katholische Kirche nicht einfach schlechthin mit einer ganz bestimmten Friedensbewegung und ihren Postulaten identifizieren. In dem Augenblick, da sie wüßte, daß diese konkrete Friedensbewegung nichts anderes täte, als die Konsequenzen aus dem Evangelium zu ziehen, müßte natürlich die Kirche sich einer solchen Friedensbewegung anschließen. Sie hat auch z. B. auf dem Zweiten Vatikanischen Konzil einen atomaren Krieg restlos und eindeutig verbannt, nicht nur einen ersten Schlag, sondern auch einen zweiten Schlag. Aber die konkreten Friedensbewegungen gehen doch eben über diese, auch für die Kirche gegebene Selbstverständlichkeit christlicher Friedensgesinnung hinaus, vielleicht mit Recht, aber doch mit Forderungen, bei denen unter Christen keine Einhelligkeit darüber besteht, ob diese konkreten Forderungen notwendigerweise sich aus dem Evangelium ergeben. Darum darf die Kirche, nach meiner Meinung, eine gewisse Distanz und Neutralität gegenüber ganz bestimmten Forderungen bestimmter Friedensbewegungen bewahren.

Rüstung ist noch kein Krieg. Ist Rüstung schon eine Verletzung der Friedenspflicht? Es gibt ja auch die Meinung, daß man rüstet, um den Frieden zu retten, weil man so den Gegner zurückschrecken kann.

Ich glaube, daß es nicht möglich ist, eindeutig jetzt und hier in den konkreten Situationen aus dem Evangelium eine solche Konsequenz abzuleiten, daß die Kirche also alle ihre Glieder auf diese bestimmte Ableitung verpflichten könnte. Darum bleibt der Kirche – glaube ich – gar nichts anderes übrig, als hinsichtlich bestimmter konkreter Forderungen, also z. B. Aufrüstung, um Frieden zu sichern, oder Abrüstung, um Frieden zu garantieren, keine bestimmte Position autoritativ ihren Gliedern aufzuerlegen.

Könnte sich aus christlichem Ansatz eine einseitige Abrüstung also nicht zwingend folgern lassen?

Ich würde meinen, daß ich als konkreter einzelner Christ das Recht habe, für eine einseitige Abrüstung aus christlichen

Motiven heraus zu plädieren. Ich kann aber dem anderen, der diese Abrüstung nicht glaubt verantworten zu können, nicht Intelligenz und guten Willen und eine positive christliche Einstellung absprechen.

Das Recht auf unterschiedliche Meinungen

Wie würden Sie es sich erklären, daß die führende christliche Partei in der Bundesrepublik eher ein ablehnendes Verhältnis zur Friedensbewegung hat?
Das ist eine Position, der gegenüber ich guten Willen und Intelligenz nicht absprechen kann, aber auch gleichzeitig erklären kann, daß ich in einer solchen Position aus christlichen Motiven heraus anderer Meinung bin. Kardinal Höffner z. B. hat ausdrücklich gesagt, ich lese vor: »Im Bereich der Friedenssicherung gibt es Fragen, in denen die Christen bei gleicher Gewissenhaftigkeit zu verschiedenen Urteilen kommen können und zu diesen Fragen«, sagt Höffner, »gehören die Nachrüstung und der Waffenexport.« Mit anderen Worten: Ich kann eine andere Meinung vertreten als das Zentralkomitee der Deutschen Katholiken und seine Erklärung. Mir diese Freiheit zu verweigern, haben die CDU und das Zentralkomitee nicht das Recht.
Abschließend möchten wir noch von Ihnen wissen, wieso sich bei der katholischen und bei der evangelischen Kirche ein unterschiedliches Bild hinsichtlich dieses Verhältnisses zur Friedensbewegung ergibt?
Ich muß natürlich hier zunächst sagen, daß wir nur von der deutschen katholischen Kirche reden – das ist noch nicht dasselbe wie die katholische Kirche auf der ganzen Welt. In der deutschen katholischen Kirche besteht ganz gewiß eine gewisse Tendenz zu einer friedlichen Homogenisierung der Meinungen. Eine solche Tendenz ist aus historischen und theologischen Gründen bei der evangelischen Kirche weniger gegeben. Dort also melden sich natürlich Streitigkeiten, Meinungsverschie-

denheiten deutlicher und vielleicht auch massiver an. Das braucht aber in solchen Fragen wie die der Friedenssicherung in der katholischen Kirche auch nicht notwendigerweise so bleiben, wie es de facto bisher war.

Für diesen Unterschied gibt es also keine theologische Begründung?

Nein, ich glaube nicht!

Lebensdaten Karl Rahners (Fortsetzung)

1978	Erscheint »Ignatius von Loyola« (zus. mit *P. Imhof* und *H. N. Loose*)
(1. 3.) 1979	Mitglied der Commonwealth of Kentucky, Frankfort/Kentucky (USA)
(27. 3.) 1979	Träger des »Pere Marquette Discovery Award« der Marquette University in Milwaukee (USA)
(1. 4.) 1979	Ehrenmitglied von Alpha Sigma Nu (National Jesuit Honor Society)
(3. 4.) 1979	Ehrenbürger von Louisville/Kentucky (USA), zugleich »Colonel of Kentucky«
(6. 4.) 1979	Doctor of humane letters der John Carroll University in Cleveland (USA)
(18. 4.) 1979	Doctor of humane letters der Weston School of Theology, Boston (USA)
(16. 5.) 1979	Kultureller Ehrenpreis der Landeshauptstadt München
1979	Erscheinen: »Was sollen wir noch glauben?« (zus. mit *K.-H. Weger*); »Rechenschaft des Glaubens« (hrsg. v. *K. Lehmann* und *A. Raffelt*)
(25. 5.) 1980	Doctor of Laws der Fordham University, New York (USA)
1981	Erscheint »Theologie in Freiheit und Verantwortung« (Hrsg. zus. mit *H. Fries*)
(14. 5.) 1982	Träger des Dr. Leopold-Lucas-Preises der evang.-theol. Fakultät Tübingen
1982	Erscheinen: »Was heißt Jesus lieben?«; »Karl Rahner im Gespräch«, Bd. 1: 1964–1977 (hrsg. v. *P. Imhof* und *H. Biallowons*); »Mein Problem – Karl Rahner antwortet jungen Menschen«; »Praxis des Glaubens. Geistliches Lesebuch« (hrsg. v. *K. Lehmann* und *A. Raffelt*)

Nachweis der Veröffentlichungen

Die Zählung der hier nachgewiesenen Gespräche entspricht der Reihenfolge im Inhaltsverzeichnis; die Zeitangaben für die Hörfunk- und Fernsehsendungen beziehen sich jeweils auf den Aufnahme- bzw. den ersten Sendetermin. Manche Titel der Gespräche und Fragen im Text wurden in diesem Band leicht verändert oder neu eingeführt.

1 Saarbrücker Zeitung, Saarbrücken, 14. Juli 1978, 6.
2 Weltwoche, Zürich, 16. August – 33/1978, ohne Seitenangabe.
3 Entschluß, Zeitschrift für Praxis und Theologie, Wien, 5/1978, 8–11.
4 Wie Nr. 3: 8/1978, 17–18 und 23.
5 Originalaufnahme, engl. Übersetzung von *L. O'Donovan* in: America, New York, 10. März – 9/140 (1979), 177–180.
6 Originalaufnahme, München, 27. Januar 1979; als Feature im Westdeutschen Rundfunk (III), Köln, 21. Februar 1979.
7 Aufgenommen im Auftrag der Arbeitsgemeinschaft der öffentlich-rechtlichen Rundfunkanstalten der Bundesrepublik Deutschland, ARD; ausgestrahlt im Süddeutschen Rundfunk, Stuttgart, 14. April 1979.
8 Aufgenommen im Auftrag des Norddeutschen Rundfunks (III), Hamburg; übernommen vom FS 2 des Österreichischen Rundfunks, Wien, 2. März 1979.
9 Aufgenommen im Auftrag der *Dienstagsredaktion* des Süddeutschen Rundfunks, Stuttgart, 19. März 1979.
10 Wie Nr. 9.
11 Wie Nr. 9.
12 *Report* im Südwestfunk, Baden-Baden, 13. November 1979.
13 Originalaufnahme: Redaktion der Katholischen Nachrichten Agentur, München – Wiederabdruck in: Publik-Forum, Frankfurt, 31. Oktober – 22/1980, 27–28.
14 Die Furche, Wien, 2. April 14/1980, 1.
15 Saarländischer Rundfunk, Saarbrücken, 21. Oktober 1980.
16 Süddeutsche Zeitung, München, 6. Februar – 31/1980, 11: Auszug eines Gespräches im *Nachtstudio* Radio Salzburg des Österreichischen Rundfunks, ohne Zeitangabe.
17 Münchener Katholische Kirchenzeitung (MKKZ), München, 25. Mai – 21/1980, 3.
18 *Nachtstudio* im FS 2 des Österreichischen Rundfunks, Wien, 11. Juli 1980.
19 Wie Nr. 18.
20 Kurzfassung – in voller Länge in: Civitas, Zeitschrift des Schweize-

rischen Studentenvereins, Januar – 5/6 1981, 288–308; vgl. Vaterland, Luzern, 24. Januar – 19/1981, 5; 31. Januar – 25/1981, 5; 7. Februar – 31/1981, 5 und 14. Februar – 37/1981, 5.

21 France Catholique Ecclesia, Paris, 5. Juni – 1799/1981, 7–8 und 12. Juni – 1800/1981, 3–4. Dt. Übersetzung von *H. Biallowons.*

22 Lutherische Monatshefte, Hannover, April 1980, 211–214.

23 Fernsehporträt: Een onverstoorbare vernieuwer im Katholike Radio Omroep (KRO), Hilversum, 5. Oktober 1981.

24 Originalaufnahme – gesendet auch im Norddeutschen Rundfunk (III), Hamburg, 22. November 1981.

25 Wie Nr. 24.

26 Wie Nr. 16: 6. Januar – 1/1982, 3.

27 Kirche, Wochenblatt der Diözese Innsbruck, Innsbruck, 24. Januar – 4/1982, 6.

28 KSÖ, Nachrichten und Stellungnahmen der Katholischen Sozialakademie Österreichs, Wien, 6. Februar – 3/1982, 7.

29 Wie Nr. 3: 5/1982, 31–34.

30 Als Essay erschienen in: Geist und Leben, Würzburg, 5/1982, 336-339. Zugrunde liegt ein Text aus der Reihe »Die zornigen alten Männer«, verantwortet von *Norbert Stammler,* ausgestrahlt in der *Studio-Welle Saar* des Saarländischen Rundfunks (III), Saarbrücken am 3. April 1982.

31 Dom, Sonntagsblatt für das Erzbistum Paderborn, 29. Februar – 9/1982, 11.

32 *Nachtstudio* im Bayerischen Rundfunk (II), München, 29. April 1982.

33 Originalaufnahme – Kurzfassung wie Nr. 16: 7. April – 14/1982, 11; außerdem im *Landesstudio Salzburg* des Österreichischen Rundfunks, Salzburg.

34 Originalaufnahme – außerdem im *Landesstudio Salzburg* des Österreichischen Rundfunks, Salzburg.

35 Originalaufnahme – Erstveröffentlichung.

36 *Fragen zur Zeit* im Zweiten Deutschen Fernsehen, Mainz, 29. August 1982.

Bildnachweis

(Alber-)Bildverlag, Freiburg: 9
Archiv der Katholischen Akademie, München: Umschlagfoto
Karl-Rahner-Archiv, Innsbruck: 5, 6, 8, 10, 11, 12
KNA-Bild, Frankfurt/M.: 3, 4
Krauss, M., Darmstadt: 2
Pontificia Fotografia Felici, Roma: 1
Völker, C., Darmstadt: 7
Waschel, A., Wien: 13, 14, 15, 16, 17, 18, 19

Nachtrag zum Bildnachweis im Band 1
Schödl, G., München: 5

Personen- und Sachregister